# Carlos Castaneda

# EL DON DEL ÁGUILA

# Carlos Castaneda

# EL DON DEL ÁGUILA

Emecé Editores S.A.
Alsina 2062 - Buenos Aires, Argentina
E-mail: editorial@emece.com.ar
http: // www.emece.com.ar

Título original: *The Eagle's Gift*
Traducción: *José Agustín*
*Copyright © 1981, Carlos Castaneda*
*© Emecé Editores S.A., 1993*

Diseño de tapa: *Eduardo Ruiz*
Fotocromía de tapa: *Moon Patrol S.R.L.*
3ª impresión: 4.000 ejemplares
Impreso en Printing Books,
Gral. Díaz 1344, Avellaneda, diciembre de 1999

IMPRESO EN LA ARGENTINA / PRINTED IN ARGENTINA
Queda hecho el depósito que previene la ley 11.723
I.S.B.N.: 950-04-1677-8
22.080

# Carlos Castaneda

## EL DON DEL ÁGUILA

# Prólogo

A pesar de que soy antropólogo, ésta no es, estrictamente, una obra de antropología; sin embargo, tiene sus raíces en la antropología cultural, puesto que se inició hace años como una investigación de campo en esa disciplina. En aquella época yo estaba interesado en estudiar los usos de las plantas medicinales entre los indios del suroeste de los Estados Unidos y del norte de México.

Mi investigación, con los años, se transformó en algo más, como consecuencia de su propio impulso y de mi propio crecimiento. El estudio de las plantas medicinales fue desplazado por el aprendizaje de un sistema de creencias que daba la impresión de abarcar cuando menos dos culturas distintas.

El responsable de este cambio de enfoque en mi trabajo fue un indio yaqui del norte de México, don Juan Matus, quien más tarde me presentó a don Genaro Flores, un indio mazateco del México central. Los dos eran adeptos practicantes de un antiquísimo conocimiento, que en nuestros días se le llama, comúnmente, brujería y que se considera una forma primitiva de ciencia médica y psicológica, siendo en realidad una tradición de practicantes insólitamente disciplinados y de prácticas extraordinariamente sofisticadas.

Los dos hombres se convirtieron en mis maestros más que en mis informantes, pero yo aun así persistía, de una manera desordenada, en considerar mi tarea como un trabajo antropológico; pasé años tratando de deducir la matriz cultural de ese sistema; perfeccionando una taxonomía, un patrón clasificatorio, una hipótesis de su origen y diseminación. Todos resultaron esfuerzos vanos ante el

7

hecho de que las apremiantes fuerzas internas de ese sistema descarrilaron mi búsqueda intelectual y me convirtieron en su participante.

Bajo la influencia de estos dos hombres poderosos mi obra se ha transformado en una autobiografía, en el sentido de que me he visto forzado, a partir del momento en que me volví participante, a informar lo que me ocurre. Se trata de una autobiografía peculiar porque yo no estoy tratando con lo que me sucede como hombre común y corriente, ni tampoco con los estados subjetivos que experimento durante mi vida cotidiana. Más bien, he informado sobre los eventos que se despliegan en mi vida, como resultado directo de la adopción que hice de un conjunto de ideas y de procedimientos ajenos a mí. En otras palabras, el sistema de creencias que yo quería estudiar me ha devorado, y para proseguir con mi escrutinio tengo que pagar un extraordinario tributo diario: mi vida como hombre de este mundo.

Debido a estas circunstancias, ahora me enfrento al problema especial de tener que explicar lo que estoy haciendo. Me encuentro muy lejos de mi punto de origen como hombre occidental común y corriente o como antropólogo, y antes que nada debo reiterar que éste no es un libro de ficción. Lo que describo es extraño a nosotros; por eso, parece irreal.

A medida que penetro más profundamente en las complejidades de la brujería, lo que en un principio parecía ser un sistema de creencias y de prácticas primitivas ha resultado ahora un mundo enorme e intrincado. Para poder familiarizarme con ese mundo, y para poder reportarlo tengo que utilizar mi persona de modos progresivamente complejos y cada vez más refinados. Cualquier cosa que me ocurre ya no es algo que pueda predecir, ni algo congruente con lo que los demás antropólogos conocen acerca del sistema de creencias de los indios mexicanos. Consecuentemente, me encuentro en una posición difícil; todo lo que puedo hacer bajo las circunstancias es presentar lo que me sucede a mí, *tal como ocurrió*. No puedo dar otras garantías de mi buena fe, salvo reafirmar que no vivo una vida dual y que me he comprometido a seguir los principios del sistema de don Juan en mi existencia cotidiana.

Después de que don Juan Matus y don Genaro Flores juzgaron que me habían explicado su conocimiento a satisfacción suya, me dijeron adiós y se fueron. Comprendí que a partir de entonces mi tarea consistía en reacomodar yo solo lo que aprendí de ellos.

A fin de cumplir con esta tarea regresé a México y supe que don Juan y don Genaro tenían otros nueve aprendices: cinco mujeres y cuatro hombres. La mayor de las mujeres se llamaba Soledad; la siguiente era María Elena, apodada la Gorda; las tres restantes: Lidia, Rosa y Josefina, eran más jóvenes y se les conocía como "las hermanitas". Los cuatro hombres, en orden de edades, eran Eligio, Benigno, Néstor y Pablito; a los tres últimos les llamaban "los Genaros" porque estuvieron muy allegados a don Genaro.

Yo ya sabía que Néstor, Pablito y Eligio, quienes habían desaparecido del todo, eran aprendices, pero me habían hecho creer que las cuatro muchachas eran hermanas de Pablito, y que Soledad era su madre. Conocí a Soledad superficialmente a través de los años y siempre la llamé doña Soledad, como signo de respeto, ya que en edad era la más cercana a don Juan. También me habían presentado a Lidia y a Rosa pero nuestra relación fue demasiado breve y casual para permitirme comprender quiénes eran en realidad. A la Gorda y a Josefina sólo las conocía por su nombre. Conocí a Benigno, pero no tenía idea de que estaba relacionado con don Juan y don Genaro.

Por razones incomprensibles para mí, todos ellos parecían haber estado aguardando, de una manera u otra, mi retorno a México. Me informaron que se suponía que yo debía de tomar el lugar de don Juan como su líder, su nagual. Me dijeron que don Juan y don Genaro habían desaparecido de la faz de la Tierra, al igual que Eligio. Las mujeres y los hombres creían que los tres no habían muerto, sino que habían entrado en otro mundo distinto al de nuestra vida cotidiana, pero igualmente real.

Las mujeres —especialmente doña Soledad— chocaron violentamente conmigo desde el primer encuentro.

Fueron, no obstante, el instrumento que produjo una catarsis en mí. Mi contacto con ellas me llevó a una efervescencia misteriosa en mi vida. A partir del momento en que las conocí, cambios drásticos tuvieron lugar en mi pensamiento y en mi comprensión.

Sin embargo, nada de eso ocurrió en un plano consciente: si acaso, después de visitarlas, por primera vez me descubrí más confuso que nunca, pero no obstante, dentro del caos encontré una base sorprendentemente sólida. Gracias al impacto de nuestro enfrentamiento descubrí en mí recursos que jamás imaginé poseer.

La Gorda y las tres hermanitas eran *ensoñadoras* consumadas; voluntariamente me dieron consejos y me mostraron sus propios logros. Don Juan había descrito el arte de *ensoñar* como la capacidad de utilizar los sueños ordinarios de uno y de transformarlos en una *conciencia controlada* mediante una forma especializada de atención, que don Genaro y él llamaban la *segunda atención*.

Yo esperaba que los tres Genaros me enseñarían sus logros en el otro aspecto de las enseñanzas de don Juan y don Genaro: "el de *acechar*". Éste me había sido explicado como un conjunto de procedimientos y actitudes que le permitían a uno extraer lo mejor de cualquier situación concebible. Pero todo lo que los Genaros me dijeron acerca de *acechar* no tenía ni la cohesión ni la fuerza que yo había anticipado. Concluí que los hombres no eran en verdad practicantes de ese arte o que, simplemente, no querían mostrármelo.

Suspendí mis indagaciones para permitir que todos ellos pudieran sentirse a gusto conmigo, pero tanto los hombres como las mujeres se imaginaron, puesto que ya no les formulaba preguntas, que al fin yo actuaba como nagual. Cada uno de ellos exigió mi guía y mi consejo.

Para acceder a esto me vi obligado a llevar a cabo una recapitulación total de todo lo que don Juan y don Genaro me habían enseñado, y de penetrar aún más en el arte de la brujería.

# Primera parte

## EL OTRO YO

# 1
## *La fijeza de la segunda atención*

Era de tarde cuando llegué a donde vivían la Gorda y las hermanitas. La Gorda estaba sola, sentada afuera de la puerta, contemplando las montañas distantes. Se pasmó al verme. Me explicó que había estado completamente absorta en un recuerdo y que en un momento estuvo a punto de recordar algo muy vago y que tenía que ver conmigo.

Esa noche, después de cenar, la Gorda, las tres hermanitas, los tres Genaros y yo nos sentamos en el suelo del cuarto de la Gorda. Las mujeres se acomodaban juntas.

Por alguna razón, aunque tenía la misma familiaridad con cada uno de ellos, había inconscientemente elegido a la Gorda como recipiente de toda mi atención. Era como si los demás no existieran para mí. Especulé que quizá se debía a que la Gorda me recordaba a don Juan, y los demás, no. Existía algo gracioso en ella, pero esa gracia no se hallaba tanto en sus acciones como en mis sentimientos hacia ella.

Querían saber qué estuve haciendo antes de llegar. Les dije que acababa de estar en la ciudad de Tula, Hidalgo, donde había visitado las ruinas arqueológicas. Me impresionó notablemente una hilera de cuatro colosales figuras de piedra, con forma de columna, llamadas "los Atlantes", que se hallaban en la parte superior, plana, de una pirámide.

Cada una de estas figuras casi cilíndricas, que miden cinco metros de altura y uno de diámetro, está compuesta

13

de cuatro distintas piezas de basalto talladas para representar lo que los arqueólogos creen ser guerreros toltecas que llevan su parafernalia guerrera. A unos siete metros detrás de cada uno de los atlantes se encuentra otra hilera de cuatro columnas rectangulares de la misma altura y anchura de las primeras, también hechas con cuatro piezas distintas de piedra.

El impresionante escenario de los atlantes fue encarecido aún más para mí por lo que me contó el amigo que me había llevado al lugar. Me dijo que un guardián de las ruinas le reveló que él había oído, durante la noche, caminar a los atlantes, de tal forma que debajo de ellos el suelo se sacudía.

Pedí comentarios a los Genaros. Se mostraron tímidos y emitieron risitas. Me volví a la Gorda, que se hallaba sentada junto a mí, y le pedí directamente su opinión.

—Yo nunca he visto esas figuras —aseguró—. Nunca he estado en Tula. La mera idea de ir a ese pueblo me da miedo.

—¿Por qué te da miedo, Gorda? —pregunté.

—A mí me pasó una cosa muy rara en las ruinas de Monte Albán, en Oaxaca —contestó—. Yo me iba mucho a andar por esas ruinas, a pesar de que el nagual Juan Matus me dijo que no pusiera un pie allí. No sé por qué, pero me encantaba ese lugar. Cada vez que llegaba a Oaxaca iba allí. Como a las viejas que andan solas siempre las molestan, por lo general iba con Pablito, que es muy atrevido. Pero una vez fui con Néstor. Y él vio un destello en el suelo. Cavamos un poco y encontramos una piedra muy extraña que cabía en la palma de mi mano. Habían hecho un hueco bien torneado en la piedra. Yo quería meter el dedo ahí y ponérmela como anillo, pero Néstor no me dejó. La piedra era suave y me calentaba mucho la mano. No sabía qué hacer con ella. Néstor la puso dentro de su sombrero y la cargamos como si fuera un animal vivo.

Todos empezaron a reír. Parecía haber una broma oculta en lo que la Gorda me decía.

—¿A dónde la llevaste? —le pregunté.

—La trajimos aquí, a esta casa —respondió, y esa aseveración generó risas incontenibles en los demás. Tosieron y se ahogaron de reír.

—La Gorda es la que pagó por el chiste —explicó Néstor—. Tienes que verla como es, terca como una mula. El nagual ya le había dicho que no se metiera con piedras, o con huesos, o con cualquier cosa que encontrara enterrada en el suelo. Pero ella se escurría como ladrón cuando él no se daba cuenta y recogía toda clase de porquerías.

"Ese día, en Oaxaca, la Gorda se emperró en que debíamos llevarnos esa maldita piedra. Nos subimos con ella al camión y la trajimos hasta aquí, hasta este pueblo, y luego hasta este mismo cuarto.

—El nagual y Genaro estaban de viaje —prosiguió la Gorda—. Me sentí muy audaz, metí el dedo en el agujero y me di cuenta de que esa piedra había sido cortada para llevarla en la mano. Ahí nomás empecé a sentir lo que sentía el dueño de esa piedra. Era una piedra de poder. Me puso de mal humor. Me entró miedo. Sentía que algo horrible se escondía en lo oscuro de la casa, algo que no tenía ni forma ni color. No podía quedarme sola. Me despertaba pegando gritos y después de un par de días ya nomás no pude ni dormir. Todos se turnaban para acompañarme, de día y de noche.

—Cuando el nagual y Genaro regresaron —dijo Néstor—, el nagual me mandó con Genaro a poner de nuevo la piedra en el lugar exacto donde había estado enterrada. Genaro se llevó tres días en localizar el lugar exacto. Y lo hizo.

—Y a ti, Gorda, ¿qué te pasó, después de eso? —pregunté.

—El nagual me enterró. Durante nueve días estuve desnuda dentro de un ataúd de tierra.

Entre ellos tuvo lugar una explosión de risa.

—El nagual le dijo que no podía salirse de allí —explicó Néstor—. La pobre Gorda tenía que mear y hacer caca dentro del ataúd. El nagual la empujó dentro de una caja que hizo con ramas y lodo. Había una puertita en un lado para la comida y el agua. Todo lo demás estaba sellado.

—¿Por qué la enterró? —indagué.

—Es la única forma de proteger a cualquiera —sostuvo Néstor—. La Gorda tenía que ser puesta bajo el suelo para que la tierra la curara. Nadie cura mejor que la tierra; además, el nagual tenía que desviar el sentido de esa piedra que estaba enfocado en la Gorda. La tierra es una pantalla, no deja que nada pase por ningún lado. El nagual sabía que la Gorda no podía empeorar por estar enterrada nueve días, a fuerza tenía que mejorar. Y eso pasó.

—¿Qué sentiste al estar enterrada así, Gorda? —le pregunté.

—Casi me vuelvo loca —confesó—. Pero eso nomás era mi vicio de consentirme. Si el nagual no me hubiera puesto ahí, me habría muerto. El poder de esa piedra era demasiado grande para mí; su dueño había sido un hombre de tamaño enorme. Podía sentir que su mano era el doble de la mía. Se aferró a esa roca porque en ello le iba la vida, y al final alguien lo mató. Su terror me espantó. Pude sentir que algo se acercaba a mí para devorar mi carne. Eso fue lo que sintió ese hombre. Era un hombre de poder, pero alguien todavía más poderoso que él lo atrapó.

"El nagual dijo que una vez que tienes un objeto de ésos, el desastre te persigue, porque su poder entra en pelea con el poder de otros objetos de ese tipo, y el dueño o se convierte en perseguidor o en víctima. El nagual dijo que la naturaleza de esos objetos es estar en guerra, porque la parte de nuestra atención que los enfoca para darles poder es una parte belicosa, de mucho peligro.

—La Gorda es muy codiciosa —aseguró Pablito—. Se imaginó que si podía encontrar algo que de por sí ya tuviera mucho poder, ella saldría ganando porque hoy en día ya nadie está interesado en desafiar al poder.

La Gorda asintió con un movimiento de cabeza.

—Yo no sabía que uno puede recoger otras cosas aparte del poder que esos objetos tienen. Cuando metí el dedo por primera vez en el agujero y agarré la piedra, mi mano se puso caliente y mi brazo empezó a vibrar. Me sentí de verdad grande y fuerte. Como siempre, y a escondidas, nadie se dio cuenta de que yo traía la piedra en la mano. Después de varios días empezó el verdadero horror. Podía sentir que alguien se las traía con el dueño de la piedra. Podía sentir su terror. Sin duda se trataba de un brujo muy poderoso, y quien fuera el que andara tras él no sólo quería matarlo sino también quería comerse su carne. Esto de veras me espantó. En ese momento debí tirar la piedra, pero esa sensación que estaba teniendo era tan nueva que seguía agarrándola en mi mano como una recontra pendeja que soy. Cuando finalmente la solté, ya era demasiado tarde. Algo en mí había sido atrapado. Tuve visiones de hombres que se acercaban, vestidos con ropas extrañas. Sentía que me mordían, desgarraban la carne de mis piernas con sus dientes y con pequeños cuchillos filosos. ¡Me puse frenética!

—¿Y cómo explicó don Juan esas visiones? —pregunté.

—Dijo que ésta ya no tenía defensas —intervino Néstor—. Y que por eso podía recoger la fijeza de ese hombre, su segunda atención, que había sido vertida en esa piedra. Cuando lo estaban matando se aferró de la piedra para así poder juntar toda su concentración. El nagual dijo que el poder del hombre se desplazó del cuerpo a la piedra; sabía lo que estaba haciendo y no quería que sus enemigos se beneficiaran devorando su carne. El nagual también dijo que los que lo mataron sabían todo esto y por eso se lo comieron vivo, para poder adueñarse de todo el poder que le quedara. Deben de haber enterrado la piedra para evitarse problemas. Y la Gorda y yo, como dos pendejos, la encontramos y la desenterramos.

La Gorda asintió tres o cuatro veces. Tenía una expresión sumamente seria.

—El nagual me dijo que la segunda atención es la cosa más feroz que hay —declaró—. Si se le enfoca en objetos, no hay nada más horrendo.

—Lo que es horrible es que nos aferremos —dijo Néstor—. El hombre que era dueño de la piedra se aferraba a su vida y a su poder, por eso se horrorizó tanto cuando sintió que le quitaban la carne a mordidas. El nagual nos dijo que si ese hombre hubiera dejado de ser posesivo y se hubiese abandonado a su muerte, cualquiera que fuese, no habría sentido ningún temor.

La conversación se apagó. Les pregunté a los demás si tenían algo que decir. Las hermanitas me miraron con fuego en los ojos. Benigno rió quedito y escondió su rostro con el sombrero.

—Pablito y yo hemos ido a las pirámides de Tula —convino finalmente—. Hemos ido a todas las pirámides que hay en México, nos gustan.

—¿Y para qué fueron a todas las pirámides? —pregunté.

—Realmente no sé a qué fuimos —respondió—. A lo mejor fue porque el nagual Juan Matus nos dijo que no fuéramos.

—¿Y tú, Pablito?

—Yo fui a aprender —replicó, malhumorado, y después rió—. Yo vivía en la ciudad de Tula. Conozco esas pirámides como la palma de mi mano. El nagual me dijo que él también vivió allí. Sabía todo acerca de las pirámides. Él mismo era un tolteca.

Advertí entonces que algo más que curiosidad me había hecho ir a la zona arqueológica de Tula. La razón principal por la que acepté la invitación de mi amigo fue porque la primera vez que visité a la Gorda y a los otros, me dijeron algo que don Juan nunca me había mencionado: que él se consideraba un descendiente cultural de los toltecas. Tula fue el antiguo epicentro del imperio tolteca.

—¿Y qué, piensan que los atlantes caminen de noche? —le pregunté a Pablito.

—Por supuesto que caminan de noche —enfatizó—. Esas cosas han estado ahí durante siglos. Nadie sabe quién construyó las pirámides; el mismo nagual Juan Matus me dijo que los españoles no fueron los primeros en descubrirlas. El nagual aseguró que hubo otros antes que ellos. Dios sabrá cuántos.

—¿Y qué crees que representen esas figuras de piedra? —insistí.

—No son hombres, sino mujeres —dijo—. Y esas pirámides donde están es el centro del orden y de la estabilidad. Esas figuras son sus cuatro esquinas, son los cuatro vientos, las cuatro direcciones. Son la base, el fundamento de la pirámide. Tienen que ser mujeres, mujeres hombrunas, si así las quieres llamar. Como ya sabes, nosotros los hombres no somos tan calientes. Somos una buena ligadura, un pegol que junta las cosas, y eso es todo. El nagual

Juan Matus dijo que el misterio de la pirámide es su estructura. Las cuatro esquinas han sido elevadas hasta la cima. La pirámide misma es el hombre, que está sostenido por sus mujeres guerreras: un hombre que ha elevado sus soportes hasta el lugar más alto. ¿Entiendes?

Debo de haber tenido una expresión de perplejidad en el rostro. Pablito rió. Se trataba de una risa cortés.

—No, no entiendo, Pablito —reconocí—, porque don Juan nunca me habló de eso. El tema es completamente nuevo para mí. Por favor, dime todo lo que sepas.

—Lo que se conoce como atlantes son el *nagual*; son mujeres *ensoñadoras*. Representan el orden de la segunda atención que ha sido traída a la superficie, por eso son tan temibles y misteriosas. Son criaturas de guerra, pero no de destrucción.

"La otra hilera de columnas, las rectangulares, representan el orden de la primera atención, el *tonal*. Son acechadoras, por eso están cubiertas de inscripciones. Son muy pacíficas y sabias, lo contrario de la hilera de enfrente.

Pablito dejó de hablar y me miró casi desafiante; después, sonrió.

Pensé que iba a explicar lo que había dicho, pero guardó silencio como si esperara mis comentarios.

Le dije cuán perplejo me hallaba y le urgí a que continuara hablando. Pareció indeciso, me miró un momento y respiró largamente. Apenas había comenzado a hablar cuando las voces de los demás se alzaron en un clamor de protestas.

—El nagual ya nos explicó todo eso a nosotros —advirtió la Gorda, impacientemente—. ¿Por qué tienes que hacerlo repetir?

Traté de hacerles comprender que en verdad yo no tenía la menor idea de lo que hablaba Pablito. Le rogué que continuara con su explicación. Surgió otra oleada de voces que hablaban al mismo tiempo. A juzgar por la manera como las hermanitas me fulminaban con la mirada, se estaban encolerizando aún más, Lidia en especial.

—No queremos hablar de esas mujeres —objetó la Gorda con un tono conciliatorio—. Nomás de pensar en las mujeres de la pirámide nos ponemos muy nerviosas.

—¿Qué les pasa a todos ustedes? —pregunté—. ¿Por qué actúan así?

—No sabemos —respondió la Gorda—. Es nomás una sensación que nos da a todos, una sensación muy inquieta. Todos estábamos bien hasta hace un rato, cuando empezaste a preguntar sobre esas mujeres.

Las aseveraciones de la Gorda fueron como una señal de alarma. Todos ellos se pusieron de pie y avanzaron amenazantes hacia mí, hablando muy fuerte.

Me tomó un buen rato calmarlos y hacer que volvieran a tomar asiento. Las hermanitas se hallaban muy molestas y su mal humor parecía influenciar el de la Gorda. Los tres hombres mostraban mayor control. Me enfrenté a Néstor y le pedí lisa y llanamente que me explicara por qué las mujeres se habían agitado tanto. Era obvio que yo me hallaba, involuntariamente, haciendo algo que las exasperaba.

—Yo verdaderamente no sé lo que es —respondió—. Es que ninguno de nosotros aquí sabe lo que nos sucede. Todo lo que sabemos es que nos sentimos mal y nerviosos.

—¿Es porque estamos hablando de las pirámides? —le consulté.

—Debe de ser por eso —respondió, sombrío—. Yo mismo no sabía que esas figuras fuesen mujeres.

—Claro que lo sabías, idiota —exclamó Lidia.

Néstor pareció intimidarse ante ese estallido. Retrocedió y me sonrió mansamente.

—A lo mejor lo sabía —concedió—. Estamos pasando por un período muy extraño en nuestras vidas. Ya ninguno de nosotros puede estar seguro de nada. Desde que llegaste a nuestras vidas ya no nos conocemos a nosotros mismos.

Un humor muy opresivo nos poseyó. Insistí en que la única manera de ahuyentarlo era hablando de esas misteriosas columnas de las pirámides.

Las mujeres protestaron acaloradamente. Los hombres se mantuvieron en silencio. Tuve la sensación de que en principio estaban de acuerdo con las mujeres, pero que en el fondo querían discutir el tema, al igual que yo.

—¿Don Juan no te dijo algo más sobre las pirámides, Pablito? —pregunté.

—Dijo que una pirámide en especial, allí en Tula, era un guía —respondió Pablito, al instante.

Del tono de su voz deduje que en verdad tenía deseos de hablar. Y la atención que prestaban los demás aprendices me convenció de que secretamente todos ellos querían intercambiar opiniones.

—El nagual dijo que era un guía que llevaba a la segunda atención —continuó Pablito—, pero que fue saqueada y todo se destruyó. Me contó que algunas de las pirámides eran gigantescos *no-haceres*. No eran sitios de alojamiento, sino lugares para que los guerreros hicieran su *ensueño* y ejercitaran su segunda atención. Todo lo que hacían se registraba con dibujos y figuras que esculpían en los muros.

"Después debe de haber llegado otro tipo de guerrero, una especie que no estaba de acuerdo con lo que los brujos de la pirámide hicieron con su segunda atención, y que destruyó la pirámide con todo lo que allí había.

"El nagual creía que los guerreros debieron de ser guerreros de la tercera atención. Así como él mismo era. Guerreros que se horrorizaron con lo maligno que tiene la fijeza de la segunda atención. Los brujos de las pirámides estaban excesivamente ocupados con su fijeza, para darse cuenta de lo que ocurría. Cuando lo hicieron, ya era demasiado tarde.

Pablito tenía público. Todos en el cuarto, incluyéndome a mí, estábamos fascinados con lo que nos relataba. Pude comprender las ideas que presentaba, porque don Juan me las llegó a explicar.

Don Juan me había dicho que nuestro ser total consiste en dos segmentos perceptibles. El primero es nuestro cuerpo físico, que todos nosotros podemos percibir; el segundo es el cuerpo luminoso, que es un capullo que sólo los videntes pueden percibir y que nos da la apariencia de gigantescos huevos luminosos. También me dijo que una de las metas más importantes de la brujería era alcanzar el capullo luminoso; una meta que se logra a través del sofisticado uso del *ensueño* y mediante un esfuerzo riguroso y sistemático que él llamaba *no-hacer*. Don Juan definía *no-hacer* como un acto insólito que emplea a nuestro ser total forzándolo a ser consciente del segmento luminoso.

Para explicar estos conceptos, don Juan hizo una desigual división tripartita de nuestra conciencia. A la porción más pequeña la llamó "primera atención" y dijo que era la conciencia que toda persona normal ha desarrollado para enfrentarse al mundo cotidiano; abarca la conciencia del cuerpo físico. A otra porción más grande la llamó la "segunda atención" y la describió como la conciencia que requerimos para percibir nuestro capullo luminoso y para actuar como seres luminosos. Dijo que la segunda atención se queda en el trasfondo durante toda nuestra vida, a no ser que emerja a través de un entrenamiento deliberado o a causa de un trauma accidental, abarca la conciencia del cuerpo luminoso. A la última porción, que era la mayor, la llamó la "tercera atención": una conciencia de los cuerpos físico y luminoso.

Le pregunté si había experimentado la tercera atención. Dijo que se hallaba en la periferia de ella y que si llegaba a entrar completamente yo lo sabría al instante, porque todo él se convertiría en lo que en verdad era: un estallido de energía. Agregó que el campo de batalla de los guerreros era la segunda atención, que venía a ser algo como un campo de entrenamiento para llegar a la tercera atención; un campo un tanto difícil de alcanzar, pero muy fructífero una vez obtenido.

—Las pirámides son dañinas —continuó Pablito—. En especial para brujos desprotegidos como nosotros. Pero son todavía peores para guerreros sin forma, como la Gorda. El nagual dijo que no hay nada más peligroso que la fijeza maligna de la segunda atención. Cuando los guerreros aprenden a enfocarse en el lado débil de la segunda atención, ya no hay nada que pueda detenerlos. Se convierten en cazadores de hombres, en vampiros. No importa que ya no estén vivos, pueden alcanzar su presa a través del tiempo, como si estuvieran presentes aquí y ahora; porque en presas nos convertimos si nos metemos en una de esas pirámides. El nagual las llamaba trampas de la segunda atención.

22

—¿Exactamente qué dijo que le pasaría a uno? —preguntó la Gorda.

—El nagual dijo que quizás podríamos aguantar una visita a las pirámides —explicó Pablito—. En la segunda visita sentíamos una extraña tristeza; como una brisa que nos volvería desatentos y fatigados: una fatiga que pronto se convierte en la mala suerte. En cuestión de días nos volveríamos unos salados. El nagual aseguró que nuestras oleadas de mala suerte se debían a nuestra obstinación al visitar esas ruinas a pesar de sus recomendaciones.

"Eligio, por ejemplo, nunca desobedeció al nagual. Ni a ratos te lo encontrabas allí; tampoco encontrabas este nagual que está aquí, y los dos siempre tuvieron suerte, mientras que el resto de nosotros traemos la sal, en especial la Gorda y yo. ¿No nos mordió el mismo perro? ¿Y no las mismas vigas del techo de la cocina se pudrieron dos veces y se nos cayeron encima?

—El nagual nunca me explicó esto —refutó la Gorda.

—Claro que sí —insistió Pablito.

—Si yo hubiera sabido lo malo que era todo eso, jamás habría puesto un pie en esos malditos lugares —protestó la Gorda.

—El nagual nos dijo a todos las mismas cosas —dijo Néstor—. El problema es que todos aquí no lo escuchábamos atentamente, o más bien que cada uno de nosotros lo escuchaba a su manera, y oíamos lo que queríamos oír.

"El nagual explicó que la fijeza de la segunda atención tiene dos caras. La primera y la más fácil es la cara maléfica. Sucede cuando los *soñadores* usan su *ensueño* para enfocar la segunda atención en las cosas de este mundo, como dinero o poder sobre la gente. La otra cara es la más difícil de alcanzar y ocurre cuando los *soñadores* enfocan su atención en cosas que ya no están en este mundo o que ya no son de este mundo, así como el viaje a lo desconocido. Los guerreros necesitan una impecabilidad sin fin para alcanzar esta cara.

Les dije que estaba seguro de que don Juan había revelado selectivamente ciertas cosas a algunos de nosotros; y otras, a otros. Por ejemplo, yo no podía recordar que don Juan alguna vez hubiera discutido conmigo la cara maléfica de la segunda atención. Después les hablé de lo que don Juan me había dicho referente a la fijeza de la atención en general.

Empezó por dejar en claro que para él todas las ruinas arqueológicas de México, especialmente las pirámides, eran dañinas para el hombre moderno. Describió las pirámides como desconocidas de pensamiento y de acción. Dijo que cada parte, cada diseño, representaba un esfuerzo calculado para registrar aspectos de atención absolutamente ajenos a nosotros. Para don Juan no eran solamente las ruinas de antiguas culturas las que contenían un elemento peligroso en ellas; todo lo que era objeto de una preocupación obsesiva tenía un potencial dañino.

Una vez discutimos esto en detalle. Fue a causa del hecho de que yo no sabía qué hacer para poner a salvo mis notas de campo. Las veía de una manera muy posesiva y estaba obsesionado con su seguridad.

—¿Qué debo hacer? —le pregunté.

—Genaro te dio la solución una vez —replicó—. Tú creíste, como siempre, que estaba bromeando. Pero él nunca bromea. Te dijo que deberías escribir con la punta de tu dedo en vez de lápiz. No le hiciste caso porque no te puedes imaginar que ese sea el *no-hacer* de tomar notas.

Argüí que lo que me estaba proponiendo tenía que ser una broma. Mi imagen propia era la de un científico social que necesitaba registrar todo lo que era hecho o dicho, para extraer conclusiones verificables. Para don Juan, una cosa no tenía que ver con la otra. Ser un estudiante serio no tenía nada que ver con tomar notas. Yo, personalmente, no podía ver el valor de la sugerencia de don Genaro; me parecía humorística, pero no una verdadera posibilidad.

Don Juan llevó más adelante su punto de vista. Dijo que tomar notas era una manera de ocupar la primera atención en la tarea de recordar, que yo tomaba notas para recordar lo que se decía y hacía. La recomendación de don Genaro no era una broma, porque escribir con la punta de mi dedo en un pedazo de papel, siendo el *no-hacer* de tomar notas, forzaría a mi segunda atención a enfocarse en recordar, y ya no acumularía hojas de papel. Don Juan creía que a la larga el resultado sería más exacto y más poderoso que tomar notas. Nunca se había hecho, en cuanto a lo que él sabía, pero el principio era sólido.

Por un corto tiempo, me presionó para que lo hiciera. Me sentí perturbado. Tomar notas no sólo me servía como recurso mnemotécnico, también me aliviaba. Era mi muleta más útil. Acumular hojas de papel me daba una sensación de propósito y de equilibrio.

—Cuando te pones a cavilar en lo que vas a hacer con tus hojas —explicó don Juan—, estás enfocando en ellas una parte muy peligrosa de ti mismo. Todos nosotros tenemos ese lado peligroso, esa fijeza. Mientras más fuertes llegamos a ser, más mortífero es ese lado. La recomendación para los guerreros es no tener nada material en qué enfocar su poder, sino enfocarlo más bien hacia el espíritu, en el verdadero vuelo a lo desconocido, no en salvaguardas triviales. En tu caso, las notas son tu salvaguarda. No te van a dejar vivir en paz.

Yo creía seriamente que no había manera alguna sobre la faz de la Tierra, que me disociara de mis notas. Pero don Juan concibió una tarea para llevarme a ese fin. Dijo que para alguien que era tan posesivo como yo, el modo más apropiado de liberarme de mis cuadernos de notas sería revelándolos, echándolos a lo abierto, escribiendo un libro. En esa época pensé que ésa era una broma mayor aún que tomar notas con la punta del dedo.

—Tu compulsión de poseer y aferrarte a las cosas no es única —sostuvo—. Todo aquel que quiere seguir el camino del guerrero, el sendero del brujo, tiene que quitarse de encima esa fijeza.

"Mi benefactor me dijo que hubo una época en que los guerreros sí tenían objetos materiales en los que concentraban su obsesión. Y eso daba lugar a la pregunta de cuál objeto sería más poderoso, o el más poderoso de todos. Retazos de esos objetos aún existen en el mundo, las trazas de esa contienda por el poder. Nadie puede decir qué tipo de fijeza habrán recibido esos objetos. Hombres infinitamente más poderosos que tú virtieron todas las facetas de su atención en ellos. Tú apenas empiezas a desparramar tu minúscula preocupación en tus notas. Todavía

25

no has llegado a otros niveles de atención. Piensa en lo horrible que sería si al final de tu sendero de guerrero te encontraras cargando tus bultos de notas en la espalda. Para ese entonces, las notas estarían vivas, especialmente si aprendieras a escribir con la punta del dedo y todavía tuvieras que apilar hojas. Bajo esas circunstancias no me sorprendería que alguien encontrara tus bultos caminando solos.

—Para mí es fácil comprender por qué el nagual Juan Matus no quería que tuviéramos posesiones —señaló Néstor, después de que concluí de hablar—. Todos nosotros somos *ensoñadores*. No quería que enfocáramos nuestro *cuerpo de ensueño* en la cara débil de la segunda atención. Yo no entendí sus maniobras en aquellos días; me chingaba el hecho de que me hizo deshacerme de todo lo que tenía. Pensé que era injusto. Creí que estaba tratando de evitar que Pablito y Benigno me tuvieran envidia, porque ellos no poseían nada. En comparación, yo era pudiente. En esa época, yo no tenía idea de que el nagual estaba protegiendo mi *cuerpo de ensueño*.

Don Juan me había descrito el *ensoñar* de diversas maneras. La más oscura, ahora me parece que lo define mejor. Dijo que *ensoñar* intrínsecamente es el *no-hacer* de dormir. En este sentido, el *ensueño* permite al practicante el uso de esa porción de su vida que se pasa en el sopor. Es como si los *ensoñadores* ya no durmiesen. Y sin embargo esto no resulta en ninguna enfermedad. A los *ensoñadores* no les falta el sueño, pero el efecto de *ensoñar* parece ser un incremento del tiempo de vigilia, debido al uso de un supuesto cuerpo extra: el *cuerpo de ensueño*.

Don Juan me había explicado que, en ciertas ocasiones, el *cuerpo de ensueño* era llamado el "doble" o el "otro", porque es una réplica perfecta del cuerpo del *ensoñador*. Inherentemente se trata de la energía del ser luminoso, una emanación blancuzca, fantasmal, que es proyectada mediante la fijeza de la segunda atención en una imagen tridimensional del cuerpo. Don Juan me advirtió que el *cuerpo de ensueño* no es un fantasma, sino que es tan real como cualquier cosa con la que tratamos en el mundo. Dijo que, inevitablemente, la segunda atención es empujada a enfocar nuestro ser total como campo de energía, y que transforma esa energía en cualquier cosa apropiada. Lo más fácil, por supuesto, es la imagen del cuerpo físico, con la cual estamos completamente acostumbrados en nuestras vidas diarias, gracias al uso de nuestra primera atención. Lo que canaliza la energía de nuestro ser total, para producirse cualquier cosa que pueda hallarse dentro de los límites de lo posible, es conocido como *voluntad*. Don Juan no podía decir cuáles eran esos límites, salvo que al nivel de seres luminosos nuestro alcance es tan amplio que resulta vano tratar de establecer límites: de modo que la energía de un ser luminoso puede transformarse en cualquier cosa mediante la *voluntad*.

—El nagual aseguró que el *cuerpo de ensueño* se mete y se engancha en cualquier cosa —expuso Benigno—. No tiene juicio. Me dijo que los hombres son más débiles que las mujeres porque el *cuerpo de ensueño* de un hombre es más posesivo.

Las hermanitas demostraron su acuerdo al unísono, con un movimiento de cabeza. La Gorda me miró y sonrió.

—El nagual me dijo que tú eres el rey de los posesivos —intervino—. Genaro decía que hasta te despides de tus mojones cuando se los lleva el río.

Las hermanitas se revolcaron de risa. Los Genaros hicieron obvios esfuerzos por contenerse. Néstor, que se hallaba sentado junto a mí, me palmeó la rodilla.

—El nagual y Genaro nos contaban historias sensacionales de ti —dijo—. Nos entretuvieron durante años con las historias de un tipo raro que conocían. Ahora sabemos que se trataba de ti.

Sentí una oleada de vergüenza. Era como si don Juan y don Genaro me hubieran traicionado, riéndose de mí enfrente de los aprendices. La tristeza me envolvió. Empecé a protestar. Dije en voz alta que a ellos los habían predispuesto en mi contra para tomarme como un tonto.

—No es cierto —dijo Benigno—. Estamos muy contentos de que estés con nosotros.

—¿Estamos? —replicó mordazmente Lidia.

Todos se enredaron en una discusión acalorada. Los

hombres y las mujeres se habían dividido. La Gorda no se unió a ningún grupo. Permaneció sentada junto a mí, mientras los otros se ponían en pie y gritaban.

—Estamos pasando por momentos difíciles —susurró la Gorda—. Hemos hecho bastante *ensueño* y sin embargo no es suficiente para lo que necesitamos.

—¿Qué necesitan ustedes, Gorda? —pregunté.

—No sabemos. Todos tenían la esperanza de que tú nos lo dijeras.

Las hermanitas y los Genaros tomaron asiento nuevamente para escuchar lo que la Gorda me decía.

—Necesitamos un líder —continuó ella—. Tú eres el nagual, pero no eres líder.

—Toma tiempo llegar a ser un nagual perfecto —proclamó Pablito—. El nagual Juan Matus me dijo que él mismo fue un fracaso en su juventud, hasta que algo lo sacó de su complacencia.

—¡No lo creo! —gritó Lidia—. A mí nunca me dijo eso.

—A mí me dijo que era un tarugo —añadió la Gorda, en voz baja.

—El nagual me contó que en su juventud era un salado igual que yo —precisó Pablito—. Su benefactor también le requirió que jamás pusiera el pie en esas pirámides, y nomás por eso, prácticamente vivía allí hasta que lo corrió una horda de fantasmas.

Al parecer nadie conocía esa historia. Todos se avivaron.

—Eso se me había olvidado completamente —comentó Pablito—. Hasta ahorita lo acabo de recordar. Fue como lo que le pasó a la Gorda. Un día, después de que el nagual finalmente se había convertido en un guerrero sin forma, la fijeza maligna de esos guerreros que habían hecho sus *ensueños* y otros *no-hacer*es en las pirámides, se le vinieron encima. Lo encontraron cuando trabajaba en el campo. Me contó que vio que una mano salía de la tierra floja de un surco fresco, para agarrarle el vuelo de sus pantalones. Él creyó que se trataba de un compañero trabajador que había sido enterrado accidentalmente. Trató de desenterrarlo. Entonces se dio cuenta de que estaba metiendo las manos en un ataúd de tierra, y que había un hombre enterrado allí. Era un hombre muy delgado y moreno y no tenía pelo. Frenéticamente, el nagual trató de componer el ataúd de tierra. No quería que sus compañeros vieran lo que estaba pasando, ni tampoco quería hacer daño al hombre desenterrándolo contra su voluntad. Se puso a trabajar tan duro que ni siquiera se dio cuenta de que los demás trabajadores lo estaban rodeando. Para entonces, el nagual dijo que el ataúd de tierra se había deshecho y que el hombre moreno se encontraba tendido en el suelo, desnudo. Trató de ayudarlo a levantarse y pidió a los hombres que le dieran una mano. Se rieron de él. Pensaron que estaba borracho, que le había dado el delirium tremens, porque ahí, en ese campo, no había ni hombre ni ataúd de tierra ni nada por el estilo.

"El nagual dijo que se quedó aterrado, pero que no se atrevió a contarle a su benefactor nada de eso. No importó, porque en la noche toda una banda de fantasmas llegó por él. Fue a abrir la puerta de la calle después de que alguien había tocado y una horda de hombres desnudos, con ojos amarillos y brillantes, se metieron en la casa. Lo tiraron al suelo y se apilaron encima de él. Y le hubieran pulverizado todos los huesos de no haber sido por la veloz reacción de su benefactor. Vio a los fantasmas y empujó al nagual hasta ponerlo a salvo en un hueco en la tierra, que siempre tenía convenientemente abierto en la parte de atrás de su casa. Enterró allí al nagual mientras los fantasmas se acurrucaron alrededor esperando su oportunidad.

"El nagual admitió que se espantó tanto que todas las noches él solito se metía otra vez a su ataúd de tierra a dormir, hasta mucho después de que los fantasmas desaparecieron.

Pablito cesó de hablar. Todos parecían estar impacientes; cambiaron de posición repetidamente como si quisieran dar a entender que estaban cansados de estar sentados.

Para calmarlos les dije que yo había tenido una reacción muy perturbadora al oír las aseveraciones de mi amigo acerca de los atlantes que caminaban de noche en la pirámide de Tula.

No me había dado cuenta de la profundidad con que acepté lo que don Juan y don Genaro me habían enseñado, hasta ese día. A pesar de que en mi mente estaba bien claro que no había posibilidad alguna de que esas colosales figuras de piedra pudieran caminar, porque tal cuestión no entraba en el ámbito de la especulación seria, yo suspendí mi juicio por completo. Mi reacción fue una total sorpresa para mí.

Les expliqué extensamente que yo había aceptado la idea de que los atlantes caminaran de noche, como un claro ejemplo de la fijeza de la segunda atención. Había llegado a esa conclusión siguiendo las siguientes premisas: Primero, que no somos solamente aquello que nuestro sentido común nos exige que creamos ser. En realidad somos seres luminosos, capaces de volvernos conscientes de nuestra luminosidad. Segundo, que como seres luminosos conscientes de nuestra luminosidad podemos enfocar distintas facetas de nuestra conciencia, o de nuestra atención, como don Juan le llamaba. Tercero, que ese enfoque podía ser producido mediante un esfuerzo deliberado, como el que nosotros tratábamos de hacer, o accidentalmente, a través de un trauma corpóreo. Cuarto, que había habido una época en que los brujos deliberadamente enfocaban distintas facetas de su atención en objetos materiales. Quinto, que los atlantes, a juzgar por su espectacular apariencia, debieron de haber sido objeto de la fijeza de los brujos de otro tiempo.

Dije que el guardia que le dio la información a mi amigo, sin duda había enfocado otra faceta de su atención: él podía haberse convertido, involuntariamente, aunque sólo por un momento, en un receptor de las proyecciones de la segunda atención de los brujos de la antigüedad. No era tan desmedido para mí entonces que ese hombre hubiera visualizado la fijeza de aquellos brujos.

Si ellos eran miembros de la tradición de don Juan y de don Genaro, debieron de haber sido practicantes impecables, en cuyo caso no habría límite para lo que podrían llevar a cabo con la fijeza de su segunda atención. Si su intento era que los atlantes caminaran de noche, entonces los atlantes caminaban de noche.

Mientras yo hablaba, las hermanitas se pusieron muy enojadas y nerviosas conmigo. Cuando concluí, Lidia me acusó de no hacer nada más que hablar. Se pusieron en pie y se fueron sin siquiera despedirse. Los hombres las siguieron, pero se detuvieron en la puerta para estrecharme la mano. La Gorda y yo nos quedamos en el cuarto.

—Hay algo que anda muy mal con esas mujeres —censuré.

—No. Nada más están cansadas de hablar —disculpó la Gorda—. Esperan que tú actúes en vez de hablar.

—¿Y cómo es que los Genaros no están cansados de hablar? —pregunté.

—Porque son mucho más pendejos que las mujeres —replicó secamente.

—¿Y tú, Gorda? ¿Tú también estás cansada de hablar?

—No te podría decir —eludió solemnemente—. Cuando estoy contigo no me canso, pero cuando estoy con las hermanitas me siento cansadísima, igual que ellas.

Durante los siguientes días, los cuales pasaron sin acontecimientos, resultó obvio que las hermanitas estaban completamente enemistadas conmigo. Los Genaros a duras penas me toleraban. Sólo la Gorda parecía alinearse conmigo. Me causó sorpresa. Se lo pregunté antes de volverme a Los Angeles.

—No sé cómo es posible, pero estoy acostumbrada a ti —admitió—. Es como si tú y yo estuviéramos unidos, y las hermanitas y los Genaros estuvieran en un mundo distinto.

## 2

## *Viendo juntos*

Durante varias semanas después de mi regreso a Los Angeles experimenté repetidamente una leve sensación de incomodidad, que la explicaba como causada por un mareo o como una repentina pérdida del aliento causada por cualquier esfuerzo físico agotador. Culminó todo esto una noche en que desperté aterrorizado, sin poder respirar. El médico al que fui a ver diagnosticó mi problema como hiperventilación, probablemente debida a tensión nerviosa. Me recetó un tranquilizante y sugirió que respirara dentro de una bolsa de papel si el ataque se repetía de nuevo.

Decidí volver a México para pedir consejo a la Gorda. Le dije cuál era el diagnóstico de mi médico; calmadamente, ella me aseguró que no se trataba de ninguna enfermedad, sino que al fin y al cabo estaba yo perdiendo mis salvaguardas, y que lo que experimentaba era "la pérdida de mi forma humana" y el ingreso a un estado de separación con los asuntos humanos.

—No le hagas lucha —aconsejó—. Nuestra reacción normal es asustarnos y pelearnos con todo esto. Al hacerlo, lo alejamos. Deja los temores a un lado, y sigue la pérdida de tu forma humana paso a paso.

Agregó que en su caso la desintegración de su forma humana comenzó en su vientre, con un dolor severo y una presión excesiva que lentamente se desplazaba en dos direcciones, por abajo hacia sus piernas y por arriba hasta su garganta. Reiteró que los efectos se sienten inmediatamente.

Yo quería anotar cada matiz de mi entrada a ese nuevo estado. Me preparé para describir un relato detallado de todo lo que ocurriese. Desafortunadamente, nada más sucedió. Tras unos días de inútil espera abandoné la advertencia de la Gorda y concluí que el médico había diagnosticado mi aflicción correctamente. Esto resultaba comprensible. Me hallaba cargado de una responsabilidad que generaba una tensión insoportable. Había aceptado el liderazgo que los aprendices creían que me correspondía, pero no tenía la menor idea de cómo guiarlos.

La presión de mi vida también se reflejó de un modo más serio. Mi acostumbrado nivel de energía decaía uniformemente. Don Juan me habría dicho que estaba perdiendo mi poder personal, y por tanto llegaría también a perder la vida. Don Juan había arreglado mis asuntos de tal modo que vivía exclusivamente del poder personal, el cual yo atendía como un estado de ser, una relación de orden entre el sujeto y el universo, una relación que si se desarregla resulta irremediablemente la muerte del sujeto. Puesto que no había forma previsible de cambiar mi situación, deduje que mi vida se extinguía. Esa sensación de irrefutable condena enfurecía a todos los aprendices. Decidí dejarlos solos por un par de días para atenuar mi lobreguez y la tensión de ellos.

Cuando regresé los encontré parados afuera de la puerta principal de la casa de las hermanitas, como si me estuvieran esperando. Néstor corrió a mi auto y, antes de que apagara el motor, me dijo a gritos que Pablito nos había dejado a todos, que se fue a morir a la ciudad de Tula, al lugar de sus antepasados. Me desconcerté. Me sentí culpable.

La Gorda no compartía mi preocupación. Estaba radiante, contentísima.

—Ese pinche cabrón está mejor muerto —aseguró—. Ahora vamos a vivir en armonía, como debe ser. El nagual nos dijo que tú traerías cambios a nuestras vidas. Bueno, pues así fue. Pablito ya no nos joderá más. Te deshiciste de él. Mira qué contentos estamos. Estamos mejor sin él.

Me escandalizó su dureza. Afirmé, lo más vigorosamente posible, que don Juan no había dado, de la manera más laboriosa, el marco de la vida de un guerrero. Enfaticé que la impecabilidad del guerrero me exigía que no dejara morir a Pablito, así nada más.

—¿Y qué te crees que vas a hacer? —preguntó la Gorda—. Me voy a llevar a una de ustedes a que viva con él hasta el día en que todos, incluyendo a Pablito, puedan irse de aquí.

Se rieron de mí, incluso Néstor y Benigno, a quienes yo siempre creí más afines a Pablito. La Gorda se rió mucho más que todos, desafiándome obviamente.

Apelé a la comprensión de la Gorda. Le rogué. Utilicé todos los argumentos que se me ocurrieron. Me miró con desprecio total.

—Vámonos —les ordenó a los demás.

Me ofreció la más vacua de las sonrisas. Alzó los hombros e hizo un vago gesto al fruncir los labios.

—Puedes venir con nosotros —me ofreció—, siempre y cuando no hagas preguntas ni hables de ese pendejo.

—Eres una guerrera sin forma —dije—. Tú misma me lo dijiste. ¿Por qué, entonces, ahora juzgas a Pablito?

La Gorda no respondió. Pero sintió el golpe. Frunció el entrecejo y no quiso mirarme.

—¡La Gorda está con nosotras! —chilló Josefina con una voz terriblemente aguda.

Las tres hermanitas se congregaron en torno a la Gorda y la empujaron al interior de la casa. Las seguí. Néstor y Benigno también entraron.

—¿Qué vas a hacer, llevarte a fuerzas a una de nosotras? —me gritó la Gorda.

Le dije a todos que yo consideraba un deber ayudar a Pablito y que haría lo mismo por cualquiera de ellos.

—¿De veras crees que puedes salirte con la tuya? —me preguntó la Gorda, con los ojos llameando de ira.

Yo quería rugir de rabia, como una vez lo hice en su presencia, pero las circunstancias eran distintas. No podía hacerlo.

—Me voy a llevar a Josefina —avisé—. Soy el nagual.

La Gorda juntó a las tres hermanitas y las escudó con

su propio cuerpo. Estaban a punto de tomarse de las manos. Algo en mí sabía que, de hacerlo, su fuerza combinada sería terrible y mis esfuerzos por llevarme a Josefina resultarían inútiles. Mi única oportunidad consistía en atacar antes de que ellas pudieran agruparse. Empujé a Josefina con las palmas de las manos y la lancé tambaleándose hasta el centro del cuarto. Antes de que tuvieran tiempo de agruparse, golpeé a Lidia y a Rosa. Se doblaron, adoloridas. La Gorda vino hacia mí con una furia que jamás le había visto. Toda su concentración se hallaba en un solo impulso de su cuerpo. De haberme golpeado habría acabado conmigo. Por centímetros no me atinó en el pecho. La atrapé por detrás con un abrazo de oso y caímos al suelo. Rodamos y rodamos hasta quedar completamente exhaustos. Su cuerpo se relajó. Empezó a acariciar el dorso de mis manos, que se hallaban fuertemente apretadas en torno a su estómago.

Vi a Néstor y Benigno junto a la puerta. Los dos parecían estar a punto de vomitar.

La Gorda sonrió tímidamente y me susurró al oído que estaba muy bien el que yo la hubiera dominado.

Me llevé a Josefina con Pablito. Creí que ella era la única de los aprendices que genuinamente necesitaba a alguien que la cuidara, y a la que menos detestaba Pablito. Estaba seguro de que el sentido de caballerosidad de Pablito lo forzaría a auxiliarla cuando ella lo necesitara.

Un mes después volví nuevamente a México. Pablito y Josefina habían regresado. Vivían juntos en la casa de don Genaro, y la compartían con Benigno y Rosa. Néstor y Lidia vivían en la casa de Soledad, y la Gorda habitaba sola en la casa de las hermanitas.

—¿Te sorprende la manera como nos arreglamos para vivir? —consultó la Gorda.

Mi sorpresa era más evidente. Quería saber cuáles eran las implicaciones de esta nueva organización.

La Gorda replicó, secamente, que no había nada de implicaciones. Decidieron vivir en pares, pero no como parejas. Agregó que, al contrario de todo lo que yo pudiera pensar, todos ellos eran guerreros impecables.

El nuevo arreglo parecía bastante agradable. Todos se hallaban completamente en paz. Ya no había más pleitos o explosiones de conducta competitiva entre ellos. También les dio por vestirse con las ropas indígenas típicas de la región. Las mujeres usaban vestidos con faldas largas que çasi tocaban el suelo, rebozos negros y el pelo en trenzas, a excepción de Josefina, la cual siempre llevaba sombrero. Los hombres se vestían con ligeros pantalones y camisas de manta blanca, que parecían piyamas. Usaban sombreros de paja, y todos calzaban huaraches hechos en casa.

Le pregunté a la Gorda cuál era la razón de su nueva manera de vestir. Me dijo que estaban preparándose para partir. Tarde o temprano, con mi ayuda o por sí mismos, iban a abandonar ese valle. Irían hacia un mundo nuevo, hacia una nueva vida. Cuando lo hicieran, todos se darían cuenta cabal del cambio, porque mientras más usaran la ropa india, más dramático sería el cambio cuando se pusieran la indumentaria de la ciudad.

Añadió que les enseñaron a ser fluidos, a estar a sus anchas en cualquier situación en que se encontrasen, y que a mí me habían enseñado lo mismo. Lo que se demandaba de mí consistía en actuar con ellos sin perder la ecuanimidad, a pesar de lo que me hicieran. Para ellos, la demanda consistía en abandonar el valle y establecerse en otro sitio a fin de averiguar si de verdad podían ser tan fluidos como los guerreros deben serlo.

Le pedí su honesta opinión sobre nuestras posibilidades de tener éxito. Me dijo que el fracaso estaba marcado en nuestros rostros.

La Gorda cambió de tema abruptamente y dijo que en su *ensueño* se había hallado contemplando una gigantesca y estrecha barranca entre dos enormes montañas redondas; presumía que las dos montañas le eran conocidas y que quería que yo la llevara en mi auto hasta un pueblo cercano. La Gorda pensaba, sin saber por qué, que las dos montañas se hallaban allí, y que el mensaje de su *ensueño* era que los dos debíamos ir a ese lugar.

Partimos al rayar el alba. Yo ya había estado en las cercanías de ese pueblo con anterioridad. Era muy pequeño y nunca había advertido nada en los alrededores que se acercase siquiera a la visión de la Gorda. Por ahí sólo había colinas erosionadas. Resultó que las dos montañas no se encontraban ahí, o, si así era, no las pudimos localizar.

Sin embargo, durante las dos horas que pasamos en el pueblo, tanto ella como yo tuvimos la sensación de que conocíamos algo indefinido, una sensación que en momentos se transformaba en certeza y que después retrocedía nuevamente a la oscuridad y se convertía en mera molestia y frustración. Visitar ese pueblo nos inquietó de una manera misteriosa; o, más bien, por razones desconocidas, los dos quedamos muy agitados. Yo me descubrí angustiado por un conflicto sumamente lógico. No recordaba haber estado alguna vez en el pueblo mismo y, sin embargo, podía jurar que no sólo estuve ahí, sino que había vivido ahí algún tiempo. No se trataba de una evocación clara; no podía recordar ni las calles ni las casas. Lo que sentía era la aprensión vaga pero poderosa de que algo se clarificaría en mi mente. No estaba seguro de qué, un recuerdo quizá. En momentos, esa incierta aprensión se volvía inmensa, en especial al ver una casa en particular. Me estacioné frente a ella. La Gorda y yo la miramos desde el auto quizá durante una hora y, no obstante, ninguno de nosotros sugirió que bajáramos del auto para ir a ella.

Los dos nos hallábamos muy tensos. Empezamos a hablar acerca de la visión de la Gorda de las dos montañas y nuestra conversación pronto devino en pleito. Ella creía que yo no había tomado en serio su *ensueño*. Nuestros temperamentos se encendieron y terminamos gritándonos el uno al otro, no tanto por ira como por nerviosidad. Me di cuenta de ello y me contuve.

Al regresar, estacioné el auto a un costado del camino de tierra. Nos bajamos para estirar las piernas. Caminamos unos momentos, pero hacía demasiado viento para estar a gusto. La Gorda estaba aún agitada. Regresamos al auto y nos sentamos dentro.

—Si nomás recuperaras lo que sabes —me dijo la

Gorda con tono suplicante—, si replegaras tu conocimiento, te darías cuenta de que perder la forma humana...

Se interrumpió a mitad de la frase; mi ceño debió de haberla detenido. Sabía muy bien lo difícil que era mi lucha. Si hubiese habido algún conocimiento que hubiera podido recuperar conscientemente, ya lo habría hecho.

—Pero es que somos seres luminosos —convino con el mismo tono suplicante—. Tenemos tanto... Tú eres el nagual. Tú tienes más aún.

—¿Qué crees que debo hacer?

—Tienes que abandonar tu deseo de aferrarte —sugirió—. Lo mismo me ocurrió a mí. Me aferraba a las cosas, por ejemplo la comida que me gustaba, las montañas donde vivía, la gente con la que disfrutaba platicar. Pero más que nada me aferraba al deseo de que me quieran.

Le dije que su consejo no tenía sentido para mí porque no estaba consciente de aferrarme a algo. Ella insistió en que de alguna manera yo sabía que estaba poniendo barreras a la pérdida de mi forma humana.

—Nuestra atención ha sido entrenada para enfocar con terquedad —continuó—. Esa es la manera como sostenemos el mundo. Tu primera atención ha sido adiestrada para enfocar algo que es muy extraño para mí, pero muy conocido para ti.

Le dije que mi mente se engarzaba en abstracciones, pero no en abstracciones como las matemáticas, por ejemplo, sino más bien en proposiciones razonables.

—Ahora es el momento de dejar todo eso —propuso—. Para perder tu forma humana, necesitas desprenderte de todo ese lastre. Tu contrapeso es tan fuerte que te paralizas.

No estaba con humor para discutir. Lo que la Gorda llamaba perder la forma humana era un concepto demasiado vago para una consideración inmediata. Me preocupaba lo que habíamos experimentado en ese pueblo. La Gorda no quería hablar de ello.

—Lo único que cuenta es que repliegues tu conocimiento, que recuperes lo que sabes —opinó—. Lo puedes hacer cuando lo necesitas, como ese día en que Pablito se fue y tú y yo nos agarramos a chingadazos.

La Gorda dijo que lo ocurrido ese día era un ejemplo de "replegar el conocimiento". Sin estar plenamente consciente de lo que hacía, había llevado a cabo complejas maniobras que implicaban ver.

—Tú no nos diste de chingadazos nomás porque sí —añadió—. Tú *viste*.

Tenía razón en cierta manera. Algo bastante fuera de lo común tuvo lugar en esa ocasión. Yo lo había considerado detalladamente, confinándolo, sin embargo, a una especulación puramente personal, puesto que no podía darle una explicación apropiada. Pensé que la carga emocional del momento me había afectado en forma inusitada.

Cuando hube entrado en la casa de ellos y enfrenté a las cuatro mujeres, en fracciones de segundo advertí que podía cambiar mi manera ordinaria de percibir. Vi cuatro amorfas burbujas de luz ámbar muy intensa frente a mí. Una de ellas era de matiz delicado. Las otras tres eran destellos hostiles, ásperos, blancoambarinos. El brillo agradable era el de la Gorda. Y en ese momento los tres destellos hostiles se cernieron amenazantemente sobre ella.

La burbuja de luminosidad blancuzca más cercana a mí, que era la de Josefina, estaba un tanto fuera de equilibrio. Se hallaba inclinándose, así que di un empujón. Di puntapiés a las otras dos, en una depresión que cada una de ellas tenía en el costado derecho. Yo no tenía una idea consciente de que debía asestar allí mis puntapiés. Simplemente descubrí que la depresión era adecuada: de alguna manera ésta invitaba a que yo las pateara allí. El resultado fue devastador. Lidia y Rosa se desmayaron en el acto. Las había golpeado en el muslo derecho. No se trató de un puntapié que rompiera huesos, sino que sólo empujé con mi pie las burbujas de luz que se hallaban frente a mí. No obstante, fue como si les hubiera dado un golpe feroz en la más vulnerable parte de sus cuerpos.

La Gorda tenía razón. Yo había recuperado algún conocimiento del cual no estaba consciente. Si eso se llama *ver*, la conclusión lógica de mi intelecto sería que *ver* es un conocimiento corporal. La preponderancia del sentido visual en nosotros, influencia este conocimiento corporal y lo hace aparecer relacionado con los ojos. Pero lo que experimenté no era del todo visual. *Vi* las burbujas de luz con algo que no sólo eran mis ojos, puesto que estaba consciente de que las cuatro mujeres se hallaban en mi campo de visión durante todo el tiempo que lidié con ellas. Las burbujas de luz ni siquiera se encontraban sobreimpuestas en ellas. Los dos conjuntos de imágenes estaban separados. Si me desplacé visualmente de una escena a la otra, el desplazamiento tuvo que haber sido tan rápido que parecía no existir; de allí que sólo podía recordar la percepción simultánea de dos escenas separadas.

Después de que di los puntapiés a las dos burbujas de luz, la más agradable —la Gorda— se acercó a mí. No vino directamente, pues dibujó un ángulo a la izquierda a partir del momento en que comenzó a moverse; obviamente no intentaba golpearme, así es que cuando el destello pasó junto a mí lo atrapé. Mientras rodaba en el suelo con él, sentí que me fundía en el destello. Ese fue el único momento en el que en verdad perdí el sentido de continuidad. De nuevo estuve consciente de mí mismo cuando la Gorda acariciaba los dorsos de mis manos.

—En nuestro *ensoñar*, las hermanitas y yo hemos aprendido a unir las manos —explicó la Gorda—. Sabemos cómo hacer una línea. Nuestro problema ese día era que nunca habíamos hecho esa línea fuera de nuestro cuarto. Por eso me arrastraron dentro. Tu cuerpo supo lo que significaba que nosotras juntáramos las manos. Si lo hubiéramos hecho, yo habría quedado bajo control de ellas. Y ellas son más feroces que yo. Sus cuerpos están impenetrablemente cerrados, no les preocupa el sexo. A mí, sí. Eso me debilita. Estoy segura de que tu preocupación por el sexo es lo que hace que te sea tan difícil replegar tu conocimiento.

La Gorda continuó hablando acerca de los efectos debilitadores del sexo. Me sentí incómodo. Traté de desviar la conversación de ese tema, pero ella parecía decidida a volver a él a pesar de mi contrariedad.

—Vámonos tú y yo a la ciudad de México —le dije, desesperado.

Pensé que eso la espantaría. No respondió. Frunció los labios, entrecerrando los ojos. Contrajo los músculos de su barbilla, echando hacia adelante el labio superior hasta que quedó bajo la nariz. Su rostro quedó tan torcido que me desconcerté. Ella reaccionó ante mi sorpresa y relajó los músculos faciales.

—Ándale, Gorda —insistí—. Vamos a la ciudad de México.

—Claro que sí, ¿por qué no? —dijo—. ¿Qué necesito?

No esperaba esa respuesta y yo fui el que acabó escandalizándose.

—Nada —dije—. Nos vamos como estamos.

Sin decir otra palabra se hundió en el asiento y nos encaminamos hacia la ciudad de México. Aún era temprano, ni siquiera el mediodía. Le pregunté si se atrevería a ir a Los Angeles conmigo. Lo pensó unos momentos.

—Acabo de hacerle esa pregunta a mi cuerpo luminoso —precisó.

—¿Y qué te contestó?

—Que sólo si el poder lo permite.

Había tal riqueza de sentimiento en su voz que detuve el auto y la abracé. Mi afecto hacia ella en ese momento era tan profundo que me asustó. No tenía nada que ver con el sexo o con la necesidad de un reforzamiento psicológico, se trataba de un sentimiento que trascendía todo lo que me era conocido.

Abrazar a la Gorda me devolvió la sensación, antes experimentada, de que algo, que estaba embotellado en mí, empujado a sitios recónditos a los que no podía llegar conscientemente, se hallaba a punto de liberarse. Casi supe lo que era, pero lo perdí cuando estaba a punto de obtenerlo.

La Gorda y yo llegamos a la ciudad de Oaxaca al anochecer. Estacioné el auto en una calle cercana y caminamos hacia el centro de la ciudad, al zócalo. Buscamos la banca en la que don Juan y don Genaro solían sentarse. No estaba ocupada. Tomamos asiento allí, en un silencio reverente. Luego, la Gorda dijo que muchas veces había estado allí con don Juan, al igual que con otras personas que no podía recordar. No estaba segura de si esto se trataba solamente de algo que había soñado.

—¿Qué hacías con don Juan en esta banca? —le pregunté.

—Nada. Aquí nos sentábamos a esperar el camión, o un camión maderero que nos llevaba de aventón a las montañas —respondió.

Le dije que cuando don Juan y yo nos sentábamos allí platicábamos horas y horas.

Le conté la gran predilección que don Juan tenía por la poesía, y cómo yo solía leerle cuando no teníamos que hacer. Oía los poemas bajo la base de que sólo el primero, o en ocasiones el segundo párrafo, valía la pena de ser leído; creía que el resto sólo era a consentirse del poeta. Únicamente unos cuantos poemas, de los cientos que debí de haberle leído, llegó a escuchar hasta el final. En un principio buscaba lo que a mí me agradaba; mi preferencia era la poesía abstracta, cerebral, retorcida. Después me hizo leer una y otra vez lo que a él le gustaba. En su opinión, un poema debía ser, de preferencia, compacto, corto. Y tenía que estar compuesto de imágenes punzantes y precisas, de gran sencillez.

A la caída de la tarde, sentados en esa banca de Oaxaca, un poema de César Vallejo siempre recapitulaba para él un especial sentimiento de añoranza. Se lo recité de memoria a la Gorda, no tanto en su beneficio como en el mío.

*QUÉ ESTARÁ HACIENDO ESTA HORA MI ANDI-*
*NA Y DULCE*
*Rita*
*de junco y capulí;*
*ahora que me asfixia Bizancio, y que dormita*
*la sangre, como flojo coñac, dentro de mí.*

*Dónde estarán sus manos que en actitud contrita*
*planchaban en las tardes blancuras por venir,*
*ahora, en esta lluvia que me quita*
*las ganas de vivir.*

*Qué será de su falda de franela; de sus*

42

*afanes; de su andar;*
*de su sabor a cañas de mayo del lugar.*

*Ha de estarse a la puerta mirando algún celaje,*
*y al fin dirá temblando "Qué frío hay... ¡Jesús!"*
*Y llorará en las tejas un pájaro salvaje.*

El recuerdo que tenía de don Juan era increíblemente vívido. No se trataba de un recuerdo en el plano del sentimiento, ni tampoco en el plano de mis pensamientos conscientes. Era una clase desconocida de recuerdo, que me hizo llorar. Las lágrimas fluían de mis ojos, pero no me aliviaban en lo más mínimo.

Las últimas horas de la tarde siempre tenían un significado especial para don Juan. Yo había aceptado sus consideraciones hacia esa hora y su convicción de que si algo de importancia me ocurría tendría que ser entonces.

La Gorda apoyó su cabeza en mi hombro. Yo puse mi cabeza sobre la suya. En esa posición nos quedamos unos momentos. Me sentí calmado; la agitación se había desvanecido de mí. Era extraño que el solo hecho de apoyar mi cabeza en la de la Gorda me proporcionara tal paz. Quería bromear y decirle que deberíamos amarrarnos las cabezas. La idea de que ella lo tomaría al pie de la letra me hizo desistir. Mi cuerpo se estremeció de risa y me di cuenta de que me hallaba dormido, pero que mis ojos estaban abiertos. De haberlo querido, habría podido ponerme en pie. No quería moverme, así es que permanecí allí, completamente despierto y sin embargo dormido. Vi que la gente caminaba frente a nosotros y nos miraba. No me importaba en lo más mínimo. Por lo general, me habría molestado que se fijaran en mí. Y de súbito, en un instante, la gente que se hallaba frente a mí se transformó en grandes burbujas de luz blanca. ¡Por primera vez en mi vida, de una manera prolongada me enfrentaba a los huevos luminosos! Don Juan me había dicho que, a los videntes, los seres humanos se aparecen como huevos luminosos. Yo había experimentado relampagueos de esa percepción, pero nunca antes había enfocado mi visión en ellos como ese día.

Las burbujas de luz eran bastante amorfas en un principio. Era como si mis ojos no se hallaran adecuadamente enfocados. Pero después, en un momento, era como si finalmente hubiese ordenado mi visión y las burbujas de luz blanca se transformaran en oblongos huevos luminosos. Eran grandes; de hecho, eran enormes, quizá de más de dos metros de altura y más de un metro de ancho, o tal vez más grandes.

En un momento me di cuenta de que los huevos ya no se movían. Vi una sólida masa de luminosidad frente a mí. Los huevos me observaban, se inclinaban peligrosamente sobre mí. Me moví deliberadamente y me senté erguido. La Gorda se hallaba profundamente dormida sobre mi hombro. Había un grupo de adolescentes en torno a nosotros. Deben de haber creído que estábamos borrachos. Nos imitaban. El adolescente más atrevido estaba acariciando los senos de la Gorda. La sacudí y se despertó. Nos pusimos en pie apresuradamente y nos fuimos. Nos siguieron, vituperándonos y gritando obscenidades. La presencia de un policía en la esquina los disuadió de continuar con su hostigamiento. Caminamos en completo silencio, del zócalo hasta donde había estacionado mi auto. Ya casi había oscurecido. Repentinamente, la Gorda tomó mi brazo. Sus ojos estaban desmedidos, la boca abierta. Señaló y gritó:

—¡Mira! ¡Mira! ¡Ahí están el nagual y Genaro!

Vi que dos hombres daban la vuelta a la esquina una larga cuadra adelante de nosotros. La Gorda se arrancó corriendo con rapidez. Corrí tras ella, preguntándole si estaba segura. Se hallaba fuera de sí. Me dijo que cuando había alzado la vista don Juan y don Genaro la estaban mirando. En el momento en que sus ojos encontraron los de ellos, los dos se echaron a andar.

Cuando nosotros llegamos a la esquina los dos hombres aún conservaban la misma distancia. No pude distinguir sus rasgos. Uno era fornido, como don Juan, y el otro, delgado como don Genaro. Los dos hombres dieron vuelta en otra esquina y de nuevo corrimos estrepitosamente tras ellos. La calle en la que habían volteado se hallaba desierta y conducía a las afueras de la ciudad. Se curvaba un tanto hacia la izquierda. En ese momento, algo ocurrió que me hizo pensar que en realidad sí podría tratarse de don Juan y don Genaro. Fue un movimiento que hizo el hombre más pequeño. Se volvió tres cuartos de perfil hacia nosotros e inclinó su cabeza como diciéndonos que los siguiéramos, algo que don Genaro acostumbraba hacer cuando íbamos al campo. Siempre caminaba delante de mí, instándome, alentándome con un movimiento de cabeza para que yo lo alcanzara.

La Gorda empezó a gritar a todo volumen:

—¡Nagual! ¡Genaro! ¡Espérense!

Corría adelante de mí. A su vez, ellos caminaban con gran rapidez hacia unas chozas que apenas se distinguían en la semioscuridad. Debieron de entrar en alguna de ellas o enfilaron por cualquiera de las numerosas veredas; repentinamente, ya no los vimos más.

La Gorda se detuvo y vociferó sus nombres sin ninguna inhibición. Varias personas salieron a ver quién gritaba. Yo la abracé hasta que se calmó.

—Estaban exactamente enfrente de mí —aseguró, llorando—, ni siquiera a un metro de distancia. Cuando grité y te dije que los vieras, en un instante ya se encontraban una cuadra más lejos.

Traté de apaciguarla. Se hallaba en un alto estado de nerviosismo. Se colgó de mí, temblando. Por alguna razón indescifrable, yo estaba absolutamente seguro de que esos hombres no eran don Juan ni don Genaro, por tanto no podía compartir la agitación de la Gorda. Me dijo que teníamos que regresar a casa, que el poder no le permitiría ir conmigo a Los Angeles, ni siquiera a la ciudad de México. Estaba convencida de que el haberlos visto significaba un augurio. Desaparecieron señalando hacia el este, hacia el pueblo de ella.

No presenté objeciones para volver a su casa en ese mismo instante. Después de las cosas que nos habían ocurrido ese día, debería estar mortalmente fatigado. En cambio, me hallaba vibrando con un vigor de los más extraordinarios, que me recordaba los días con don Juan, cuando había sentido que podía derribar murallas con los hombros.

Al regresar al auto me sentí lleno del más apasionado afecto por la Gorda. Nunca podría agradecerle suficientemente su ayuda. Pensé que lo que fuera que ella hizo para ayudarme a ver los huevos luminosos, había dado resultado. Además, la Gorda fue muy valerosa arriesgándose al ridículo, e incluso a alguna injuria física, al sentarse conmigo en esa banca. Le expresé mi gratitud. Ella me miró como si yo estuviera loco y después soltó una carcajada.

—Yo pensé lo mismo de ti —reconoció—. Pensé que tú lo habías hecho nada más por mí. Yo también vi los huevos luminosos. Esta fue la primera vez para mí también. ¡Hemos *visto* juntos! Como el nagual y Genaro solían hacerlo.

Cuando abría la puerta del auto para que entrara la Gorda, todo el impacto de lo que habíamos hecho me golpeó. Hasta ese momento estuve aturdido, algo en mí me había vuelto lerdo. Ahora, mi euforia era tan intensa como la agitación de la Gorda momentos antes. Quería correr por la calle y pegar de gritos. Le tocó a la Gorda contenerme. Se encuclilló y me masajeó las pantorrillas. Extrañamente, me calmé en el acto. Descubrí que me estaba resultando difícil hablar. Mis pensamientos iban por delante de mi habilidad para verbalizarlos.

No quería manejar de regreso a la casa en ese instante. Me parecía que aún había mucho que hacer. Como no podía explicar con claridad lo que quería, prácticamente arrastré a la renuente Gorda de vuelta al zócalo, pero a esa hora ya no encontramos bancas vacías. Me estaba muriendo de hambre, así que empujé a la Gorda hacia un restaurante. Ella pensó que no podría comer, pero cuando nos trajeron la comida tuvo tanta hambre como yo. El comer nos tranquilizó por completo.

Más tarde, esa noche, nos sentamos en la banca. Yo me había refrenado para no hablar de lo que nos sucedió, hasta que tuviéramos oportunidad de sentarnos allí. En un principio, la Gorda no parecía dispuesta a hablar. Mi mente se hallaba en un extraño estado de regocijo. En tiempos anteriores experimenté momentos similares con don Juan, pero éstos se hallaban asociados, inevitablemente, con los efectos posteriores a la ingestión de plantas alucinogénicas.

Empecé por describir a la Gorda lo que había *visto*. El rasgo de esos huevos luminosos que más me impresionó eran los movimientos. No caminaban. Se movían como si flotaran y, sin embargo, se hallaban en el suelo. La manera como se movían era desagradable. Sus movimientos eran mecánicos, torpes y a sacudidas. Cuando se movían, toda su forma se volvía más pequeña y redonda; parecían brincar o tironearse, o sacudirse de arriba abajo con gran velocidad. El resultado era un temblor nervioso sumamente fatigoso. Quizá la manera más aproximada de describir esa molestia física causada por los movimientos sería decir que sentí como si hubieran acelerado las imágenes de una película.

Otra cosa que me intrigaba era que no podía vislumbrar sus piernas. Una vez había visto una representación de ballet en la que los bailarines imitaban el movimiento de soldados en patines de hielo; para lograr el efecto se pusieron túnicas sueltas que llegaban hasta el suelo. No había manera de verles los pies, de allí la ilusión de que se deslizaban sobre el hielo. Los huevos luminosos que habían desfilado frente a mí me dieron la impresión de que se desplazaban sobre una superficie áspera. La luminosidad se sacudía de arriba abajo casi imperceptiblemente, pero lo suficiente como para casi hacerme vomitar. Cuando los huevos luminosos reposaban, empezaban a extenderse. Algunos eran tan largos y rígidos que parecían las imágenes de un icono de madera.

Otro rasgo aún más perturbador de los huevos luminosos era la ausencia de ojos. Nunca había comprendido tan punzantemente hasta qué punto nos atraen los ojos de los vivientes. Los huevos luminosos estaban completamente vivos y me observaban con gran curiosidad. Los podía ver sacudiéndose de arriba abajo, inclinándose para mirarme, pero sin ojos.

Muchos de estos huevos luminosos tenían manchas negras: huecos enormes bajo la parte media. Otros no las tenían. La Gorda me había dicho que la reproducción afecta a los cuerpos, lo mismo de mujeres que de hombres,

47

provocándoles un agujero bajo el estómago; empero, las manchas de esos seres luminosos no parecían agujeros. Eran áreas sin luminosidad, pero en ellas no había profundidad. Los que tenían las manchas parecían ser apacibles, o estar cansados; la cresta de su forma de huevo se hallaba ajada, se veía opaca en comparación con el resto del brillo. Por otra parte, los que no tenían manchas eran cegadoramente brillantes. Los imaginaba peligrosos. Se veían vibrantes, llenos de energía y blancura.

La Gorda dijo que en el instante que apoyé mi cabeza sobre la suya, ella también entró en un estado que parecía *ensoñar*. Estaba despierta, pero no se podía mover. Se hallaba consciente de que había gente apilándose en torno a nosotros. Entonces los *vio* convirtiéndose en burbujas luminosas y finalmente en criaturas con forma de huevo. Ella ignoraba que yo también estaba *viendo*. En un principio pensó que yo simplemente la estaba cuidando, pero después la impresión de mi cabeza fue tan pesada que con toda claridad concluyó que yo también tenía que estar *ensoñando*. Por mi parte, sólo hasta después que me incorporé y descubrí al tipo acariciándola, porque ella parecía dormir, tuve idea de lo que pudiera estar ocurriéndole.

Nuestras visiones diferían en cuanto que ella podía distinguir a los hombres de las mujeres por la forma de unos filamentos que ella llamó "raíces". Las mujeres, dijo, tenían espesos montones de filamentos que semejaban la cola de un león; éstos crecían hacia adentro a partir de los genitales. Explicó que esas raíces eran las donadoras de vida. El embrión, para poder efectuar su crecimiento, se adhiere a una de estas raíces nutritivas y después la consume por completo, dejando sólo un agujero. Los hombres, por otra parte, tenían filamentos cortos que estaban vivos y flotaban casi separados de la masa luminosa de sus cuerpos.

Le pregunté cuál era, en su opinión, la razón de que hubiésemos *visto juntos*. Ella declinó aventurar cualquier comentario, pero me incitó a que yo prosiguiera con mis deducciones. Le dije que lo único que se me ocurría era lo obvio: las emociones tenían que haber sido un factor determinante.

Después de que la Gorda y yo tomamos asiento en la banca favorita de don Juan, en el atardecer de ese día, y después de que yo había recitado el poema que le gustaba, me sentí profundamente cargado de emotividad. Mis emociones debieron haber preparado a mi cuerpo. Pero también tenía que considerar el hecho de que, con la práctica del *ensoñar*, había aprendido a entrar en un estado de quietud total. Podía desconectar mi diálogo interno y quedarme como si estuviera en el interior de un capullo, atisbando hacia afuera a través de un agujero. En ese estado yo podía, si lo quisiese, soltar un poco del control que poseía y entrar en el *ensueño*; o bien conservar ese control y permanecer pasivo, sin pensamientos y sin deseos. Sin embargo, no creo que ésos fuesen factores significativos. Pensé que la Gorda había sido catalizadora y que mis sentimientos hacia ella crearon las condiciones para *ver*.

La Gorda rió tímidamente cuando dijo lo que pensaba.

—No estoy de acuerdo contigo —rechazó—. Yo creo que lo que pasa es que tu cuerpo ha empezado a recordar.

—¿Qué quieres decir con eso, Gorda? —sondeé.

Hubo una larga pausa. La Gorda parecía luchar por decir algo que no quería, o bien luchaba desesperadamente por encontrar la palabra adecuada.

—Hay tantas cosas que sé —dijo—; sin embargo ni siquiera sé qué es lo que sé. Recuerdo tantas cosas, que al final termino sin recordar nada. Creo que tú te encuentras en la misma situación.

Le aseguré que, si eso era así, no me daba cuenta. Ella se negó a creerme.

—En verdad, a veces creo que no sabes nada —dijo—. Otras veces creo que estás jugando con nosotros. El nagual me dijo que él mismo no lo sabía. Ahora me estoy volviendo a acordar de muchas cosas que me dijo de ti.

—¿Qué es lo que significa que mi cuerpo ha comenzado a recordar? —insistí.

—No me preguntes eso —contestó con una sonrisa—. Yo no sé qué será lo que se supone que debes recordar, o cómo se recuerda. Nunca lo he hecho, de eso estoy segura.

—¿Hay alguno entre los aprendices que me lo podría decir? —pregunté.

—Ninguno —enfatizó—. Creo que yo soy como un mensajero para ti, un mensajero que en esta ocasión sólo puede darte la mitad del mensaje.

Se puso de pie y me suplicó que la llevara de nuevo a su pueblo. En ese momento, yo me hallaba muy alborozado como para irme. A sugerencia mía caminamos un poco por la plaza. Por último nos sentamos en otra banca.

—¿No se te hace extraño que hayamos podido *ver juntos* con tanta facilidad? —preguntó la Gorda.

No sabía qué se traía ella en la cabeza. Titubeé en responder.

—¿Qué dirías si yo te dijera que creo que desde antes hemos *visto juntos*? —inquirió la Gorda, eligiendo con cuidado cada palabra.

No podía comprender qué quería decir. Me repitió la pregunta una vez más y, sin embargo, seguí sin poder comprender el significado.

—¿Cuándo pudimos haber *visto juntos* antes? —refuté—. Tu pregunta no tiene sentido.

—Ahí está la cosa —replicó—. No tiene sentido y no obstante tengo la sensación de que ya hemos *visto juntos* antes.

Sentí un calosfrío y me incorporé. De nuevo recordé la sensación que tuve durante la mañana en aquel pueblo. La Gorda abrió la boca para decir algo, pero se interrumpió a media frase. Se me quedó viendo, perpleja, me puso una mano en los labios y después prácticamente me arrastró al automóvil.

Manejé toda la noche. Quería hablar, analizar, pero ella se quedó dormida como si a propósito quisiera evitar toda discusión. Estaba en lo correcto, por supuesto. De nosotros dos, ella era la que conocía bien el peligro de disipar un estado anímico analizándolo con exceso.

Cuando bajó del auto, al llegar finalmente a su casa, me dijo que no podríamos hablar, en lo más mínimo, de lo que nos había ocurrido en Oaxaca.

—¿Y eso por qué, Gorda? —pregunté.

—No quiero que desperdiciemos nuestro poder—replicó—. Esa es la costumbre del brujo. Nunca desperdicies tus ganancias.

—Pero si no hablamos de eso, nunca sabremos qué fue lo que realmente nos pasó —protesté.

—Podemos quedarnos callados, cuando menos nueve días —dijo.

—¿Y no podemos hablar de ello solamente entre tú y yo? —pregunté.

—Una conversación entre tú y yo es precisamente lo que debemos evitar —contradijo—. Somos vulnerables. Tenemos que procurarnos tiempo para curarnos.

## 3

# Los cuasirrecuerdos del otro yo

—¿Nos puedes decir qué es lo que está pasando? —me preguntó Néstor cuando todos nos reunimos esa noche—. ¿A dónde fueron ustedes dos ayer?

Se me había olvidado la recomendación de la Gorda. Empecé a decirles que primero fuimos al pueblo vecino y que allí encontramos una casa de lo más intrigante.

Pareció como si a todos los sacudiera un repentino temblor. Se avivaron, se miraron el uno al otro y después a la Gorda, como si esperasen que ella les hablara de eso.

—¿Qué tipo de casa era? —quiso saber Néstor.

Antes de que pudiera responder, la Gorda me interrumpió. Empezó a hablar de una manera apresurada y casi incoherente. Era obvio que estaba improvisando. Incluso usó frases y palabras en mazateco. Me dirigió miradas furtivas que implicaban una súplica silenciosa para que yo no dijera nada.

—¿Cómo va tu *ensoñar*, nagual? —me preguntó con el alivio de alguien que ha encontrado una salida—. Nos gustaría saber todo lo que haces. Es muy importante que nos platiques.

Se apoyó en mí y en el tono más casual que pudo me susurró que a causa de lo que nos había ocurrido en Oaxaca tenía que contarles todo lo referente a mi *ensueño*.

—¿Qué tienen ustedes que ver con mi *ensueño*? —pregunté en voz fuerte.

—Creo que ya estamos muy cerca del final —dijo la Gorda, solemnemente—. Todo lo que digas o hagas es de importancia vital ahora.

Les conté entonces lo que yo consideraba mi verdadero *ensoñar*. Don Juan me había dicho que no tenía caso enfatizar las pruebas por las que uno pudiera pasar. Me dio una regla definitiva: si yo llegaba a tener la misma visión tres veces, tenía que concederle una importancia extraordinaria; de otra manera, los intentos de un neófito sólo eran un apoyo para construir la segunda atención.

Una vez *ensoñé* que despertaba y que saltaba del lecho sólo para enfrentarme a mi propio cuerpo que dormía en la cama. Me vi dormir y tuve el autocontrol de recordar que me hallaba *ensoñando*. Seguí entonces las instrucciones que don Juan me había dado, y que consistían en evitar sacudidas o sorpresas repentinas, y en tomar todo con un grano de sal. El *ensoñador* tiene que envolverse, declaraba don Juan, en experimentos desapasionados. En vez de examinar su cuerpo que duerme, el *ensoñador* sale del cuarto caminando. De repente me descubrí, sin saber cómo, fuera de mi habitación. Tenía la sensación absolutamente clara de que me habían colocado allí instantáneamente. En el primer momento que me hallé parado afuera de mi cuarto, el pasillo y la escalera parecían monumentales. Si hubo algo que de verdad me aterró esa noche fue el tamaño de esas estructuras, que en la vida real son de lo más comunes y corrientes; el pasillo tiene unos veinte metros de largo, y la escalera, dieciséis escalones.

No podía concebir cómo recorrer las enormes distancias que estaba percibiendo. Titubeé, y entonces algo me hizo moverme. Sin embargo, no caminé. No sentía mis pasos. De repente me hallé agarrándome al barandal. Podía ver mis manos y mis antebrazos, pero no los sentía. Me estaba sosteniendo mediante la fuerza de algo que no tenía nada que ver con mi musculatura, tal como la conozco. Lo mismo sucedió cuando traté de bajar las escaleras. No sabía cómo caminar. Simplemente no podía dar un solo paso. Era como si me hubieran soldado las piernas. Podía verlas si me inclinaba, pero no podía moverlas hacia delante o lateralmente, ni elevarlas hacia el pecho. Era como si me hubiesen pegado al escalón superior. Me sentí como uno de esos muñecos inflados, de plástico, que pueden inclinarse en cualquier dirección hasta quedar horizontales, sólo para erguirse nuevamente por el peso de sus bases redondeadas.

Hice un esfuerzo supremo por caminar y reboté de escalón en escalón como torpe pelota. Me costó un increíble esfuerzo de atención llegar a la planta baja. No podría describirlo de otra manera. Se requería algún tipo de atención para conservar los linderos de mi visión y evitar que ésta se desintegrase en las fugaces imágenes de un sueño ordinario.

Cuando finalmente llegué a la puerta de la calle no pude abrirla. Lo traté desesperadamente, pero sin éxito; entonces recordé que había salido de mi cuarto deslizándome, flotando como si la puerta hubiese estado abierta. Con sólo recordar esa sensación de flotación, de súbito ya estaba en la calle. Se veía oscuro: una peculiar oscuridad gris-plomo que no me permitía percibir ningún color. Mi interés fue atrapado al instante por una inmensa laguna de brillantez que se hallaba exactamente frente a mí, al nivel de mi ojo. Deduje, más que divisé, que se trataba de la luz de la calle, puesto que yo sabía que en la esquina había un farol de siete metros de altura. Supe entonces que me era imposible hacer los arreglos perceptivos requeridos para juzgar lo que estaba arriba, abajo, aquí, allá. Todo parecía hallarse extraordinariamente presente. No disponía de ningún mecanismo, como en la vida cotidiana, para acomodar mi percepción. Todo estaba allí, enfrente, y yo no tenía volición para construir un procedimiento adecuado que filtrara lo que veía.

Me quedé en la calle, perplejo, hasta que empecé a tener la sensación de que estaba levitando. Me aferré al poste metálico que sostenía la luz y el letrero de la calle. Una fuerte brisa me elevaba. Estaba deslizándome por el poste hasta que leí con claridad el nombre de la calle: Ashton.

Meses después, cuando nuevamente tuve el *ensueño* de mirar a mi cuerpo que dormía, ya tenía un repertorio de cosas por hacer. En el curso de mi *ensoñar* habitual había aprendido que lo que cuenta en ese estado es la voluntad: la materialidad del cuerpo no tiene relevancia. Es sólo un recuerdo que hace más lento al *ensoñador*. Me deslicé hacia fuera del cuarto sin titubeos, ya que no tenía que llevar a cabo los movimientos de abrir una puerta o de caminar para poder moverme. El pasillo y la escalera ya no me parecieron tan enormes como la primera vez. Avancé flotando con gran facilidad y terminé en la calle, donde me propuse avanzar tres cuadras. Me di cuenta entonces de que las luces aún eran imágenes muy perturbadoras. Si enfocaba mi atención en ellas, se convertían en estanques de tamaño inconmensurable. Los demás elementos de ese *ensueño* fueron fáciles de controlar. Los edificios eran extraordinariamente grandes, pero sus rasgos me resultaban conocidos. Reflexioné qué hacer. Y entonces, de una manera bastante casual, me di cuenta de que si no fijaba la vista en las cosas y sólo las ojeaba, tal como hacemos en nuestro mundo cotidiano, podía ordenar mi percepción. En otras palabras, si seguía las instrucciones de don Juan al pie de la letra, y tomaba mi *ensoñar* como un hecho, podía utilizar los recursos perceptivos de mi vida de todos los días. Después de unos cuantos momentos el escenario se volvió controlable, si bien no completamente normal.

La siguiente vez que tuve un *ensueño* similar fui al restaurante de la esquina. Lo escogí porque solía ir allí siempre, a la madrugada. En mi *ensueño* vi a las conocidas meseras de siempre que trabajaban el turno de esa hora; vi una hilera de gente que comía en el mostrador, y exactamente al final del mismo vi a un tipo extraño, un hombre al que veía todos los días vagabundeando por el recinto de la Universidad de California, en Los Angeles. Él fue la única persona que realmente me vio. En el instante en que llegué pareció sentirme. Se volvió y me observó.

Encontré al mismo hombre en mis horas de vigilia, unos cuantos días después, en el mismo restaurante. Me vio y pareció reconocerme. Se horrorizó y se fue corriendo sin darme oportunidad de hablarle.

En otro *ensueño*, regresé una vez al mismo lugar y entonces fue cuando cambió el curso de mi *ensoñar*. Cuando estaba viendo el restaurante desde el otro lado de la calle, la escena se alteró. Ya no podía seguir viendo los edificios conocidos. En vez de eso, vi un escenario primigenio. Ya no era de noche. Era un día brillante, y yo me hallaba contemplando un valle exuberante. Plantas pantanosas de un verde profundo, con forma de junquillos, crecían por doquier. Junto a mí había un promontorio de rocas de tres o cuatro metros de altura. Un enorme tigre dientes de sable se hallaba sentado allí. Quedé petrificado. Nos miramos el uno al otro fijamente durante largo rato. El tamaño de la bestia era sorprendente y, sin embargo, no resultaba grotesco ni desproporcionado. Tenía una cabeza espléndida, grandes ojos color miel oscura, patas voluminosas y una enorme caja torácica. Lo que más me impresionó fue el color del pelo. Era uniformemente de un marrón oscuro, casi chocolate, y me recordaba granos oscuros de café tostado, sólo que lustrosos; el tigre tenía un pelo extrañadamente largo, ni untado ni enredado. No parecía el pelo de un puma ni el de un lobo o de un oso polar. Asemejaba algo que yo no había visto jamás.

Desde ese entonces se volvió rutina para mí ver a ese tigre. En ciertas ocasiones, el escenario era nublado, frío. Veía lluvia en el valle: lluvia espesa, copiosa. Otras veces, el valle estaba bañado por luz solar. Muy a menudo podía ver a otros tigres dientes de sable en el valle, escuchar su insólito rugido chirriante: un sonido de lo más asqueante para mí.

El tigre nunca me tocaba. Nos mirábamos el uno al otro a una distancia de tres o cuatro metros. Sin embargo, yo sabía lo que quería. Me estaba enseñando a respirar de una manera específica. Llegó un momento en mi *ensoñar* en que podía imitar la respiración del tigre, tan bien que sentí que me convertía en tigre. Les dije a los aprendices que una consecuencia tangible de mi *ensoñar* era que mi cuerpo se había vuelto más musculoso.

Después de oír mi relación, Néstor se maravilló de cuán distinto era el *ensoñar* de ellos al mío. Ellos tenían tareas concretas en un *ensueño*. La suya era encontrar curaciones para todo lo que afligía al cuerpo humano. La de Benigno era predecir, prever, encontrar soluciones para cualquier cosa que fuera una preocupación humana. La tarea de Pablito consistía en hallar maneras de construir. Néstor dijo que a causa de esas tareas él negociaba con plantas medicinales; Benigno tenía un oráculo y Pablito era carpintero. Añadió que, hasta ese momento, los tres apenas habían rasguñado la superficie de su *ensoñar* y que no tenían nada sustancial que informar.

—Tú podrás pensar que hemos logrado mucho —continuó—, pero no es así. Genaro y el nagual hacían todo por nosotros y por estas cuatro viejas. Todavía no hemos hecho nada por nosotros mismos.

—Me parece que el nagual te preparó de una manera diferente —observó Benigno con gran lentitud y deliberación—. Tú has de haber sido un tigre y con toda seguridad te vas a volver tigre otra vez. Eso fue lo que le pasó al nagual. Él había sido un cuervo antes y cuando estuvo en esta vida se volvió cuervo otra vez.

—El problema es que ese tipo de tigre ya no existe —hizo notar Néstor—. Nunca hemos oído lo que puede pasar en ese caso.

Movió su cabeza de lado a lado para incluir a todos los presentes con ese gesto.

—Yo sé lo que pasa —aseguró la Gorda—. Recuerdo que el nagual Juan Matus le llamaba a eso el *ensueño fantasma*. Dijo que ninguno de nosotros ha hecho jamás ese tipo de *ensoñar*, porque no somos violentos ni destructivos. Él nunca lo hizo. Y dijo que cualquiera que lo haga está marcado por el destino para tener aliados y ayudantes fantasmas.

—¿Qué quiere decir eso, Gorda? —pregunté.

—Quiere decir que no eres como nosotros —respondió sombríamente.

La Gorda se veía muy agitada. Se puso en pie y caminó de un extremo a otro del cuarto cuatro o cinco veces, hasta que nuevamente tomó asiento a mi lado.

Hubo una brecha de silencio en la conversación. Josefina masculló algo ininteligible. Ella también parecía estar muy nerviosa. La Gorda trató de tranquilizarla, abrazándola y palmeándole la espalda.

—Josefina te va a decir algo sobre Eligio —me anunció la Gorda.

Todos se volvieron a Josefina, sin emitir una sola palabra, con los ojos interrogantes.

—A pesar de que Eligio ha desaparecido de la faz de la

Tierra —continuó la Gorda—, todavía es uno de nosotros. Y Josefina platica con él de vez en cuando.

Repentinamente, todos se hallaban muy atentos. Se miraron el uno al otro y después me miraron a mí.

—Se encuentran en el *ensueño* —sentenció la Gorda, dramáticamente.

Josefina inhaló con fuerza; parecía estar en el pináculo de la nerviosidad. Su cuerpo se sacudió convulsivamente. Pablito se tendió encima de ella, en el suelo, y comenzó a respirar con fuerza, obligándola a respirar al unísono con él.

—¿Qué es lo que está haciendo? —le pregunté a la Gorda.

—¿Qué es lo que está haciendo! ¿A poco no puedes verlo? —respondió con tono cortante.

Le susurré que me daba cuenta de que Pablito estaba tratando de calmarla, pero que el procedimiento era una novedad para mí. Explicó que los hombres tienen una abundancia de energía en el plexo solar, la cual las mujeres pueden almacenar en el vientre. Pablito simplemente le estaba transmitiendo energía a Josefina.

Josefina se sentó y me sonrió. Se había calmado totalmente.

—Pues de veras veo a Eligio todo el tiempo —confirmó—. Me espera todos los días.

—¿Y por qué nunca nos dijiste nada de eso? —reprochó Pablito con tono malhumorado.

—Me lo dijo a mí —interrumpió la Gorda, y después prosiguió con una larga explicación de lo que significaba para todos nosotros que Eligio se hallara a nuestra disposición. Agregó que ella había estado esperando un signo mío para revelar las palabras de Eligio.

—¡No te andes por las ramas, mujer! —chilló Pablito—. Dinos lo que dijo.

—¡Lo que dijo no lo dijo para ti! —gritó la Gorda, como respuesta.

—¿Y para quién lo dijo, entonces? —preguntó Pablito.

—Para este nagual —gritó la Gorda, señalándome.

La Gorda se disculpó por alzar la voz. Dijo que todo lo que Eligio había dicho era complejo y misterioso y que ella no podía sacar ni pies ni cabeza de todo eso.

—Yo nada más lo escuché. Eso fue todo lo que pude hacer: escucharlo —continuó la Gorda.

—¿Quieres decir que tú también has visto a Eligio? —indagó Pablito con un tono que era una mezcla de ira y de expectación.

—Sí —respondió la Gorda, casi susurrando—. Antes no podía hablar de esto porque tenía que esperarlo a él. Me señaló y después me empujó con las dos manos. Momentáneamente perdí el equilibrio y caí a un lado.

—¿Qué es esto? ¿Qué le estás haciendo? —censuró Pablito con voz muy enojada—. ¿A poco ésas son muestras de amor indio?

Me volví a la Gorda. Ella hizo un gesto con los labios para que guardara silencio.

—Eligio dice que tú eres el nagual, pero que no eres para nosotros —me advirtió Josefina.

Hubo un silencio mortal en el cuarto. No supe qué pensar de la aseveración de Josefina. Tuve que esperar hasta que otro hablase.

—Te sientes como si te hubieran quitado un peso de encima, ¿no?—me punzó la Gorda.

Les dije a todos que no tenía opiniones de ningún tipo. Se veían como niños desconcertados. La Gorda tenía un aire de una maestra de ceremonias que está completamente apenada.

Néstor se puso en pie y enfrentó a la Gorda. Le dijo una frase en mazateco. Sonaba como orden o reproche.

—Dinos todo lo que sabes, Gorda —continuó en castellano—. No tienes derecho a jugar con nosotros, a guardarte algo importante nomás para ti.

La Gorda protestó con vehemencia. Explicó que se había guardado lo que sabía, porque Eligio le ordenó que así lo hiciera. Josefina asintió con la cabeza.

—¿Todo esto te lo dijo a ti o se lo dijo a Josefina? —preguntó Pablito.

—Estábamos juntas —explicó la Gorda con un susurro apenas audible.

—¿Quieres decir que Josefina y tú *ensueñan juntas*? —exclamó Pablito, sin aliento.

La sorpresa en su voz coincidió con la ola de conmoción que parecía haber invadido a todos los demás.

—¿Exactamente qué les dijo Eligio a ustedes dos? —apuró Néstor cuando el impacto había disminuido.

—Dijo que yo tenía que ayudar al nagual a recordar su lado izquierdo —contestó la Gorda.

—¿Tú sabes de qué está hablando ésta? —me preguntó Néstor.

No había manera de que yo lo pudiese saber. Les dije que buscaran las respuestas en sí mismos. Pero ninguno de ellos expresó ninguna sugerencia.

—Le dijo a Josefina otras cosas que ella no puede recordar —prosiguió la Gorda—. Así es que estamos en un verdadero lío. Eligio dijo que tú eres definitivamente el nagual y que tienes que ayudarnos, pero que no eres para nosotros. Sólo cuando recuerdes tu lado izquierdo podrás llevarnos a donde tenemos que ir.

Néstor habló a Josefina con tono paternal y la urgió a que recordara lo que Eligio había dicho, en vez de pedir que yo recordase algo que tenía que estar en alguna especie de clave, puesto que ninguno de nosotros podía descifrar nada de eso.

Josefina retrocedió y frunció el entrecejo como si se hallara bajo un peso tremendo que la oprimía. En verdad, parecía una muñeca de trapo que estaba siendo comprimida. La observé auténticamente fascinado.

—No puedo —admitió ella al fin—. Yo sé de qué me está hablando cuando habla conmigo, pero ahora no puedo decir de qué se trata. No me sale.

—¿Recuerdas alguna palabra? —preguntó Néstor—. ¿Cualquier palabra?

Josefina sacó la lengua, sacudió la cabeza de lado a lado y gritó al mismo tiempo:

—No, no puedo.

—¿Qué clase de *ensueño* haces tú, Josefina? —le pregunté.

—La única clase que sé —respondió con sequedad.

—Yo ya te dije cómo hago el mío —le recordé—. Ahora tú dime cómo haces el tuyo.

—Yo cierro los ojos y veo una pared —precisó Josefina—. Es como una pared de niebla. Eligio me espera ahí. Me lleva a través de la pared y me enseña cosas. Supongo que me enseña cosas; no sé qué es lo que hacemos, pero hacemos algo juntos. Después me regresa a la pared y me deja ir. Y yo me olvido de lo que vi.

—¿Cómo ocurrió que te fuiste con la Gorda? —señalé.

—Eligio me dijo que la llevara —contestó—. Los dos esperamos a la Gorda y cuando se puso a hacer su *ensueño* la jalamos y la empujamos hasta el otro lado de la pared. Ya lo hemos hecho dos veces.

—¿Cómo la jalaste? —pregunté.

—¡No sé! —replicó desafiante—. Pero te voy a esperar y cuando hagas tu *ensueño* te voy a jalar y entonces ya vas a saber.

—¿Puedes jalar a cualquiera? —pregunté.

—Claro —respondió sonriente—. Pero no lo hago porque no sirve de nada. Jalé a la Gorda porque Eligio me dijo que quería decirle algo, nomás porque ella es más juiciosa que yo.

—Entonces Eligio te ha de haber dicho las mismas cosas, Gorda —intercedió Néstor con una firmeza que me era desconocida.

La Gorda hizo un extraño gesto. Inclinó la cabeza, abriendo la boca por los lados, alzó los hombros y levantó los brazos por encima de su cabeza.

—Josefina ya te dijo lo que pasó —concedió—. No hay manera de que yo pueda recordar. Eligio habla con una velocidad distinta. Él me platica, pero mi cuerpo no le entiende. No. No. Mi cuerpo no puede recordar, eso es lo que pasa. Yo sé que dijo que este nagual se acordaría y nos llevaría a donde tenemos que ir. No me pudo decir más porque había mucho que decir en muy poquito tiempo. Dijo que alguien, no recuerdo quién, me está esperando a mí en especial.

—¿Eso es todo lo que dijo? —insistió Néstor.

—La segunda vez que lo vi, me aseguró que todos nosotros íbamos a tener que recordar nuestro lado izquierdo, tarde o temprano, si es que queremos ir a donde tenemos que ir. Pero él es el que tiene que recordar primero.

Me señaló y nuevamente me empujó como lo había hecho la vez anterior. La fuerza de su empujón me lanzó rebotando como pelota.

—¿Para qué haces esto, Gorda? —protesté, un tanto molesto.

—Estoy tratando de ayudarte a recordar. El nagual Juan Matus me dijo que tenía que darte un empujón de cuando en cuando, para sacudirte.

La Gorda me abrazó con un movimiento muy abrupto.

—Ayúdanos, nagual —suplicó—. Estaremos peor que muertos si no nos ayudas.

Yo estaba a punto de llorar. No a causa del dilema de ellos, sino porque sentía algo agitándose dentro de mí. Era algo que había estado tratando de salir desde el momento en que fuimos a ese pueblo.

La súplica de la Gorda me rompía el corazón. Entonces tuve otro ataque de lo que parecía ser hiperventilación. Un sudor frío me envolvió y después tuve que vomitar. La Gorda me atendió con toda solicitud.

Fiel a su práctica de esperar antes de revelar un logro, la Gorda ni siquiera quiso considerar que discutiéramos nuestro *ver juntos* en Oaxaca. Durante varios días se mostró distante y deliberadamente desinteresada. Ni siquiera quería hablar de mi malestar. Tampoco las demás mujeres. Don Juan solía subrayar la necesidad de esperar el momento más apropiado para dejar salir algo que traemos almacenado. Yo comprendía las razones de las acciones de la Gorda, aunque pensé que su insistencia en esperar era un tanto irritante y que estaba en desacuerdo con nuestras necesidades. No podía quedarme con ellos mucho tiempo, así es que pedí que nos reuniéramos para compartir todo lo que sabíamos. Ella fue inflexible.

—Tenemos que esperar —dijo—. Tenemos que darles a nuestros cuerpos la oportunidad de proporcionarnos una solución. Nuestra tarea es recordar, no con nuestras mentes sino con nuestros cuerpos. Todos nosotros lo entendemos así.

Me miró inquisitivamente. Parecía buscar una clave que le dijera si yo también había comprendido la tarea. Reconocí hallarme completamente desconcertado, ya que yo era efectivamente un extraño. Yo estaba solo, y ellos se tenían los unos a los otros para darse apoyo.

—Este es el silencio de los guerreros —dijo riendo, y después añadió con un tono conciliatorio—: Pero este silencio no quiere decir que no podamos hablar de otras cosas.

—Tal vez debamos volver a nuestra vieja discusión de perder la forma humana.

Había irritación en sus ojos. Le expliqué detalladamente que, en especial cuando se trataba de conceptos extraños, a mí se me tenía que clarificar constantemente sus significados.

—Exactamente, ¿qué quieres saber? —preguntó.

—Todo lo que me quieras decir.

—El nagual me dio a entender que perder la forma humana trae la libertad —dijo—. Yo creo que es así. Pero no he sentido esa libertad, todavía no.

Hubo otro momento de silencio. Obviamente, la Gorda calculaba mi reacción.

—¿Qué clase de libertad es ésa, Gorda?

—La libertad de recordarte a ti mismo. El nagual dijo que perder la forma humana es como una espiral. Te da la libertad de recordar, y esto, a su vez, te hace aún más libre.

—¿Por qué no has sentido aún esa libertad?

Chasqueó la lengua y alzó los hombros. Parecía confusa o renuente a proseguir la conversación.

—Estoy atada a ti. Hasta que tú pierdas tu forma humana y puedas recordar, yo no podré saber cuál es esa libertad. Pero quizá tú no puedas perder tu forma humana a no ser que primero recuerdes. De cualquier manera, no deberíamos estar hablando de esto. ¿Por qué no te vas a platicar con los Genaros?

La Gorda habló con el aire de una madre que envía a su hijo afuera a jugar. No me molestó en lo más mínimo. En cualquier otra persona, fácilmente yo habría tomado esa actitud como arrogancia o desprecio. Me gustaba estar con la Gorda, ésa era la diferencia. Encontré a Pablito, Néstor y Benigno en la casa de Genaro, envueltos en un extraño juego. Pablito se hallaba suspendido, más o menos a un metro del suelo en algo que parecía ser un arnés de cuero oscuro que tenía atado con correas al pecho, bajo las axilas. El arnés semejaba un grueso chaleco de cuero. Al concentrar mi atención, vi que en realidad Pablito se hallaba parado en unas gruesas correas que hacían una curva por debajo del arnés, como estribos. Se encontraba suspendido, en el centro del cuarto, mediante dos cuerdas que pasaban por encima de la gruesa viga transversal que sostenía el techo. Cada cuerda sostenía el arnés, por encima de los hombros de Pablito, merced a unos anillos de metal.

Néstor y Benigno tiraban de una cuerda cada quien. Se hallaban en pie, uno frente al otro, sosteniendo a Pablito en el aire por la fuerza de su pulsión. Pablito, a su vez, aferraba con todas sus fuerzas dos palos largos y delgados, que habían sido plantados en el suelo y que cabían cómodamente en sus manos apretadas. Néstor estaba a la izquierda de Pablito, y Benigno, a la derecha.

El juego parecía ser una guerra de tirones desde tres lados, una feroz batalla entre los que tiraban y el que se hallaba suspendido.

Cuando entré en el cuarto, todo lo que pude oír fue la pesada respiración de Néstor y Benigno. Los músculos de sus brazos y de sus cuellos estaban hinchados por la tensión.

Pablito no perdía de vista a ninguno de los dos, concentrándose en cada uno con miradas fugaces. Los tres se hallaban tan absortos en su juego que ni siquiera advirtieron mi presencia o, si lo hicieron, no pudieron romper su concentración para saludarme.

Néstor y Benigno se miraron el uno al otro de diez a quince minutos, en silencio total. Después, Néstor trató de engañarlo soltando su cuerda. Benigno no cayó en la trampa, pero Pablito sí. Aceptó aún más su mano izquierda y afianzó sus pies en los palos para apuntalar su posición. Benigno aprovechó ese momento para dar un poderoso tirón, en el preciso instante en que Pablito aflojaba su fuerza.

El tirón tomó por sorpresa a Pablito y a Néstor. Benigno se colgó de la cuerda con todo su peso, Néstor ya no pudo maniobrar y Pablito luchó desesperadamente para equilibrarse. Fue inútil. Benigno había vencido.

Pablito se bajó del arnés y llegó hasta donde yo me encontraba. Le pedí que me hablara de su extraordinario juego. Me pareció un tanto renuente para hablar. Néstor y Benigno se nos unieron después de guardar sus aparejos. Néstor dijo que el juego había sido inventado por Pablito, quien halló la estructura en su *ensueño* y después lo concibió como juego. En un principio se trataba de un artificio que permitía tensar los músculos a dos de ellos al mismo tiempo. Se turnaban para ser elevados. Pero, después, el *ensueño* de Benigno les permitió entrar en un juego en el que los tres tensaban los músculos y agudizaban su agilidad visual al permanecer en estado de alerta, a veces durante horas.

—Benigno cree ahora que esto nos está ayudando para que nuestros cuerpos recuerden —prosiguió Néstor—. La Gorda, por ejemplo, juega de una manera bien rara. Siempre gana, no importa en qué posición se ponga. Benigno cree que es porque su cuerpo recuerda.

Les pregunté si ellos también observaban la regla del silencio. Se rieron. Pablito dijo que, más que nada, la Gorda quería ser como el nagual Juan Matus. Lo imitaba deliberadamente, hasta en los detalles más absurdos.

—¿Quieren decir que entonces sí podemos hablar entre nosotros de lo que pasó la otra noche? —pregunté, casi perplejo, ya que la Gorda había sido tan enfática al negarse a hacerlo.

—Nosotros no tenemos trabas —reconoció Pablito—. Tú eres el nagual.

—Aquí, Benigno se acordó de algo pero bien, bien extraño —precisó Néstor, sin mirarme.

—Yo creo que fue un *ensueño* a medias —adujo Benigno—. Pero Néstor cree que no.

Esperé con paciencia. Con un movimiento de cabeza, les urgí a que continuaran.

—El otro día él se acordó de que tú le enseñaste cómo encontrar huellas de gente en la tierra floja —declaró Néstor.

—Tuvo que haber sido un *ensueño* —dije.

Quería reír de lo absurdo que era eso, pero los tres me miraron con ojos suplicantes.

—Es absurdo —recalqué.

—De cualquier manera más vale que te diga que yo tengo un recuerdo parecido —dijo Néstor—. Tú me llevaste a unas rocas y me explicaste cómo esconderme. Lo mío no fue un *ensueño* a medias. Yo estaba bien despierto. Un día iba caminando con Benigno, buscando plantas, y de repente me acordé de que tú me aleccionaste, así es que me escondí como tú me enseñaste y le pegué un sustazo a Benigno.

—¿Yo te enseñé? ¿Cómo pudo ser? ¿Cuándo?

Me estaba empezando a poner nervioso. Ninguno de ellos parecía bromear.

—¿Cuándo? Ahí está la cosa —convino Néstor—. No podemos acordarnos de cuándo. Pero Benigno y yo sabemos que eras tú.

Me sentí pesado, oprimido. Mi respiración se volvió más dificultosa. Tuve miedo de volver a sentirme mal. En ese momento decidí contarles lo que la Gorda y yo habíamos *visto juntos*. Hablar de eso me calmó. Al final de mi narración, de nuevo ya podía controlarme.

—El nagual Juan Matus nos dejó un poquito abiertos —dijo Néstor—. Todos nosotros podemos *ver* un poco. *Vemos* agujeros en la gente que tiene hijos y también, de vez en vez, *vemos* un pequeño resplandor en la gente. Puesto que tú no *ves* nada, parece que el nagual te dejó completamente cerrado para que te vayas abriendo desde dentro. Ahora ya le ayudaste a la Gorda y ella puede *ver* por sí misma o, de lo contrario, está dejando que la lleves a cuestas.

Les dije que lo que había ocurrido en Oaxaca pudo haber sido una chiripa.

Pablito pensó que deberíamos ir a la roca favorita de Genaro y sentamos allí con las cabezas juntas. Los otros dos dijeron que la idea era brillante. Yo no presenté objeciones. Aunque estuvimos sentados allí un largo rato, nada pasó. Pero nos sentimos muy bien.

Cuando aún nos hallábamos sentados en la roca les

conté de los dos hombres que la Gorda y yo creímos que eran don Juan y don Genaro. Se resbalaron de la roca inmediatamente y entraron en casa de la Gorda. Néstor era el más agitado. Estaba casi incoherente. Todo lo que pude entender fue, así supuse, que todos ellos estuvieron esperando un signo de esta naturaleza.

La Gorda nos estaba esperando a la puerta. Ya sabía lo que yo les había dicho.

—Yo tan sólo quería darle tiempo a mi cuerpo —aclaró, antes de que nosotros pudiéramos decir algo—. Tenía que estar completamente segura, y ya lo estoy. Eran el nagual y Genaro.

—¿Qué hay en esas chozas donde desaparecieron? —preguntó Néstor.

—No se metieron allí —aseguró la Gorda—. Se fueron caminando por el campo abierto, hacia el este. En dirección de este pueblo.

Parecía estar decidida a apaciguarlos. Les pidió que se quedaran, pero rehusaron, se disculparon y se fueron. Estaba seguro de que se sentían incómodos en presencia de ella, quien parecía estar muy enojada. Yo más bien me divertí con las explosiones de temperamento de la Gorda, y esto era bastante contrario a mis reacciones normales. Siempre me había sentido inquieto en presencia de alguien que estaba enojado, con la misteriosa excepción de la Gorda.

Durante las primeras horas de la noche nos congregamos en el cuarto de la Gorda. Todos se veían preocupados. Tomaron asiento silenciosamente, mirando al piso. La Gorda trató de iniciar la conversación. Explicó que no había estado ociosa, que hizo ciertas indagaciones y que encontró una solución.

—Esto no es un asunto de hacer indagaciones —dijo Néstor—. Esta es una tarea de recordar con el cuerpo.

Parecía que todos habían estado conferenciando entre sí, a juzgar por los asentimientos que Néstor obtuvo de los otros. Eso nos dejó aparte a la Gorda y a mí.

—Lidia también recuerda algo —continuó Néstor—.

Ella creía que era su pura estupidez, pero al oír lo que yo recordé, nos dijo que este nagual la llevó con una curandera y la dejó allí para que le curaran los ojos.

La Gorda y yo nos volvimos hacia Lidia. Ella inclinó la cabeza como si estuviera avergonzada. Habló entre dientes. El recuerdo seguramente le era muy doloroso. Dijo que cuando don Juan la encontró por primera vez, sus ojos estaban infectados y no podía ver. Alguien la llevó en automóvil una gran distancia, a una curandera que la sanó. Lidia siempre estuvo convencida de que don Juan había hecho eso, pero al oír mi voz se dio cuenta de que yo fui quien la llevó allí. La incongruencia de tal recuerdo la hundió en una agonía desde el primer día que me conoció.

—Mis oídos no me mienten —añadió Lidia después de un largo silencio—. Tú fuiste el que me llevó allí.

—¡Imposible! ¡Imposible! —grité.

Mi cuerpo empezó a sacudirse, fuera de control. Tuve una sensación de dualidad. Quizá lo que yo llamo mi ser racional, incapaz de controlar al resto de mí tomó asiento como espectador. Una parte mía observaba, mientras otra se sacudía.

# 4

## El transbordo de los linderos del afecto

—¿Qué nos está pasando, Gorda? —le pregunté cuando los demás se habían ido.

—Nuestros cuerpos están recordando, pero no me da qué es lo que recuerdan —determinó.

—¿Crees en esos recuerdos de Lidia, Néstor y Benigno?

—Claro que sí. Ellos son gente seria. No se pondrían a decir esas cosas así nomás porque sí.

—Pero lo que dicen es imposible. Me crees, ¿verdad, Gorda?

—Yo creo que no puedes recordar, pero de un momento a otro...

No concluyó la frase. Vino a mi lado y empezó a cuchichear en mi oído. Me contó que había algo que el nagual Juan Matus la había obligado a guardar hasta que llegara el momento propicio, algo que sólo debería usarse cuando no hubiese ninguna otra salida. Con un murmullo dramático añadió que el nagual previó la nueva organización que había surgido cuando yo me llevé a Josefina a Tula para que estuviera con Pablito. Dijo que existía una endeble oportunidad de que pudiéramos triunfar como grupo si seguíamos el orden natural de esa organización. Me explicó que, puesto que nos hallábamos divididos en parejas, formábamos un organismo viviente. Éramos una serpiente, una víbora de cascabel. La serpiente tenía cuatro secciones y se hallaba dividida en dos mitades longitudinales, masculina y femenina. Aseguró que ella y yo conformábamos la primera sección de la serpiente: la cabeza. Se trataba de una cabeza fría, calculadora, ponzoñosa. La segunda sección, formada por Néstor y Lidia, era el firme y bello corazón de la serpiente. La tercera era el vientre: un vientre furtivo, caprichoso, desconfiable, que componían Pablito y Josefina. Y la cuarta sección, la cola, donde se hallaba el cascabel, estaba formada por la pareja que en la vida real podía cascabelear en su lengua tzotzil por horas enteras, Benigno y Rosa.

La Gorda se enderezó de la posición que había adoptado para susurrar en mi oído. Me sonrió y me dio unas palmaditas en la espalda.

—Eligio dijo una palabra que me ha estado dando vueltas en la cabeza —continuó—. Josefina está de acuerdo conmigo en que la palabra era "sendero", una y otra vez. ¡Vamos a ir por un sendero!

Sin darme oportunidad de formular preguntas, anunció que se iba a dormir un rato y que después congregaría al grupo para que nos fuéramos de viaje.

Iniciamos el camino antes de la medianoche y avanzamos bajo la brillante luz de la Luna. Todos los demás, en un principio, se mostraron renuentes a salir, pero la Gorda, con gran habilidad, desplegó la supuesta descripción que don Juan hizo de la serpiente. Antes de echar a andar, Lidia sugirió que lleváramos comida por si el viaje resultaba largo. La Gorda rechazó la sugerencia con base en que no teníamos idea de la naturaleza de la jornada. Recordó que el nagual Juan Matus una vez le señaló el principio de un sendero, y le dijo que en la oportunidad correcta debíamos ir a ese sitio para dejar que el poder del sendero se nos revelara. Añadió que no era camino de cabras, común y corriente, sino una línea natural de la tierra, la cual, había dicho el nagual, nos daría fuerza y conocimiento si la podíamos seguir y ser uno con ella.

Nos desplazamos bajo un liderazgo mixto. La Gorda aportaba el ímpetu y Néstor conocía el terreno en cuestión. Ella nos condujo a un lugar en las montañas. Néstor se hizo cargo entonces y localizó una vereda. Era evidente nuestra formación, con la cabeza como guía y los demás ordenados de acuerdo con el modelo anatómico de la serpiente: corazón, intestinos y cola. Los hombres iban a la derecha. Cada pareja a metro y medio detras de la que avanzaba delante de ellos.

Caminamos tan rápida y calladamente como nos fue posible. Unos perros ladraron durante un rato; y conforme subíamos sólo iba quedando el sonido de los grillos. Caminamos mucho. De súbito, la Gorda se detuvo y tomó mi brazo. Nos señaló hacia delante. A unos veinte o treinta metros, exactamente en el centro del sendero, se hallaba la aparatosa silueta de un hombre enorme, de más de dos metros de altura. Nos bloqueaba el camino. Nos agrupamos en un montón apretado. Nuestros ojos se hallaban fijos en la forma oscura. No se movía. Después de un momento, Néstor avanzó unos pasos hacia él. Hasta entonces se movió la figura. Vino hacia nosotros. A pesar de ser gigantesca, caminaba ágilmente.

Néstor regresó corriendo. En el momento en que se nos unió, el hombre se detuvo. Audazmente, la Gorda dio un paso hacia él. El hombre correspondió con otro hacia nosotros. Era evidente que si continuábamos yendo hacia delante, chocaríamos con el gigante. Y no éramos partido para él, fuese lo que fuese. Sin esperar a comprobarlo, tomé la iniciativa, empujé a todos hacia atrás y prestamente los alejé de ese sitio.

Regresamos a casa de la Gorda, en silencio total. Nos tomó horas llegar. Estábamos absolutamente exhaustos. Cuando ya nos hallábamos a salvo, sentados en el cuarto de la Gorda, ésta habló:

—Estamos fregados —me dijo—. No quisiste que avanzáramos. Esa cosa que vimos en el sendero era uno de tus aliados, ¿verdad? Salen de sus escondites cuando tú los jalas.

No respondí. No tenía caso protestar. Recordé las incontables veces en que yo creí que don Juan y don Genaro se habían conjurado el uno con el otro. Yo creía que mientras don Juan hablaba conmigo en la oscuridad, don Genaro se ponía un disfraz para asustarme, y don Juan insistía en que era un aliado. La idea de que hubiera aliados o enti-

dades en el mundo, que escapan a nuestra atención cotidiana, resultaba demasiado inverosímil para mí. Pero luego, mi forma de vida me hizo descubrir que los aliados de
los que don Juan hablaba sí existían en realidad; eran, como él dijera, entidades en el mundo.

Con un estallido autoritario, extraño para mí en mi
vida de todos los días, me puse en pie y le dije a la Gorda y
al resto que les tenía una proposición y que podían aceptarla o rehusarla. Si estaban listos para irse de allí yo me
hallaba dispuesto a asumir la responsabilidad de llevarlos
a otra parte. Si no estaban listos, me sentiría exonerado de
toda relación ulterior con ellos.

Sentí un brote de optimismo y seguridad. Nadie dijo
nada. Me miraron silenciosamente, como si en su interior
sopesaran mi proposición.

—¿Cuánto tiempo les llevaría juntar todas sus cosas?
—pregunté.

—No tenemos cosas —dijo la Gorda—. Nos iremos
como estamos. Y nos podemos ir en este mismo minuto si
es necesario. Pero si podemos esperar tres días, todo irá
mejor.

—¿Qué pasará con las casas que tienes? —pregunté.

—Soledad se encargará de eso.

Esa era la primera ocasión en que se mencionaba el
nombre de doña Soledad, desde la última vez que la había
visto. Esto me intrigó tanto que transitoriamente olvidé el
drama del momento. Me senté. La Gorda se mostró inde-
cisa a responder a mi pregunta, acerca de doña Soledad.
Néstor se adelantó y replicó que doña Soledad andaba por
ahí, pero que ninguno de ellos sabía gran cosa de sus actividades. Y venía sin avisarle a nadie, y el arreglo entre
ellos consistía en que ellos cuidarían la casa de ella, y viceversa. Doña Soledad sabía que ellos tendrían que irse
tarde o temprano, y que ella asumiría la responsabilidad
de hacer lo que fuera necesario para disponer de las pro-
piedades.

—¿Y cómo le van a avisar? —pregunté.

—Eso es cosa de la Gorda —respondió Néstor—. Nosotros no sabemos dónde está.

—¿Dónde está doña Soledad, Gorda? —pregunté.

—¿Cómo diablos lo voy a saber? —me replicó.

—Pero tú eres quien la llama —dijo Néstor.

La Gorda me miró. Era una mirada casual, pero me dio un escalofrío. Pude reconocer esa mirada; pero, ¿de dónde? Las profundidades de mi cuerpo se agitaron, mi plexo solar adquirió una solidez que nunca antes había sentido. Mi diafragma parecía empujar por su propia cuenta. Me hallaba considerando si debería tenderme en el suelo, cuando de pronto me hallé parado.

—La Gorda no sabe —les advertí—. Yo soy el único que sabe dónde está.

Hubo una conmoción, quizá más en mí que en nadie. Acababa de hacer esa afirmación sin ninguna base racional. Sin embargo, en el momento en que la hice tuve la convicción exacta de que sabía dónde se hallaba. Fue como un relámpago que cruzó mi conciencia. Vi una zona montañosa con picos áridos, muy rugosos; un terreno escabroso, frío y desolado. Tan pronto como hube hablado, mi subsiguiente pensamiento consciente fue que sin duda había visto ese paisaje en una película y que la presión de estar con esa gente me estaba causando un colapso nervioso.

Les pedí disculpas por desconcertarlos de esa manera tan estrepitosa como involuntaria. Volví a tomar asiento.

—¿Quieres decir que no sabes por qué dijiste eso? —me preguntó Néstor.

Había elegido cada palabra cuidadosamente. Lo natural, al menos para mí, era que hubiese dicho: "Así que en realidad no sabes dónde está". Les dije que algo desconocido me había posesionado. Les describí el terreno que vi y planteé la certeza que tuve de que doña Soledad se encontraba allí.

—Eso nos pasa seguido —corroboró Néstor.

Me volví hacia la Gorda, quien asintió. Le pedí que se explicara.

—Estas cosas raras y confusas nos han estado viniendo a la cabeza —reforzó la Gorda—. Pregúntale a Lidia o a Rosa o a Josefina.

Desde que habían iniciado su nueva organización de vida, Lidia, Rosa y Josefina casi no me hablaban. Se limitaron a saludarme y a hacer comentarios triviales sobre la comida o el tiempo.

Lidia evitó mis ojos. Murmuró que había pensado que en momentos recordaba otras cosas.

—A veces, de veras te odio —me dijo—. Creo que estás haciendo el estúpido. Y después me acuerdo de que estuviste muy enfermo por nosotros. ¿Eras tú?

—Claro que era él —intervino Rosa—. Yo también recuerdo cosas. Me acuerdo de una señora que era muy buena conmigo. Me enseñó a lavarme, y este nagual me cortó el pelo por primera vez, mientras que la señora me tenía agarrada porque yo estaba espantada. Esa señora me quería. Ha sido la única persona que se ha preocupado por mí. Con mucho gusto me hubiera ido a la tumba por ella.

—¿Quién era esa señora, Rosa? —le preguntó la Gorda con el aliento entrecortado.

—Él sabe —afirmó Rosa.

Todos me miraron, esperando una respuesta. Me enojé y le grité a Rosa que no tenía por qué andar afirmando cosas que en realidad eran acusaciones. De ninguna manera yo les estaba mintiendo.

Rosa no se inmutó ante mi estallido. Calmadamente me explicó que se acordaba de la señora diciéndole que yo regresaría algún día, después de estar curado de mi enfermedad. Comprendió que la señora estaba atendiéndome, cuidándome para que yo recuperara la salud; por tanto, tenía que saber quién era ella y dónde estaba, puesto que ya estaba sano.

—¿De qué estaba enfermo, Rosa? —quise saber.

—Te enfermaste porque no podías seguir con tu mundo —aseveró con la máxima convicción—. Alguien me dijo, y de esto creo que hace mucho tiempo, que tú no estabas hecho para nosotros, lo mismo que Eligio le dijo a la Gorda en su *ensueño*. Tú te fuiste por eso y Lidia nunca te perdonó. Te va a odiar mas allá de este mundo.

Lidia protestó que sus sentimientos hacia mí no tenían nada que ver con lo que Rosa estaba diciendo. Ella simplemente era de temperamento brusco y se enojaba con facilidad ante mis estupideces.

Le pregunté a Josefina si ella también se acordaba.

—Claro que sí —afirmó con una sonrisa—. Pero tú ya me conoces, estoy loca. No puedes confiar en mí. No soy digna de confianza.

La Gorda insistió en escuchar lo que Josefina recordaba, pero ésta no quiso decir nada y todos se pusieron a discutir; finalmente, Josefina se dirigió a mí:

—¿Qué caso tiene toda esta habladuría de acordarse? Es pura baba —afirmó—. Y no vale un pito.

Josefina pareció haber ganado un punto sobre todos nosotros. Ya no hubo más que decir. Todos empezaron a ponerse en pie para irse.

—Me acuerdo de que me compraste ropas bonitas —dijo repentinamente Josefina—. ¿No te acuerdas de cuando me caí de las escaleras de una tienda? Casi me rompí la pierna y tú tuviste que sacarme cargada.

Todos volvieron a tomar asiento con los ojos fijos en Josefina.

—También recuerdo a una vieja loca —continuó—. Me pegaba y me correteaba por toda la casa hasta que tú te enojaste y la paraste.

Me sentí exasperado. Todos pendían de las palabras de Josefina, cuando ella misma nos había dicho que no confiáramos en ella porque estaba loca. Tenía razón. Sus recuerdos eran aberración pura para mí.

—Yo también sé por qué te enfermaste —prosiguió—. Yo estaba ahí. Pero no me acuerdo dónde. Te llevaron al otro lado de la pared de niebla para buscar a esta estúpida Gorda. Me supongo que se habría perdido. No tuviste fuerza para regresar. Cuando te sacaron ya estabas casi muerto.

El silencio que siguió a estas revelaciones fue opresivo. Yo tuve miedo de hacer más preguntas.

—No puedo recordar por qué demonios fue a dar allá la Gorda, o quién te trajo de regreso —continuó Josefina—. Pero sí me acuerdo de que estabas tan enfermo que ya no me podías reconocer. Esta estúpida Gorda jura que no te conocía cuando llegaste por primera vez a esta casa hace unos meses. Yo te reconocí al instante. Me acordé de que tú eras el nagual que se enfermó. ¿Quieres saber una cosa? Creo que estas viejas nomás se están haciendo las difíciles. Y también los hombres, en especial ese estúpido Pablito. Tienen que acordarse. Ellos también estaban allí.

—¿Te puedes acordar dónde estábamos? —pregunté.

—No. No puedo —negó Josefina—. Pero si tú me llevas ahí, lo sabré. Cuando nosotros estábamos allí nos decían los borrachos, porque siempre andábamos mareados. Yo era la menos mareada de todos, por eso me acuerdo bien.

—¿Quién nos decía borrachos? —pregunté.

—A ti no, sólo a nosotros —replicó Josefina—. No sé quién, el nagual Juan Matus, supongo.

Miré a cada uno de ellos, y cada uno rehuyó mi mirada.

—Estamos llegando al final —murmuró Néstor, como si hablara consigo mismo—. Ya nuestro fin se nos está echando encima.

Parecía estar al borde de las lágrimas.

—Debería sentirme contento y orgulloso porque ya llegamos al final de nuestros días —continuó—. Y sin embargo estoy triste. ¿Puedes explicarme eso, nagual?

De repente, todos estábamos tristes. Incluso la desafiante Lidia había entristecido.

—¿Qué les pasa a todos ustedes? —pregunté con tono conviviente—. ¿De qué final están hablando?

—Yo creo que todos saben de qué final se trata —manifestó Néstor—. Últimamente he estado experimentando sentimientos extraños. Algo nos llama. Y no nos dejamos ir como deberíamos. Nos aferramos.

Pablito tuvo un verdadero momento de galantería y apuntó que la Gorda era la única entre ellos que no se aferraba a nada. El resto, me aseguró, eran egoístas casi irremediables.

—El nagual Juan Matus nos dijo que cuando sea el momento de irnos de este mundo tendremos un signo —planteó Néstor—. Algo que en verdad nos guste nos saldrá al paso para llevarnos.

—Dijo que no tiene que ser nada grandioso —añadió Benigno—. Cualquier cosilla que nos guste será suficiente.

—Para mí, el signo aparecerá con la forma de los soldaditos de plomo que nunca tuve —me dijo Néstor—. Una hilera de húsares a caballo vendrá para llevarme. ¿Qué será en tu caso?

Recordé que una vez don Juan me había dicho que la muerte se escondía detrás de cualquier cosa imaginable, incluso detrás de un punto en mi cuaderno de notas. Me dio luego la metáfora definitiva de mi muerte. Yo le había dicho que una vez caminando por el Hollywood Boulevard, en Los Angeles, había oído el sonido de una trompeta que tocaba una vieja, idiota tonada popular. La música venía de una tienda de discos al otro lado de la calle. Nunca antes había oído yo un sonido tan hermoso. Quedé extasiado con él. Me tuve que sentar en la acera. El límpido sonido metálico de esa trompeta se colaba directo a mi cerebro. Lo sentí por encima de mi sien derecha. Me apaciguó hasta que me embriagué con él. Cuando concluyó supe que nunca habría manera de repetir esa experiencia, y tuve el suficiente desapego para no ir corriendo a la tienda a comprar el disco y un equipo estereofónico en el cual tocarlo.

Don Juan dijo que ése había sido un signo que me fue dado por los poderes que gobiernan el destino de los hombres. Cuando me llegue el momento de dejar el mundo, en cualquier forma que sea, escucharé el mismo sonido de esa trompeta, la misma tonada idiota, el mismo trompetista inigualable.

El día siguiente fue frenético para todos..Parecían tener infinitas cosas que hacer. La Gorda dijo que sus quehaceres eran personales y que tenían que ser ejecutados por cada uno de ellos sin ninguna ayuda. Yo también tenía cosas que hacer. Me sentó muy bien quedarme solo. Manejé hasta el pueblo cercano que me había perturbado tanto. Fui directo a la casa que nos fascinara. Toqué a la puerta. Una señora abrió. Le inventé la historia de que yo, de niño, viví en esa casa y que quería verla de nuevo. La señora era muy gentil. Me dejó recorrer la casa disculpándose reiteradamente por un inexistente desorden.

Había un acopio de recuerdos ocultos en esa casa. Allí se encontraban, podía sentirlos, pero no pude recordar nada.

Al día siguiente, la Gorda salió al amanecer; yo juzgué que estaría fuera todo el día, pero regresó a eso de las doce. Se veía muy molesta.

—Ya vino Soledad y quiere verte —me avisó llanamente.

Sin otra palabra de explicación me llevó a la casa de doña Soledad. Ésta se hallaba a la puerta. Se veía más joven y más fuerte que la última vez que hablé con ella. Sólo le quedaba un leve parecido con la mujer a la que yo había conocido años antes.

La Gorda parecía a punto de soltar las lágrimas. La tensión nerviosa por la que pasábamos hacía que su humor me fuera perfectamente comprensible. Se fue sin decir una palabra.

Doña Soledad dijo que sólo tenía muy poco tiempo para hablar conmigo y que estaba dispuesta a aprovechar hasta el último segundo. Se mostraba extrañamente diferente. Había un tono de urbanidad en cada palabra que decía.

Hice un gesto para interrumpirla y formular una pregunta. Quería saber dónde había estado. Ella me desairó de una manera delicadísima. Escogió cada palabra ciudadosamente, y reafirmó que la falta de tiempo sólo le permitiría decir lo que fuese esencial.

Atisbó en mis ojos durante un momento que me pareció largo y poco natural. Esto me molestó. Durante ese lapso bien pudo hablar conmigo y responderme varias preguntas. Rompió el silencio y empezó a decir lo que yo juzgué puras cosas absurdas. Dijo que me había atacado tal como yo se lo pedí el día en que cruzamos las líneas paralelas por primera vez, y que sólo esperaba que el ataque hubiera sido efectivo y que hubiese cumplido su propósito. Quise gritarle que yo nunca le había pedido nada de eso. No entendía nada de líneas paralelas y todo lo que me decía era insensato. Ella cerró mis labios con su mano. Me eché hacia atrás automáticamente. Pareció entristecerse. Dijo que no había manera de que pudiéramos hablar porque en ese momento estábamos en dos líneas paralelas y ninguno de los dos tenía la energía suficiente para cruzarlas; solamente sus ojos me expresarían su estado de ánimo.

Sin razón aparente comencé a tranquilizarme; algo dentro de mí se sintió cómodo. Advertí que las lágrimas rodaban por mis mejillas. Y después, una sensación increíble me posesionó momentáneamente. Fue un instante, pero lo suficientemente largo como para sacudir los cimientos de mi conciencia, o de mi persona, o de lo que yo creo y siento que soy yo mismo. Durante ese breve instante supe que ella y yo nos hallábamos muy próximos el uno al otro en propósito y temperamento. Nuestras circunstancias eran semejantes. Le dije, sin decir palabra alguna, que la nuestra había sido una lucha ardua, pero que esa lucha aún no terminaba. Nunca terminaría. Ella me decía adiós. Me decía que nuestros caminos jamás se volverían a cruzar, que habíamos llegado al fin de un sendero. Una ola perdida de afiliación, de parentesco, surgió desde algún inimaginable rincón oscuro de mí mismo. Fue un relámpago, estalló como una carga eléctrica en mi cuerpo. La abracé; mi boca se movía, decía cosas que no tenían significado para mí. Sus ojos se iluminaron. Ella también me decía algo que yo no podía comprender. Lo único que me era claro era que yo había cruzado las líneas paralelas, y esto no tenía ningún significado pragmático para mí. Había una angustia almacenada dentro de mí, que empujaba hacia afuera. Alguna fuerza inexplicable me hendía. No podía respirar y todo se oscureció.

Sentí que alguien me movía, me sacudía con suavidad. El rostro de la Gorda se volvió nítido. Me hallaba tendido en la cama de doña Soledad, y la Gorda estaba sentada a mi lado. Nos hallábamos solos.

—¿Dónde está doña Soledad? —pregunté.

—Se fue —respondió la Gorda.

Quería contarle todo a la Gorda. Ella me lo pidió. Abrió la puerta. Todos los aprendices se encontraban afuera, esperándome. Se habían puesto sus ropas más parchadas. La Gorda me explicó que rasgaron las demás que tenían. Ya empezaba a atardecer. Había dormido durante horas. Sin hablar, caminamos a casa de la Gorda, donde mi auto se hallaba estacionado. Todos se apilaron dentro, como niños que van a su paseo dominical.

Antes de subir al auto me quedé contemplando el valle. Mi cuerpo inició una lenta rotación e hizo un círculo completo como si tuviese voluntad, propósito por sí mismo. Sentí que me hallaba capturando la esencia de ese lugar. Quería conservarlo dentro de mí, pues sabía inequívocamente que nunca lo volvería a ver en esta vida.

Los otros seguramente ya lo habían hecho. Estaban libres de melancolía, reían y se hacían bromas.

Arranqué el auto y nos fuimos. Cuando llegamos a la última curva de la carretera, el Sol estaba poniéndose, y la Gorda gritó que me detuviera. Salió del auto y corrió hasta una pequeña colina que se hallaba junto al camino. Trepó a ella y echó una última mirada a su valle. Extendió sus brazos hacia él y trató de inhalarlo.

Descender esas montañas nos tomó un tiempo extrañamente corto; fue un viaje sin ningún tipo de percances. Todos iban callados. Traté de iniciar una conversación con la Gorda, pero ella se negó del todo. Explicó que esas montañas eran posesivas y que exigían ser dueñas de ellos, y que si no guardaban su energía, las montañas nunca los dejarían ir.

Una vez que llegamos a las tierras bajas, todos se animaron mucho más, la Gorda en especial. Parecía burbujear de energía. Incluso me proporcionó informaciones sin ninguna coacción de mi parte. Una de las cosas que dijo fue que el nagual Juan Matus le había dicho, y Soledad se lo confirmó, que había otro lado en nosotros. Al oír esto, los demás se unieron a la conversación con preguntas y comentarios. Todos se encontraban terriblemente confundidos con los extraños recuerdos que tenían de eventos que lógicamente no pudieron haber ocurrido. Puesto que algunos de ellos me habían conocido unos cuantos meses antes, recordarme en un pasado remoto era algo que rebasaba los confines de la razón.

80

Les hablé de mi encuentro con doña Soledad. Les describí mi sensación de haberla conocido íntimamente desde antes, y sobre todo, la sensación de haber cruzado inequívocamente lo que ella llamaba las líneas paralelas. Esto último les causó una gran agitación; parecía que ya habían escuchado el término con anterioridad, pero yo no estaba seguro de que comprendiesen lo que significaba. Para mí era una metáfora. Pero no podría asegurar si sería lo mismo para ellos.

Cuando nos acercábamos a la ciudad de Oaxaca expresaron el deseo de visitar el lugar donde la Gorda aseguró que don Juan y don Genaro habían desaparecido. Manejé directo hasta ese sitio. Salieron apresuradamente del auto y parecían estar orientándose, olfateando algo, buscando huellas. La Gorda señaló la dirección en la que creía que don Juan y don Genaro se habían ido.

—Cometiste un error terrible, Gorda —dijo Néstor en voz muy alta—. Ése no es el este, es el norte.

La Gorda protestó y defendió su opinión. Las mujeres la apoyaron, al igual que Pablito. Benigno no quiso comprometerse; sólo continuaba mirándome como si yo fuera el que proporcionaría la respuesta, lo cual hice. Me referí al mapa de la ciudad de Oaxaca que tenía en el auto. La dirección que la Gorda señalaba ciertamente era el norte.

Néstor comentó que había estado seguro, desde el primer momento, de que su partida del pueblo no fue prematura o forzada en lo más mínimo; el cronometraje había sido correcto. Los otros no tuvieron tal seguridad y sus titubeos fueron a raíz del error de la Gorda. Ellos habían creído, al igual que la Gorda, que el nagual señaló hacia el pueblo, lo cual significaba que debían quedarse allí. Yo admití, después de considerarlo, que a fin de cuentas yo era el único culpable, porque, a pesar de que tenía el mapa, no lo utilicé en aquel momento.

Después les mencioné haber olvidado decirles que uno de los dos hombres, el que yo creí que era don Genaro, nos había llamado con un movimiento de cabeza. Los ojos de la Gorda se abrieron con sorpresa genuina, o incluso alarma. Ella no percibió el gesto, afirmó. La seña sólo había sido para mí.

—¡Ya estamos! —exclamó Néstor—. ¡Nuestros destinos están sellados!

Se volvió para dirigirse a los demás. Todos ellos hablaban al mismo tiempo. Néstor hizo gestos frenéticos con las manos, para calmarlos.

—Lo único que espero es què todos ustedes hayan hecho lo que tenían que hacer como si nunca fueran a regresar —expresó—. Porque ya no vamos a regresar.

—¿Nos estás diciendo la verdad? —me preguntó Lidia con una mirada feroz en sus ojos, y los demás me contemplaron llenos de ansiedad.

Les aseguré que yo no tenía ninguna razón para inventarlo. El hecho de que yo hubiese visto a ese hombre haciéndome gestos con la cabeza no tenía ningún significado para mí. Además, ni siquiera estaba convencido de que esos hombres hubieran sido don Juan y don Genaro.

—Eres muy mañoso —dijo Lidia—. A lo mejor nos estás diciendo todo esto para que te sigamos mansamente.

—Oye, un momento —objetó la Gorda—. Este nagual podrá ser todo lo mañoso que quieras, pero jamás haría algo así.

Todos empezaron a hablar al mismo tiempo. Traté de mediar y tuve que gritar, por encima de sus voces, que lo que hubiese podido ver, de cualquier manera no significaba nada.

Muy cortésmente, Néstor me explicó que Genaro les había dicho que cuando llegara el momento de abandonar el valle, de algún modo él se lo haría saber con un movimiento de su cabeza. Todos guardaron silencio cuando les dije que si sus destinos se hallaban sellados por ese evento, lo mismo ocurría con el mío: todos iríamos hacia el norte.

Después, Néstor nos llevó a un sitio donde alojarnos, una casa de pensión en la que él se hospedaba cuando hacía sus negocios en la ciudad. Todos se mostraban contentísimos, tanto que me hacían sentir incómodo. Incluso Lidia me abrazó y se disculpó por ser tan problemática. Me explicó que ella le creyó a la Gorda a pie juntillas y por tanto no se habían tomado la molestia de romper sus vínculos definitivamente. Josefina y Rosa parecían estar en un paroxismo de alegría y me daban feroces palmadas en la espalda una y otra vez. Yo quería hablar con la Gorda. Necesitaba discutir nuestro curso de acción. Pero no hubo manera de estar a solas con ella esa noche.

Néstor, Pablito y Benigno salieron muy temprano en la mañana para arreglar unos asuntos. Lidia, Rosa y Josefina también se fueron de compras. La Gorda me pidió que la ayudara a adquirir su ropa nueva. Quería que yo le escogiera un vestido: una selección perfecta que le daría confianza en sí misma, necesaria para ser una guerrera fluida. No sólo le encontré el vestido, sino un atuendo completo.

La llevé a dar un paseo. Vagabundeamos por el centro de la ciudad como un par de turistas, mirando a los indios con sus trajes regionales. Siendo una guerrera sin forma, la Gorda se hallaba perfectamente a gusto en su elegancia. Se veía arrebatadora. Era como si nunca hubiese vestido de otra manera. Yo era quien estaba azorado.

Me resultaba imposible formular las preguntas que quería hacerle a la Gorda, a pesar de que eso debería ser tan fácil para mí. No tenía idea de qué preguntarle. Le dije, con gran seriedad, que su nueva apariencia me afectaba sobremanera. Muy sobriamente, contestó que el transborde de los linderos del afecto era lo que me había alterado.

—Anoche cruzamos unos linderos —añadió—. Soledad ya me había dicho lo que iba a suceder, así es que yo estaba preparada. Pero tú no.

Empezó a explicarme lentamente lo que significaba que la noche anterior hubiéramos transbordado unos linderos de afecto. Enunciaba cada sílaba como si hablara con un niño o con un extranjero. Pero yo no me podía concentrar. Regresamos a nuestra pensión. Necesitaba descansar, y sin embargo terminé saliendo nuevamente. Lidia, Rosa y Josefina no habían podido encontrar nada y querían algo como el atuendo de la Gorda.

A media tarde estaba de vuelta en el hospedaje admirando a las hermanitas. Rosa tenía dificultades con los zapatos de tacón alto. Estábamos haciéndole bromas sobre sus pies cuando la puerta se abrió con lentitud y Néstor hizo su dramática aparición. Vestía un traje azul. Su pelo estaba cuidadosamente peinado y un poco afelpado, como si hubiera usado una secadora. Miró a las mujeres y ellas lo miraron a él. Pablito entró, seguido por Benigno. Los dos estaban impresionantes. Sus zapatos eran nuevecitos y los trajes parecían cortados a la medida.

Mi sorpresa era total al verlos a todos ellos en ropas citadinas. Me recordaban enormemente a don Juan. Quizá me hallaba tan conmocionado al ver a los tres Genaros con sus trajes citadinos, como lo había estado al ver a don Juan vistiendo traje, y sin embargo acepté el cambio instantáneamente. Por otra parte, aunque no me sorprendía la transformación de las mujeres, por alguna razón no podía acostumbrarme a ella.

Pensé que los Genaros habían tenido un mágico golpe de suerte para poder encontrar trajes tan perfectos. Ellos rieron cuando me oyeron entusiasmarme por su suerte. Néstor me aclaró que un sastre les había hecho los trajes desde hacía meses.

—Cada uno de nosotros tiene otro traje —confirmó—. Es más, también tenemos maletas de cuero. Ya sabíamos que nuestra vida en las montañas se había acabado. ¡Y ya estamos listos para partir! Por supuesto, primero tienes que decirnos a dónde vamos. Y también cuánto tiempo nos quedaremos aquí.

Me explicó que tenía algunos viejos asuntos que atender y que necesitaba tiempo para cerrarlos. La Gorda se hizo cargo y con gran seguridad y autorización afirmó que esa noche iríamos tan lejos como el poder nos lo permitiera; consecuentemente, tenían hasta el fin del día para arreglar sus asuntos. Néstor y Pablito se detuvieron en la puerta, titubeaban. Me miraron, esperando alguna confirmación. Pensé que lo menos que podía hacer era ser honesto con ellos, pero la Gorda me interrumpió justo cuando empezaba a decir que no tenía la más remota idea de lo que iríamos a hacer.

—Nos veremos en la banca del nagual al atardecer —dijo la Gorda—. Partiremos de allí. Para entonces debemos haber hecho aquí todo lo que tengamos o queramos hacer, sabiendo que nunca más en esta vida regresaremos.

La Gorda y yo nos quedamos solos una vez que todos se fueron. Con un movimiento abrupto y un tanto torpe, ella se sentó en mis piernas. Era tan ligera, que yo podía hacer que todo su delgado cuerpo se estremeciera con sólo contraer los músculos de mis pantorrillas. Su cabello tenía una fragancia peculiar. Bromeé diciéndole que su perfume era intolerable. Ella reía y se sacudía cuando, de la nada, un sentimiento me llegó... ¿Un recuerdo? Súbitamente era otra Gorda la que estaba sentada en mis piernas, y era obesa, de doble tamaño de la Gorda que conocía. Tuve la sensación de que yo la cuidaba.

—El impacto de ese espurio recuerdo me hizo ponerme en pie. La Gorda cayó estrepitosamente al suelo. Le describí lo que acababa de "recordar". Le dije que sólo una vez la había visto cuando era gorda, tan brevemente que no tenía idea de sus rasgos, y, sin embargo, hacía un momento tuve la visión de su rostro cuando era obeso.

No hizo ningún comentario. Se quitó la ropa y se volvió a poner su viejo vestido.

—Todavía no estoy lista para vestirme así —anunció, señalando sus nuevas ropas—. Todavía tenemos otra cosa que hacer antes de que seamos libres. De acuerdo con las instrucciones del nagual Juan Matus, debemos sentarnos juntos en un sitio de poder que él eligió.

—¿Dónde está ese sitio?

—En alguna parte de las montañas en estos alrededores. Es como una puerta. El nagual me dijo que había una hendidura natural en ese sitio, que ciertos lugares de poder son agujeros en este mundo; si no tienes forma, puedes pasar por uno de esos agujeros hacia lo desconocido, hacia otro mundo. Ese mundo y este mundo en que vivimos están en dos líneas paralelas. Hay muchas posibilidades de que todos nosotros hayamos sido llevados a través de esas líneas una o varias veces, pero no lo recordamos. Eligio está en ese otro mundo. Algunas veces llegamos a él a través del *ensueño*. Josefina, por supuesto, es la mejor ensoñadora de nosotros. Cruza las líneas todos los días, pero el estar loca la hace indiferente, hasta un poco tonta, así es que Eligio me ayudó a cruzar las líneas pensando que yo era más inteligente y resulté igual de pendeja. Eligio quiere que nos acordemos de nuestro lado izquierdo. Soledad me indicó que el lado izquierdo es la línea paralela a la que estamos viviendo en este momento. Así es que si Eligio quiere que lo recordemos, es porque tuvimos que haber estado allí. Y no en *ensueños*. Por eso es que todos nosotros recordamos cosas raras de vez en cuando.

Sus conclusiones eran lógicas dadas las premisas con las que operaba. Yo entendía lo que ella estaba diciendo; esos recuerdos desasociados que ninguno solicitaba estaban empapados de la realidad de la vida cotidiana, y sin embargo no podíamos hallar la secuencia temporal que les correspondía, ninguna apertura en el continuo de nuestras vidas donde pudiesen encajar.

La Gorda se reclinó en la cama. Había desazón en sus ojos.

—Lo que me preocupa es cómo vamos a encontrar ese lugar de poder —se angustió—. Sin eso, no hay manera de hacer el viaje.

—Lo que a mí me preocupa es a dónde voy a llevarlos a todos ustedes y qué voy a hacer contigo —reflexioné.

—Soledad me explicó que iríamos al norte, cuando menos hasta la frontera —recordó la Gorda—. Algunos de nosotros quizá vayamos más al norte. Pero tú no nos acompañarás hasta el final de nuestro camino. Tú tienes otro destino.

La Gorda se quedó pensativa unos momentos. Frunció el entrecejo con el aparente esfuerzo de ordenar sus pensamientos.

—Soledad me aseguró que tú me vas a llevar a cumplir mi destino —enfatizó—. Yo soy la única de todos nosotros que está a tu cargo.

En todo mi rostro debió de pintarse la alarma. Ella sonrió.

—Soledad también me advirtió que estás taponado —prosiguió la Gorda—. Sin embargo, tienes momentos en que sí eres un nagual. Dice Soledad que el resto del tiempo eres así como un loco que es lúcido sólo por unos momentos y luego se hunde nuevamente en su locura.

Doña Soledad había usado una imagen que yo podía comprender. En su manera de ver debí de haber tenido un momento de lucidez cuando supe que había cruzado las líneas paralelas. Ese mismo momento, en mi modo de pensar, fue el más incongruente de todos. Doña Soledad y yo ciertamente nos hallábamos en distintas líneas de pensamiento.

—¿Qué más te dijo? —pregunté.

—Que tenía que forzarme a recordar —respondió—. Se agotó tratando de limpiarme la memoria, por eso ya no pudo tratar conmigo.

La Gorda se levantó; estaba lista para salir. La llevé a pasear por la ciudad. Se veía muy contenta. Iba de lugar en lugar observando todo, deleitando sus ojos en el mundo. Don Juan me había dado esa imagen. Decía que un guerrero sabe que está esperando y también sabe qué es lo que está esperando, y, mientras espera, deleita sus ojos en el mundo. Para él la máxima hazaña de un guerrero era el gozo. Ese día, en Oaxaca, la Gorda seguía las enseñanzas de don Juan al pie de la letra.

Después de la puesta del Sol, antes del crepúsculo, nos sentamos en la banca de don Juan. Benigno, Pablito y Josefina llegaron primero. Después de unos minutos, los otros tres se nos unieron. Pablito tomó asiento entre Josefina y Lidia y abrazó a las dos. Todos habían vuelto a ponerse sus viejas ropas. La Gorda se incorporó y empezó a hablarles del sitio de poder.

Néstor se rió de ella y todos los demás le hicieron coro.

—Ya nunca más nos vas a engatusar con tu aire de mando —criticó Néstor—. Ya nos liberamos de ti. Anoche transbordamos los linderos.

La Gorda siguió imperturbable, pero los demás estaban enojadísimos. Tuve que intervenir. Dije en voz alta que quería saber más acerca de los linderos que habíamos transbordado la noche anterior. Néstor explicó que ésos les pertenecían sólo a ellos. La Gorda estuvo en desacuerdo. Parecía que ya iban a empezar a pelearse. Llevé a Néstor a un lado y le ordené que me hablara de los linderos.

87

—Nuestros sentimientos establecen límites alrededor de cualquier cosa —expuso—. Mientras más queremos algo, más fuerte es el cerco. En este caso nosotros queríamos a nuestra casa, y antes de irnos tuvimos que deshacernos de ese sentimiento. Los sentimientos por nuestra tierra llegaban hasta la cumbre de las montañas que están al oeste de nuestro valle. Ése fue el lindero, y cuando cruzamos la cima de esas montañas, sabiendo que ya nunca regresaríamos, los rompimos.

—Pero yo también sabía que no iba a regresar —dije.

—Es que tú no amabas esas montañas igual que nosotros —replicó Néstor.

—Eso está por verse —terció la Gorda, crípticamente.

—Estábamos bajo su influencia —intervino Pablito, poniéndose en pie y señalando a la Gorda—. Ésta nos tenía del pescuezo. Ahora me doy cuenta de lo estúpido que fui por culpa de ella. No tiene caso llorar por lo que ya pasó, pero nunca me volverá a suceder lo mismo.

Lidia y Josefina se unieron a Néstor y a Pablito. Benigno y Rosa observaban todo como si ese altercado ya no les incumbiese más.

En ese momento experimenté otro instante de certeza y de conducta autoritaria. Me levanté y, sin ninguna volición consciente de mi parte, anuncié que yo me hacía cargo y que relevaba a la Gorda de cualquier obligación ulterior de hacer comentarios o de presentar sus ideas como única solución. Cuando terminé de hablar me asombré de mi audacia. Todos, inclusive la Gorda, estaban contentísimos.

La fuerza que generó mi explosión fue, primero, la sensación física de que mis fosas nasales se abrían, y después, la certeza de que yo sabía lo que don Juan quería decir y dónde se hallaba con exactitud el lugar al que teníamos que ir para poder ser libres. Cuando mis fosas nasales se abrieron tuve una visión de la casa que me había intrigado.

Les dije a dónde íbamos a ir. Todos aceptaron mis instrucciones, sin discutir e incluso sin comentarios. Pagamos en la pensión y nos fuimos a cenar. Luego, paseamos por la plaza hasta las once de la noche. Fuimos a mi auto,

se apilaron ruidosamente dentro de él, y nos encaminamos a ese misterioso pueblo. La Gorda se quedó despierta
para hacerme compañía, mientras los demás dormían.
Después, Néstor manejó y la Gorda y yo dormimos.

5

# *Una horda de brujos iracundos*

Nos hallábamos en el pueblo cuando despuntó el alba. En
ese momento tomé el volante y manejé hacia la casa. La
Gorda me pidió que me detuviera un par de cuadras antes
de llegar. Salió del auto y empezó a caminar por la alta
banqueta. Todos salieron, uno a uno. Siguieron a la Gorda.
Pablito vino a mi lado y dijo que debía estacionar el auto
en el zócalo, el cual se hallaba a una cuadra de allí. Eso hice.

En el momento en que vi que la Gorda daba la vuelta
a la esquina supe que algo le ocurría. Se hallaba extraordinariamente pálida. Vino a mí y me susurró que iba a ir a
oír la primera misa. Lidia también quería hacer lo mismo.
Las dos atravesaron el zócalo y entraron en la iglesia.

Nunca había visto tan sombríos a Pablito, Néstor y
Benigno. Rosa estaba asustada, con la boca abierta, los
ojos fijos, sin pestañear, mirando hacia la casa. Solamente
Josefina resplandecía. Me dio una amistosa y jovial palmada en la espalda.

—Órale, hijo de la patada —exclamó—. ¡Ya les diste
en la mera torre a estos hijos de la chingada!

Rió hasta que casi perdió el aliento.

—¿Este es el lugar, Josefina? —le pregunté.

—Claro que sí —dijo—. La Gorda siempre iba a la
iglesia. Era una verdadera beata en esos tiempos.

—¿Te acuerdas de esa casa que está ahí? —le pregunté, señalándola.

—Es la casa de Silvio Manuel —respondió.

90

Todos saltamos al oír ese nombre. Yo experimenté algo similar a una benigna descarga de corriente eléctrica que me pasaba por las rodillas. El nombre definitivamente no me era conocido, y sin embargo mi cuerpo saltó al oírlo. Todo lo que se me ocurrió pensar fue que Silvio Manuel era un nombre sonoro y melodioso.

Los tres Genaros y Rosa se hallaban tan perturbados como yo. Advertí que todos ellos habían palidecido. A juzgar por lo que sentí, yo debía de estar tan pálido como ellos.

—¿Quién es Silvio Manuel? —finalmente pude preguntarle a Josefina.

—Ahora sí me agarraste —dijo—. No sé.

Josefina reiteró entonces que estaba loca y que nada de lo que dijera debía de tomarse en serio. Néstor le suplicó que nos refiriera todo lo que recordase.

Josefina trató de pensar, pero era del tipo de personas que no funcionan bien bajo presión. Yo sabía que ella podría hacerlo si nadie le preguntaba nada. Propuse que buscáramos una panadería o cualquier lugar donde comer.

—A mí no me dejaban hacer nada en esa casa; eso es lo único de lo que me acuerdo —dijo Josefina de repente.

Se volvió en torno de ella como si buscara algo, o como si tratara de orientarse.

—¡Aquí hay algo que falta! —exclamó—. Esto no es exactamente como era.

Traté de ayudarla formulando preguntas que consideré apropiadas, como si eran ciertas casas las que faltaban, o si éstas habían sido pintadas, o si se habían construido otras, pero Josefina no pudo determinar cuál era la diferencia.

Caminamos a la panadería y compramos panes de dulce. Cuando íbamos de regreso al zócalo a esperar a la Gorda y a Lidia, Josefina súbitamente se dio un golpe en la frente como si una idea la hubiera fulminado.

—¡Ya sé qué es lo que falta! —gritó—. ¡Es esa pinche pared de niebla! Aquí estaba antes. Ahora ya no.

Todos empezamos a hablar al mismo tiempo, haciéndole preguntas acerca de la pared, pero Josefina continuó hablando sin perturbarse, como si no estuviéramos allí.

—Era una pared de niebla que se alzaba hasta el cielo —dijo—. Estaba exactamente aquí. Cada vez que volteaba la cabeza, ahí estaba la pinche pared. Me volvió loca. ¡Hijo de la chingada! Yo andaba bien del coco hasta que esa pared me enloqueció.

La veía con los ojos abiertos o con los ojos cerrados. Creía que esa pared me andaba siguiendo.

Durante un instante Josefina perdió su vivacidad natural. Una mirada de desesperación apareció en sus ojos. Yo había visto ese tipo de mirada en personas con experiencias psicóticas. Apresuradamente le sugerí que se comiera su pan. Ella se calmó al instante y empezó a comerlo.

—¿Qué piensas de todo esto, Néstor? —pregunté.

—Tengo miedo —respondió suavemente.

—¿Te acuerdas de algo?

Negó sacudiendo la cabeza. Interrogué a Pablito y a Benigno con un movimiento de cejas. Ellos negaron con la cabeza.

—¿Y tú, Rosa? —pregunté.

Rosa saltó cuando oyó que le hablaba. Parecía haber perdido el habla. Tenía un pan en su mano y se lo quedó mirando, como si no decidiera qué hacer con él.

—Claro que se acuerda —aseguró Josefina, riendo—, pero está muerta de miedo. ¿A poco no ves que le sale pipí hasta por las orejas?

Josefina parecía creer que su aseveración era broma máxima. Se dobló de la risa y dejó caer el pan al suelo. Lo recogió, le sacudió el polvo y se lo comió.

—Los locos hasta comen mierda —dijo, dándome una palmada en la espalda.

Néstor y Benigno se veían muy azorados con las extravagancias de Josefina. Pero Pablito estaba feliz. Había una mirada de admiración en sus ojos. Sacudía la cabeza y chasqueaba la lengua como si tal gracia fuese inconcebible.

—Vamos a la casa —nos urgió Josefina—. Allá les platicaré muchas cosas.

Le dije que debíamos esperar a la Gorda y a Lidia; además, aún era muy temprano para molestar a la gentil dama que vivía allí. Pablito dijo que en el curso de su trabajo de carpintería había estado en ese pueblo y conocía una familia que preparaba comida para viajeros. Josefina no quería esperar, era cuestión de ir a la casa o ir a comer. Opté por ir a desayunar y ordené a Rosa que fuera a la iglesia a buscar a la Gorda y a Lidia, pero, galantemente, Benigno se ofreció a esperarlas y llevarlas luego al sitio donde desayunaríamos. Al parecer, él también sabía dónde quedaba.

Pablito no nos llevó directamente allí. En vez de eso, y a petición mía, hicimos una larga desviación. Había un antiguo puente en las afueras del pueblo que yo quería examinar.

Lo había visto desde el auto aquel día en que la Gorda y yo venimos por primera vez. La estructura del puente parecía colonial. Avanzamos por el puente y de pronto nos detuvimos abruptamente a la mitad. Pregunté a un hombre que estaba allí qué tan antiguo era el puente. Respondió que lo había visto toda su vida y que él ya tenía más de cincuenta años de edad. Pensé que el puente ejercía una fascinación única sólo para mí, pero al ver a los demás tuve que concluir que a ellos también los había afectado. Néstor y Rosa estaban jadeando, sin poder respirar. Pablito se sostenía en Josefina, y ella a su vez se sostenía en mí.

—¿Te acuerdas de algo, Josefina? —pregunté.

—Ese maldito Silvio Manuel está al otro lado del puente —dijo, señalando hacia el otro extremo, que se hallaba como a unos nueve metros.

Miré a Rosa, quien asintió afirmativamente con la cabeza. Susurró que una vez ella había cruzado ese puente con gran temor y que algo la había estado esperando del otro lado para devorarla.

Los dos hombres no podían ofrecer ayuda. Me miraron, perplejos. Cada uno de ellos dijo que tenía miedo sin ninguna razón. Estuve de acuerdo con ellos. Sentí que de noche no me atrevería a cruzar el puente por todo el oro del mundo. No supe por qué.

—¿Qué más recuerdas, Josefina? —le pregunté.

—Mi cuerpo ahora sí ya se asustó —dijo—. No puedo

acordarme de nada más. El maldito Silvio Manuel siempre está en la oscuridad. Pregúntale a Rosa.

Con un movimiento de mi cabeza, invité a Rosa a hablar. Asintió afirmativamente tres o cuatro veces pero no pudo vocalizar sus palabras. La tensión que yo mismo me hallaba experimentando era insólita pero real. Todos estábamos parados en el puente, a la mitad, sin poder dar otro paso en la dirección que Josefina había señalado. Finalmente, Josefina tomó la iniciativa y dio media vuelta. Regresamos caminando al centro del pueblo. Después, Pablito nos llevó a una casa bastante grande. La Gorda, Lidia y Benigno ya estaban desayunando, y habían ordenado comida para nosotros. Yo no tenía hambre. Pablito, Néstor y Rosa se hallaban ofuscados; Josefina comió con gran apetito. Había un silencio ominoso en la mesa. Nadie quiso verme a los ojos cuando traté de iniciar una conversación.

Después del desayuno caminamos a la casa. Nadie dijo una palabra. Toqué en la puerta y cuando la dama salió le expliqué que deseaba mostrar la casa a mis amigos. La señora titubeó unos momentos. La Gorda le dio algo de dinero y se disculpó por molestarla.

Josefina nos condujo directamente hasta el fondo. No había visto esa parte de la casa cuando estuve antes. Había un patio empedrado, con cuartos distribuidos en torno a él. Unas pesadas herramientas de siembra habían sido almacenadas en los techados corredores. Tuve la sensación de que había visto ese patio cuando no había tanto desorden. Había ocho cuartos, dos en cada uno de los cuatro lados del patio. Néstor, Pablito y Benigno parecían estar a punto de vomitar. La Gorda respiraba profundamente. Tomó asiento con Josefina en una banca hecha en la pared misma. Lidia y Rosa entraron en uno de los cuartos. Repentinamente Néstor pareció tener la necesidad de encontrar algo y desapareció en otro cuarto. Benigno y Pablito hicieron lo mismo.

Me quedé solo con la señora. Quise conversar con ella, hacerle preguntas, averiguar si conocía a Silvio Manuel, pero no pude reunir energía para hablar. Mi estómago estaba hecho nudo. Mis manos chorreaban respiración. Lo que me oprimía era una tristeza intangible, el anhelo de algo que no estaba presente, que no se podía formular.

No pude soportarlo. Estaba a punto de despedirme de la señora e irme de la casa cuando la Gorda llegó a mi lado. Me susurró que teníamos que entrar en un cuarto que era visible desde donde nos encontrábamos. Fuimos allí. Era muy grande y vacío, con un gran techo de vigas, oscuro pero aireado.

La Gorda llamó a todos a ese cuarto. La señora tan sólo se nos quedó mirando pero no fue con nosotros. Todos parecían saber precisamente dónde sentarse. Los Genaros lo hicieron a la derecha de la puerta, a un lado del cuarto, y la Gorda y las tres hermanitas se sentaron a la izquierda, en el lado opuesto. Se acomodaron cerca de las paredes. Aunque me hubiera gustado sentarme junto a la Gorda, lo hice en el centro del cuarto. El lugar me pareció apropiado. No supe por qué, pero era como si un orden ulterior hubiera determinado nuestros sitios.

Mientras permanecí sentado allí me envolvió una oleada de extraños sentimientos.

Me hallaba pasivo y en reposo total. Me imaginé como si yo fuera una pantalla cinematográfica en la cual proyectaban sentimientos de tristeza y de anhelo que no eran míos. Pero no había nada que pudiera reconocer como un recuerdo preciso. Permanecimos en ese cuarto más de una hora. Hacia el final sentí que me hallaba a punto de descubrir la fuente de esa tristeza sobrenatural que me estaba haciendo llorar casi sin control. Pero después tan involuntariamente como nos habíamos sentado allí, nos pusimos en pie y salimos de la casa. Ni siquiera nos despedimos de la señora, no le dimos las gracias.

Nos congregamos en el zócalo. La Gorda afirmó al instante que como ella había perdido la forma humana aún era la cabeza del grupo. Dijo que tomaba esa posición a causa de las conclusiones a las que había llegado en casa de Silvio Manuel. La Gorda parecía esperar algún comentario. El silencio de los demás me era intolerable. Finalmente tuve que decir algo.

—¿A qué conclusiones llegaste en la casa, Gorda? —le pregunté.

—Creo que todos sabemos cuáles son —me replicó

con un tono arrogante.

—No sabemos nada de eso —dije—. Todavía nadie ha dicho nada.

—No tenemos que hablar, sabemos —dijo la Gorda.

Insistí que yo no podía tomar por cierto un evento de tal importancia. Necesitábamos hablar de nuestros sentimientos. En lo que a mí tocaba, sólo podía dar cuenta de haber encontrado una sensación devastadora de tristeza y desesperación.

—El nagual Juan Matus tenía razón —dijo la Gorda—. Teníamos que sentarnos en ese sitio de poder para ser libres. Yo ya soy libre. No sé cómo pasó esto, pero algo se salió de mí cuando estaba sentada allí.

Las tres mujeres estuvieron de acuerdo. Los hombres, no. Néstor dijo que había estado a punto de recordar rostros reales, pero que por más que trató de aclarar su visión algo lo impedía. Todo lo que había experimentado era una sensación de anhelo y de tristeza de hallarse aún en este mundo. Pablito y Benigno dijeron más o menos lo mismo.

—¿Te das cuenta, Gorda? —dije.

La Gorda parecía molesta; enrojeció y contrajo los músculos del rostro en un gesto de enojo como jamás lo había visto en ella. ¿O acaso ya la había visto así, en alguna otra parte? Arengó al grupo. Yo no podía prestar atención a lo que decía. Me hallaba inmerso en un recuerdo que no tenía forma, pero que se hallaba casi a mi alcance. Para sostenerlo parecía que yo necesitaba el impulso continuo de la Gorda. Mi atención estaba fija en el sonido de su voz, en su ira. En un momento determinado, cuando ella atenuaba su enojo, le grité que era mandona. Eso en verdad la molestó. La observé unos momentos. Estaba recordando a otra Gorda, otro tiempo; una Gorda obesa, iracunda, que con sus puños golpeaba mi pecho. Recordé que yo reía al verla enojada, y que trataba de aplacarla como si fuera niña. El recuerdo concluyó al momento en que la Gorda trató de hablar. Al parecer ella se había dado cuenta de lo que yo hacía.

Me dirigí a todos y les dije que nos hallábamos en una situación precaria: algo desconocido se cernía sobre nosotros.

—No se cierne sobre nosotros —dijo la Gorda secamente—. Ya lo llevamos encima. Y yo creo que ustedes saben de qué se trata.

—Yo no, y creo hablar por el resto de los hombres —le dije.

Los tres Genaros asintieron.

—Nosotros ya hemos vivido en esa casa, cuando estábamos en el lado izquierdo —explicó la Gorda—. Yo me sentaba en ese recoveco en la pared a llorar, porque no dába con qué era lo que tenía que hacer. Creo que si me hubiera podido quedar hoy un poquito más de tiempo en ese cuarto, habría recordado todo. Pero algo me empujó a salir de ahí. Yo acostumbraba sentarme en ese cuarto cuando había más gente allí. No pude recordar las caras, por desgracia. Sin embargo, otras cosas se aclararon cuando hoy me senté ahí. No tengo forma. Las cosas me vienen, buenas o malas. Por ejemplo, me volví a agarrar de mi antigua arrogancia y mi deseo de andar enojada. Pero también saqué otras cosas, cosas buenas.

—Yo también —dijo Lidia con voz ronca.

—¿Cuáles son las cosas buenas? —le pregunté.

—Creo que estaba mal odiarte —dijo Lidia—. Ese odio me impedirá poder volar. Eso me dijeron en ese cuarto los hombres y las mujeres.

—¿Qué hombres y qué mujeres? —preguntó Néstor con un tono de temor.

—Yo estaba ahí cuando ellos estaban ahí, eso es todo lo que sé —dijo Lidia—. Tú también estabas ahí. Todos nosotros estábamos ahí.

—¿Quiénes eran esos hombres y esas mujeres, Lidia? —le pregunté.

—Yo estaba ahí cuando ellos estaban ahí, eso es todo lo que sé —repitió.

—¿Y tú, Gorda? —pregunté.

—Ya te dije que no puedo recordar ninguna de las caras o algo en concreto —dijo—. Pero sí sé una cosa: todo lo que hayamos hecho en esa casa fue en el lado izquierdo. Cruzamos, o alguien nos hizo cruzar, las líneas paralelas. Esos recuerdos extraños que tenemos son de ese tiempo, de ese mundo.

Sin ningún acuerdo verbal, abandonamos el zócalo al unísono y nos encaminamos al puente. La Gorda y Lidia corrieron adelante de nosotros. Cuando llegamos al sitio encontramos a las dos detenidas exactamente donde nosotros lo habíamos hecho antes.

—Silvio Manuel está en la oscuridad —me susurró la Gorda, con los ojos fijos en el otro lado del puente.

Lidia temblaba. También trató de hablar conmigo. No pude comprender lo que estaba voceando.

Jalé a todos y los retiré del puente. Pensé que quizá si pudiésemos juntar lo que sabíamos de ese lugar, podríamos arreglarlo en una forma que nos ayudaría a comprender nuestro dilema.

Nos sentamos en el suelo, a unos cuantos metros del puente. Había mucha gente arremolinándose en torno, pero nadie nos prestaba atención.

—¿Quién es Silvio Manuel, Gorda? —pregunté.

—Nunca había oído ese nombre hasta ahora —dijo—. No conozco a ese hombre, y sin embargo lo conozco. Me llega algo como oleadas cuando escucho su nombre. Josefina me lo dijo cuando estábamos en la casa. Desde ese momento, cosas han empezado a llegarme a la mente o a la boca, igualito que a Josefina. Nunca pensé que un día yo acabaría siendo como Josefina.

—¿Por qué dijiste que Silvio Manuel está en la oscuridad? —pregunté.

—No tengo idea —dijo—, y sin embargo todos sabemos que ésa es la verdad.

Instó a las mujeres para que hablaran. Ninguna emitió palabra. La tomé contra Rosa. Había estado a punto de decir algo tres o cuatro veces. La acusé de ocultarnos algo. Su cuerpecito se convulsionó.

—Cruzamos este puente y Silvio Manuel nos estaba esperando al otro lado —dijo, con una voz apenas audible—. Yo fui la última. Yo oí los gritos de los demás cuando él se los devoraba. Quise huir corriendo, pero ese demonio de Silvio Manuel estaba en los dos lados del puente. No había cómo escapar.

La Gorda, Lidia y Josefina estuvieron de acuerdo. Les pregunté si se trataba sólo de una sensación vaga y general que habían tenido o si era algo preciso, que se podía seguir paso a paso. La Gorda dijo que para ella había sido exactamente como Rosa lo había descrito, un recuerdo que podía seguir paso a paso. Las otras dos estuvieron de acuerdo.

En voz alta me pregunté qué había ocurrido con la gente que vivía en torno al puente. Si las mujeres gritaron como Rosa dijo que lo habían hecho, los transeúntes tenían que haberlas oído; los gritos debieron haber causado una conmoción. Por un instante imaginé que todo el pueblo había colaborado en una conjura. Un escalofrío me recorrió. Me volví hacia Néstor y abruptamente le expresé la dimensión total de mi miedo.

Néstor dijo que el nagual Juan Matus y Genaro en verdad eran guerreros de logros supremos y que, como tales, eran seres solitarios. Sus contactos con la gente eran de uno en uno. No había posibilidad de que todo el pueblo, o cuando menos la gente que vivía alrededor del puente, estuviera coludida con ellos. Para que eso ocurriera, dijo Néstor, toda esa gente habría tenido que ser guerrera, lo cual era prácticamente imposible.

Josefina se puso de pie y comenzó a caminar en círculo a mi alrededor, mirándome de arriba abajo despectivamente.

—Tú sí que eres un descarado —me dijo—. Haciéndote el que no sabe nada, cuando tú mismo estuviste aquí. ¡Tú nos trajiste aquí! ¡Tú nos empujaste a ese puente!

Los ojos de las mujeres se volvieron amenazantes. Me volví hacia Néstor en busca de ayuda.

—Yo no recuerdo nada —dijo—. Este lugar me da miedo, eso es todo lo que sé.

Volverme hacia Néstor fue una excelente maniobra de mi parte. Las mujeres lo acometieron.

—¡Claro que te acuerdas! —chilló Josefina—. Todos nosotros estábamos aquí. ¿Qué clase de pendejo eres?

Mi investigación requería un sentido de orden. Los alejé del puente. Pensé que, siendo personas tan activas, les resultaría mucho más fácil hablar caminando que permaneciendo sentados, como yo habría preferido.

Mientras caminábamos, la ira de las mujeres se desvaneció tan rápidamente como había surgido. Lidia y Josefina se mostraron más locuaces. Afirmaron una y otra vez sus sensaciones de que Silvio Manuel era pavoroso. Sin embargo, ninguna de ellas podía recordar haber sido lastimada físicamente; sólo recordaban haber estado paralizadas por el terror. Rosa no dijo una sola palabra, pero con gestos expresó su aprobación a todo lo que las otras decían. Les pregunté si había sido de noche cuando trataron de cruzar el puente. Tanto Lidia como Josefina respondieron que había sido de día. Rosa se aclaró la garganta y susurró que había sido de noche. La Gorda clarificó la discrepancia, explicando que había sido en el crepúsculo de la mañana, o un poco antes.

Llegamos al final de una calle corta y automáticamente nos regresamos hacia el puente.

—Es la simplicidad misma —dijo la Gorda súbitamente como si todo se le hubiera aclarado—. Estábamos cruzando, o mejor dicho, Silvio Manuel nos estaba haciendo cruzar las líneas paralelas. Ese puente es un sitio de poder, un agujero del mundo, una puerta al otro. Nos pasamos por ese hueco. El paso nos debe de haber dolido mucho, porque mi cuerpo está asustado. Silvio Manuel nos esperaba en el otro lado. Ninguno de nosotros puede recordar su cara, porque Silvio Manuel es la oscuridad. Nunca enseñaba la cara. Sólo le podíamos ver los ojos.

—Un ojo —dijo Rosa calladamente, y miró hacia otra parte.

—Todos los que estamos aquí, incluyéndote a ti —me dijo la Gorda—, sabemos que la cara de Silvio Manuel está en la oscuridad. Uno nomás podía oírle la voz: suave, como tos apagada.

La Gorda dejó de hablar y empezó a examinarme de una manera que me hizo sentir autoconsciente. Sus ojos tenían una expresión malévola.

Me parecía que ella se guardaba algo que sabía. Le pregunté qué era. Ella lo negó, pero admitió que tenía cantidades de sentimientos que no tenían base y que no quería explicar. La presioné y después exigí que las mujeres hicieran un esfuerzo para recordar lo que les había ocurrido en el otro lado del puente. Cada una de ellas sólo podía recordar haber oído los gritos de las demás.

Los tres Genaros permanecieron fuera de la discusión. Le pregunté a Néstor si tenía alguna idea de lo que había ocurrido. Su sombría respuesta fue que todo eso rebasaba su comprensión.

Entonces tomé una decisión rápida. Me pareció que la única ruta abierta a nosotros era cruzar el puente. Los junté a todos para regresar al puente y cruzarlo, juntos, como equipo. Los hombres estuvieron de acuerdo instantáneamente, pero las mujeres no. Después de agotar todos mis razonamientos, finalmente tuve que empujar y arrastrar a Lidia, Rosa y Josefina.

La Gorda se mostraba renuente a ir, pero parecía estar intrigada por la posibilidad. Avanzó conmigo sin ayudarme con las mujeres, y los Genaros hicieron lo mismo; emitían risitas nerviosas ante mis intentos de agrupar a las hermanitas, pero no movieron un dedo para auxiliarme. Caminamos hasta el punto donde antes nos habíamos detenido. Allí sentí de repente una total falta de energía para detener a las tres mujeres. Le grité a la Gorda que me ayudara. Ella hizo un esfuerzo vago por atrapar a Lidia cuando el grupo perdió la cohesión y todos ellos, salvo la Gorda, se dispersaron precipitadamente, tropezando y bufando, hasta ponerse a salvo en la calle. La Gorda y yo nos quedamos como si estuviésemos pegados a ese puente, sin poder avanzar adelante y teniendo que retirarnos a regañadientes.

La Gorda me musitó en el oído que no debía tener miedo en lo más mínimo, porque en realidad era yo quien las había estado esperando del otro lado. Añadió que se hallaba convencida de que yo sabía que el ayudante de Silvio Manuel era yo. Pero que no me atrevía a revelárselo a nadie.

En ese momento, mi cuerpo se sacudió con una furia que rebasaba mi control. Sentí que la Gorda no tenía por qué hacer esas aseveraciones o tener esos sentimientos. La prendí del pelo y la hice dar vueltas a tirones. En la cúspide de mi ira me di cuenta de lo que hacía y me contuve. Le pedí disculpas y la abracé. Un sobrio pensamiento llegó a mi rescate. Le dije que ser líder me estaba erizando los nervios, la tensión era cada vez más intensa conforme progresábamos. Ella no estuvo de acuerdo. Se aferró tercamente a su aseveración de que Silvio Manuel y yo éramos totalmente íntimos; agregó que como ella me recordó a mi amo, yo reaccioné con ira. Era una fortuna que ella hubiera sido confiada a mi cuidado, me dijo; de otra manera probablemente la habría tirado al río.

Regresamos. Los demás se hallaban a salvo, más allá del puente, observándonos con inequívoco temor. Una condición muy peculiar de ausencia de tiempo parecía prevalecer. No había gente alrededor. Debimos de haber estado en el puente cuando menos cinco minutos, y ni una sola persona se desplazó por allí como sucedería en cualquier vía durante las horas de trabajo.

Sin decir palabra caminamos de vuelta al zócalo. Nos hallábamos peligrosamente débiles. Yo tenía un vago deseo de quedarme en el pueblo un poco más, pero subimos al auto y avanzamos hacia el este, hacia la costa del Atlántico. Néstor y yo nos turnamos para manejar, deteniéndonos tan sólo a comer, hasta que llegamos a Veracruz. Esa ciudad era terreno natural para nosotros. Yo sólo había estado allí una vez, y ellos ni una sola. La Gorda creía que una ciudad desconocida como ésa era el lugar adecuado para despojarnos de nuestras viejas envolturas. Nos registramos en un hotel y de allí ellos procedieron a rasgar sus viejas ropas hasta convertirlas en jirones. La excitación de estar en una nueva ciudad hizo maravillas para su moral y su sentimiento de bienestar.

Nuestra siguiente parada fue la Ciudad de México. Nos quedamos en un hotel junto a la Alameda, donde don Juan y yo nos habíamos hospedado una vez. Durante dos días fuimos perfectos turistas. Fuimos de compras y visitamos la mayor cantidad posible de sitios turísticos. La Gorda y las hermanitas simplemente se veían deslumbrantes. Benigno compró una cámara en una casa de empeño. Disparó cuatrocientas veinticinco tomas con la cámara sin rollo. En un sitio, mientras admirábamos los estupendos mosaicos de las paredes, un policía me preguntó de dónde eran esas esplendorosas extranjeras. Supuso que yo era un guía de turistas. Le dije que eran de Sri Lanka. Me lo creyó y se maravilló porque casi parecían mexicanas.

Al día siguiente, a las diez de la mañana, nos hallábamos en la oficina de aviación hacia la cual una vez don Juan me había empujado. Cuando me dio el empellón yo entré por una puerta y salí por otra, pero no a la calle, como debía, sino a un mercado que se encontraba a más de un kilómetro de allí, donde presencié las actividades de la gente.

La Gorda especuló que la oficina de aviación era también, como el puente, un sitio de poder, una puerta para cruzar de una línea paralela a la otra. Dijo que evidentemente el nagual me había empujado por esa apertura, pero yo me quedé atrapado a la mitad del camino entre los dos mundos, y así había observado la actividad del mercado sin formar parte de ella. Dijo que el nagual, naturalmente, había tratado de empujarme hasta el otro lado, pero mi obstinación lo impidió y terminé en la misma línea de donde venía: en este mundo.

Caminamos de la oficina de aviación hasta el mercado, y de allí a la Alameda, donde don Juan y yo nos habíamos sentado después de la experiencia de la oficina. Había estado muchas veces con él en ese parque. Sentí que era el lugar más apropiado para hablar sobre el curso de nuestras acciones futuras.

Mi intención era recapitular todo lo que habíamos hecho para dejar que el poder de ese lugar decidiera cuál debía ser nuestro paso siguiente. Después de nuestro deliberado intento de cruzar el puente, yo había tratado, sin éxito, de encontrar una manera de relacionarme con mis compañeros como grupo. Nos sentamos en unos escalones de piedra y empecé con la idea de que, para mí, el conocimiento se hallaba fusionado con las palabras. Les dije que yo creía muy seriamente que si un evento o experiencia no se formulaba en un concepto, estaba condenado a disiparse; por tanto, les pedí que expusieran sus consideraciones individuales de nuestra situación.

Pablito fue el primero en hablar. Pensé que eso era extraño, puesto que había estado extraordinariamente silencioso hasta ese momento. Se disculpó porque lo que iba a decir no era algo que hubiera recordado o sentido, sino una conclusión que se basaba en todo lo que sabía. Dijo que no tenía problema en comprender lo que las mujeres contaron que había ocurrido en el puente. Sostuvo Pablito que habían sido obligados a cruzar del lado derecho, el *tonal*, al lado izquierdo, el *nagual*. Lo que había espantado a todos era el hecho de que alguien más estaba en control, forzando el cruce. Tampoco tenía problema en aceptar que yo fui el que entonces ayudó a Silvio Manuel. Apoyó su conclusión con la aseveración de que sólo días antes él me había visto hacer lo mismo: empujar a todos hacia el puente. Pero esta vez no tuve a nadie que me ayudara desde el otro lado, no estaba allí Silvio Manuel para jalárselos.

Traté de cambiar el tema y procedí a explicarles que a olvidar como nosotros habíamos olvidado, se le llama amnesia. Lo poco que sabía acerca de la amnesia no era suficiente para esclarecer nuestro caso, pero sí bastó para hacerme creer que no podíamos olvidar como si fuera por decreto. Les dije que alguien, posiblemente don Juan, debió de hacer algo insondable con nosotros. Y yo quería averiguar exactamente qué había sido.

Pablito insistió en que para mí era importante comprender que era yo quien había estado confabulado con Silvio Manuel. Insinuó luego que Josefina y Lidia le habían hablado a fondo del papel que yo había desempeñado al forzarlas a cruzar las líneas paralelas.

No me sentí a gusto discutiendo ese tema. Comenté que nunca había oído hablar de las líneas paralelas hasta el día en que hablé con doña Soledad y, sin embargo, no había tenido escrúpulos en adoptar la idea inmediatamente. Les dije que yo comprendí al instante a lo que ella se refería. Incluso quedé convencido de que yo mismo había cruzado las líneas cuando creí estar recordándola. Cada uno de los demás, con excepción de la Gorda, aseguró que la primera vez que había oído mencionar las líneas paralelas fue cuando yo hablé de ellas. La Gorda dijo que supo de ellas por medio de doña Soledad, poco antes de que yo lo hiciera.

Pablito de nuevo intentó hablar de mi relación con Silvio Manuel. Lo interrumpí. Dije que cuando todos nosotros nos hallábamos en el puente tratando de cruzarlo, no pude reconocer que yo —y posiblemente todos ellos— había entrado en un estado de realidad no-ordinaria. Sólo me di cuenta del cambio cuando advertí que no había otra gente en el puente. Nosotros éramos los únicos que habíamos estado allí. Era un día despejado, pero de súbito los cielos se nublaron y la luz de la mañana se convirtió en crepuscular. Yo estuve tan atareado con mis temores y con mis interpretaciones personales en ese momento, que no logré advertir ese cambio tan pavoroso. Cuando nos retiramos del puente percibí que de nuevo la gente circulaba por allí. ¿Pero qué había ocurrido con ellos cuando nosotros intentábamos el cruce?

La Gorda y el resto de ellos no habían notado nada: de hecho no se habían dado cuenta de ningún cambio hasta el momento exacto en que yo los describí. Todos se me quedaron viendo con una mezcla de irritación y temor. Pablito de nuevo tomó la iniciativa y me acusó de tratar de desviarlos hacia algo que ellos no querían. No fue específico, pero su elocuencia bastó para que todos lo apoyaran. Repentinamente, una horda de brujos iracundos se me vino encima. Me tomó un largo rato calmarlos. Les expliqué mi necesidad de examinar, desde todos los puntos de vista posibles, algo tan extraño y abarcante como fue nuestra experiencia en el puente. Finalmente se apaciguaron, pero no porque los convenciera con mis raciocinios sino a causa de la fatiga emocional. Todos ellos, incluyendo a la Gorda, habían apoyado vehementemente la posición de Pablito.

Néstor introdujo otro tren de pensamiento. Sugirió que posiblemente yo era un enviado involuntario que no me daba plena cuenta del alcance de mis acciones. Añadió que simplemente no podía creer, como los demás, que yo estaba consciente de que se me había dejado la tarea de malencaminarlos. Sentía que en verdad yo no me daba cuenta de que los estaba llevando a la destrucción, y sin embargo eso era exactamente lo que yo hacía. Néstor creía que había dos maneras de cruzar las líneas paralelas:

por medio del poder de otro o a través de nuestro propio poder. Su conclusión final era que Silvio Manuel los había hecho cruzar asustándolos tan intensamente que algunos de ellos ni siquiera recordaban haberlo hecho. La tarea que se les designó y que debían cumplir consistía en cruzar mediante su propio poder; y la mía era impedirlo.

Benigno habló entonces. Dijo que, en su opinión, lo último que don Juan había hecho con los aprendices hombres fue ayudarlos a cruzar las líneas paralelas haciéndolos saltar hacia un abismo. Benigno creía que en realidad ya teníamos bastantes conocimientos acerca de cómo cruzar, pero que aún no era el tiempo dado para lograrlo de nuevo. En el puente nadie pudo dar un paso más porque el momento no era apropiado. Estaban en lo correcto, por tanto, al creer que yo había tratado de destruirlos al forzarlos a cruzar. Pensaba que pasar las líneas paralelas con plena conciencia significaba para todos ellos un paso final, un paso que se debería dar sólo cuando ya estuviesen listos a desaparecer de esta tierra.

Lidia me encaró después. No hizo ninguna aseveración pero me desafió a que recordara cómo primero la persuadí para ir al puente. Agresivamente afirmó que yo no era aprendiz del nagual don Juan sino de Silvio Manuel, y que Silvio Manuel y yo nos habíamos devorado el uno al otro.

Tuve otro ataque de rabia, como con la Gorda en el puente. Me contuve a tiempo. Un pensamiento lógico me tranquilizó. Me dije una vez que lo único que me interesaban eran los análisis.

Le expliqué a Lidia que era inútil provocarme de esa manera. Pero ella no quiso detenerse. Gritó que Silvio Manuel era mi amo y que por esa razón yo no era parte de ellos en lo más mínimo. Rosa añadió que Silvio Manuel me dio todo lo que yo era.

Le dije a Rosa que ella no sabía ni siquiera cómo hablar, que debió decir que Silvio Manuel me había dado todo lo que yo tenía. Ella defendió su aseveración, Silvio Manuel me había dado lo que yo *era*. La Gorda también la apoyó y dijo que se acordaba de una vez en que yo me había enfermado de tal manera que ya no tenía más recursos; fue entonces cuando Silvio Manuel tomó control y me imbuyó nueva vida. La Gorda dijo que era mucho mejor para mí conocer mis verdaderos orígenes que seguir como había hecho hasta ese momento, con la idea de que el nagual Juan Matus era quien me había ayudado. Insistió en que yo tenía la atención fija en el nagual porque su predilección eran las palabras. Silvio Manuel, por otra parte, era la oscuridad silenciosa. Explicó que para seguirlo tenía que cruzar las líneas paralelas, pero para seguir al nagual Juan Matus todo lo que yo necesitaba hacer era hablar de él.

Todo lo que decían sólo era insensatez para mí. Estaba a punto de responder con lo que consideré una idea brillante, cuando mi tren de pensamiento literalmente se descarriló. Ya no podía pensar en cuál era mi razonamiento, a pesar de que sólo un segundo antes era la claridad misma. En cambio, un recuerdo sumamente curioso me acosó. No era la sensación vaga de algo, sino el recuerdo duro y real de un evento. Recordé que una vez me hallaba con don Juan y con otro hombre cuyo rostro no podía precisar. Los tres hablábamos de algo que yo percibía como un rasgo del mundo. A tres o cuatro metros a mi derecha se hallaba un inconmensurable banco de niebla amarilla que, hasta donde yo podía establecer, dividía al mundo en dos. Iba del suelo al cielo, al infinito. Al hablar con los dos hombres, la mitad del mundo de mi izquierda se hallaba intacta, y la mitad a mi derecha estaba velada por la niebla. Me di cuenta de que el eje del banco de niebla iba del oriente al occidente. Hacia el norte se hallaba el mundo que yo conocía. Recordé que le pregunté a don Juan qué ocurría en el mundo al sur de esa línea. Don Juan hizo que me volviera unos cuantos grados hacia mi derecha, y vi que la pared de niebla también se deslizaba cuando yo movía la cabeza. El mundo se hallaba dividido en dos en un nivel que mi intelecto no podía comprender. La división parecía real, pero el lindero no podía existir en un plano físico; de alguna manera tenía que hallarse en mí mismo.

Había otra faceta más de este recuerdo. El otro hombre dijo que era una gran hazaña dividir el mundo en dos, pero era aún un mayor logro cuando un guerrero tenía la serenidad y el control de detener la rotación de la pared. Dijo que la pared no se hallaba dentro de nosotros; estaba, por cierto, en el mundo de afuera, dividiéndolo en dos y rotando cuando movíamos la cabeza, como si se hallara pegada a nuestra sien derecha. La gran hazaña de mantener la pared inmóvil permitía al guerrero encararla y le confería el poder de pasar a través de ella cada vez que así lo deseara.

Cuando les conté a los aprendices lo que acababa de recordar, las mujeres quedaron convencidas de que el otro hombre era Silvio Manuel. Josefina, como experta de la pared de niebla, explicó que la ventaja que Eligio tenía sobre los demás consistía en su capacidad de inmovilizar la pared para así poder atravesarla a voluntad. Josefina añadió que es más fácil traspasarla en *ensueños*, porque ésta entonces no se mueve.

La Gorda parecía haber sido afectada por una serie de recursos quizá dolorosos. Toda ella se sacudía involuntariamente hasta que estalló en palabras. Dijo que ya no le era posible negar el hecho de que yo era el ayudante de Silvio Manuel. El nagual mismo le había advertido que yo la haría mi esclava si ella no era cuidadosa. Incluso Soledad le aconsejó que me vigilara porque mi espíritu tomaba prisioneros y los retenía como siervos, lo cual era algo que sólo Silvio Manuel podía hacer. Él me había hecho su esclavo y yo a mi vez esclavizaría a cualquiera que estuviese próximo a mí. Aseveró que ella había vivido bajo mi embrujo hasta el momento en que se sentó en ese cuarto en la casa de Silvio Manuel, cuando repentinamente algo se le quitó de sus hombros.

Me puse en pie. Había un vacío en mi estómago y literalmente me tambaleé bajo el impacto de lo que dijo la Gorda. Había estado plenamente convencido de que podía contar con su ayuda bajo cualquier circunstancia. Me sentí traicionado. Pensé que sería perfectamente apropiado hacerle conocer mis sentimientos, pero un sentido de sobriedad llegó a mi rescate. En vez de eso, les dije que yo había llegado a la conclusión imparcial de que, como guerrero, don Juan había cambiado el curso de mi vida, para bien. Yo había sopesado una y otra vez lo que él había he-

*Segunda parte*

*EL ARTE DE ENSOÑAR*

# 6

## Perder la forma humana

Unos cuantos meses después, tras ayudar a todos a reubicarse en diferentes partes de México, la Gorda estableció su residencia en Arizona. Empezamos entonces a desentrañar la parte más misteriosa y más honda de nuestro aprendizaje. En un principio nuestra relación fue más bien tensa. Me resultaba muy difícil rebasar mis sentimientos sobre la manera como nos habíamos despedido en la Alameda. Aunque la Gorda sabía dónde estaban establecidos los demás, nunca me dijo nada. Ella comprendía que era superfluo para mí estar enterado de las actividades de ellos.

En la superficie todo parecía marchar bien entre la Gorda y yo. No obstante, yo retenía un amargo resentimiento porque se había aunado a los demás en contra mía. Nunca lo expresé, pero allí estaba. La ayudé e hice todo lo que pude por ella como si nada hubiera ocurrido, pero eso se encontraba bajo la rúbrica de la impecabilidad. Era mi deber, y, por cumplirlo, alegremente habría marchado hacia la muerte. Con todo propósito me concentré en guiarla y entrenarla en las complejidades de la moderna vida urbana; incluso estaba aprendiendo inglés. Sus progresos eran fenomenales.

Tres meses transcurrieron sin que casi nos diéramos cuenta. Pero un día, cuando me hallaba en Los Angeles, desperté muy temprano en la mañana con una intolerable presión en mi cabeza. No era un dolor de cabeza; más bien

113

se trataba de un peso muy intenso en los oídos. También lo sentí en los párpados y en el paladar. Me hallaba febril, pero el calor sólo moraba en mi cabeza. Hice un débil intento por sentarme. Por mi mente pasó la idea de que era víctima de un derrame cerebral. Mi primera reacción fue pedir ayuda, pero de alguna manera logré serenarme y traté de subyugar mi temor. Después de un rato la presión de mi cabeza empezó a disminuir, pero también empezó a deslizarse hacia la garganta. Boqueé en busca de aire, carraspeando y tosiendo durante un tiempo; después la presión descendió lentamente hacia mi pecho, a mi estómago, a la ingle, a las piernas, y hasta los pies, por donde finalmente abandonó mi cuerpo.

Lo que me había ocurrido, fuese lo que fuese, se llevó dos horas en desplegarse. Durante esas dos agotadoras horas era como si algo que se hallaba dentro de mi cuerpo en verdad se desplazara hacia abajo, saliendo de mí. Imaginé una alfombra que se enrolla. Otra imagen que se me ocurrió fue la de una burbuja que se movía dentro de la cavidad de mi cuerpo. Prescindí de esa imagen en favor de la primera, porque el sentimiento era de algo que se enrollaba. Al igual que una alfombra que es enrollada, la presión se volvía cada vez más pesada, cada vez más dolorosa, conforme descendía. Las dos áreas en las que el dolor fue agudísimo eran las rodillas y los pies, especialmente el pie derecho, que siguió caliente media hora después de que todo el dolor y la presión habían desaparecido.

La Gorda, cuando hubo oído mi recuento, dijo que esta vez, con toda seguridad, había perdido mi forma humana, que me había deshecho de todos mis salvaguardas, o la mayoría de ellos. Tenía razón. Sin saber cómo, e incluso sin darme cuenta de cómo ocurrió, me encontré en un estado anímico sumamente desconocido. Me sentía desapegado de todo, sin prejuicios. No me importaba más lo que la Gorda me había hecho. No era cuestión de que yo hubiera perdonado su conducta reprobable. Era como si nunca hubiese habido traición alguna. No había rencor abierto o encubierto en mí, hacia la Gorda o hacia cualquiera. Lo

114

que sentía no era una indiferencia voluntaria, o negligencia; tampoco se trataba de una enajenación o del deseo de la soledad. Más bien era un extraño sentimiento de lejanía, una capacidad de sumergirme en el momento actual sin tener pensamiento alguno. Las acciones de la gente ya no me afectaban, porque yo no tenía ninguna expectativa. La fuerza que gobernaba mi vida era una extraña paz. Sentí que de alguna manera había adoptado uno de los conceptos de la vida del guerrero: el desapego. La Gorda me aseguró que yo había hecho algo más que adoptarlo: en realidad lo había encarnado.

Don Juan y yo tuvimos largas discusiones acerca de la posibilidad de que algún día me ocurriera exactamente eso. Él siempre me recalcó que el desapego no significaba sabiduría automática, pero que, no obstante, era una ventaja ya que permitía al guerrero detenerse momentáneamente para reconsiderar las situaciones para volver a sopesar las posibilidades. Sin embargo, para poder usar consistente y correctamente ese momento extra, don Juan dijo que el guerrero tenía que luchar insobornablemente durante toda una vida.

Yo me había desesperado al creer que jamás llegaría a experimentar ese sentimiento. Hasta donde yo podía determinar, no había cómo improvisarlo. Para mí había sido inútil pensar en sus beneficios, o racionalizar las posibilidades de su advenimiento. Durante los años en que conocí a don Juan experimenté por cierto una disminución uniforme de mis lazos personales con el mundo, pero esto ocurrió en un plano intelectual; en mi vida de todos los días seguí sin cambiar hasta el momento en que perdí la forma humana.

Especulé con la Gorda que el concepto de perder la forma humana se refería a una reacción corporal que el aprendiz tiene cuando alcanza cierto nivel en el curso de su entrenamiento. Sea como fuese, extrañamente, el resultado final de perder la forma humana, para la Gorda y para mí, consistió no sólo en llegar a la buscada y ansiada condición de desapego, sino también la ejecución completa de nuestra elusiva tarea de recordar. Y, nuevamente en este caso, el intelecto desempeñó una parte mínima.

Una noche, la Gorda y yo discutíamos una película. Había ido a un cine pornográfico y yo estaba ansioso por oír su descripción. No le gustó nada la película. Sostuvo que se trataba de una experiencia debilitante, porque ser un guerrero implicaba llevar una austera vida de celibato total, como el nagual Juan Matus.

Le dije que estaba completamente seguro de que a don Juan le gustaban las mujeres y que no era célibe, y que eso me parecía encantador.

—¡Estás loco! —exclamó con un timbre de diversión en su voz—. El nagual era un guerrero perfecto. No estaba apretado en ninguna red de sensualidad.

Quería saber por qué pensaba yo que don Juan no era célibe. Le referí un incidente que tuvo lugar en Arizona al principio de mi aprendizaje. Un día me hallaba descansando en casa de don Juan, después de una caminata agotadora. Don Juan parecía hallarse extrañamente nervioso. A cada rato se ponía en pie para mirar por la puerta. Parecía esperar a alguien. De pronto, bastante abruptamente, me dijo que un auto acababa de llegar al recodo del camino y que se dirigía a la casa. Dijo que se trataba de una muchacha, una amiga suya, que le traía unas cobijas. Yo nunca había visto a don Juan tan penoso. Me dio una inmensa tristeza verlo indispuesto al punto que no sabía qué hacer. Pensé que quizá no quería que yo conociera a la chica. Le sugerí que yo podía esconderme, pero no había dónde ocultarme en el cuarto, así es que él me hizo acostar en el suelo y me cubrió con un petate. Oí el sonido del motor de un auto que era apagado y después, por las rendijas del petate, vi a una muchacha parada junto a la puerta. Era alta, delgada y muy joven. Pensé que era hermosa. Don Juan le decía algo con voz baja e íntima. Después se dio la vuelta y me señaló.

—Carlos está escondido bajo el petate —le dijo a la muchacha con voz clara y fuerte—. Salúdalo.

La muchacha me agitó la mano y me saludó con la sonrisa más amistosa del mundo. Me sentí estúpido y molesto porque don Juan me colocaba en esa situación tan avergonzante. Me pareció terriblemente obvio que don Juan trataba de aliviar su nerviosidad, o peor aún, que estaba luciéndose frente a mí.

Cuando la muchacha se fue, irritado le pedí una explicación a don Juan. Él, cándidamente, admitió que había perdido el control porque mis pies estaban al descubierto y no supo qué otra cosa hacer. Cuando escuché esto, toda la maniobra se me volvió clara; don Juan me había estado presumiendo con su amiguita. Era imposible que yo hubiese tenido descubiertos los pies porque éstos se hallaban comprimidos bajo mis muslos. Reí con aire de conocedor, y don Juan se sintió obligado a explicar que le gustaban las mujeres: esa muchacha en especial.

Nunca olvidé ese incidente. Don Juan jamás lo discutió. Cada vez que yo lo traía a colación, él me obligaba a callar. Me pregunté siempre, de una manera casi obsesiva, quién sería esa chica. Tenía esperanzas de que algún día ésta pudiese buscarme después de haber leído mis libros.

La Gorda se puso muy agitada. Caminaba de un lado al otro de la habitación mientras yo hablaba. Estaba a punto de llorar. Imaginé todo tipo de intrincadas relaciones que pudieran ser pertinentes. Pensé que la Gorda era posesiva y reaccionaba como una mujer que es amenazada por otra mujer.

—¿Estás celosa, Gorda? —le pregunté.

—No seas idiota —dijo, irritada—. Soy una guerrera sin forma. Los celos o la envidia ya no existen en mí.

Le pregunté entonces algo que me habían dicho los Genaros: que la Gorda era la mujer del nagual. Su voz bajó tanto que apenas podía oírla.

—Yo creo que sí —dijo, y con una mirada vaga tomó asiento en la cama—. Tengo la sensación de que lo era. Pero no sé cómo podía haberlo sido. En esta vida, el nagual Juan Matus era para mí lo que era para ti. No era un hombre. Era el nagual. No tenía interés en el sexo.

Le aseguré haber escuchado a don Juan expresar su cariño por esa muchacha.

—¿Dijo que tenía relaciones sexuales con ella? —preguntó la Gorda.

—No, nunca, pero eso era obvio por la manera como hablaba —le dije.

—A ti te gustaría que el nagual fuera como tú, ¿verdad? —afirmó, con una mueca—. El nagual era un guerrero impecable.

Yo creía tener la razón y no necesitaba reexaminar mi opinión. Sólo para darle por su lado a la Gorda dije que posiblemente la muchacha era una aprendiz de don Juan y no su amante.

Hubo una larga pausa. Lo que yo mismo dije tuvo un efecto perturbador en mí. Hasta ese momento nunca había pensado en esa posibilidad. Me había encerrado en un prejuicio, sin permitirme la posibilidad de revisarlo.

La Gorda me pidió que describiera a esa joven. No pude hacerlo. En realidad no me había fijado en sus rasgos. Había estado tan molesto, tan avergonzado, que no pude examinarla en detalle. Pareció que ella también fue afectada por lo anómalo de la situación y salió apresuradamente de la casa.

La Gorda dijo que, sin ninguna razón lógica, creía que esa joven era una figura clave en la vida del nagual. Su aseveración nos llevó a hablar de los amigos de don Juan que conocíamos. Durante horas luchamos por recuperar toda la información que teníamos de sus relaciones. Le conté las distintas veces que don Juan me había llevado a participar en ceremonias de peyote. Le describí a todos los que había. No reconoció a ninguno de ellos. Me di cuenta de que posiblemente yo conocía más gente asociada con don Juan que ella. Pero algo en mi relato desenlazó en ella el recuerdo que una vez había visto a una joven llevar al nagual y a Genaro en un pequeño auto blanco. La muchacha dejó a los dos a la puerta de la casa y fijó a la Gorda con una mirada penetrante antes de irse. La Gorda pensó que esa joven era alguien que había recogido al nagual y a Genaro en la carretera. Recordé entonces que aquel día, en casa de don Juan, yo también pude ver un pequeño Volkswagen blanco que se alejaba.

Mencioné otro incidente que tenía que ver con uno de los amigos de don Juan, un hombre que una vez me dio unas plantas de peyote en el mercado de una ciudad del norte de México. Él también me había obsesionado durante años. Se llamaba Vicente. Al escuchar el nombre, la Gorda reaccionó como si le hubieran tocado un nervio. Su voz se volvió chillante. Me pidió que le repitiera el nombre y que describiera al individuo. De nuevo, no pude ofrecer ninguna descripción. Sólo lo había visto una vez por unos cuantos minutos, hacía más de diez años.

La Gorda y yo pasamos un período en el que casi estábamos enojados, no el uno con el otro, sino con aquello que nos tenía aprisionados.

El incidente final que precipitó el despliegue de nuestros recuerdos llegó un día en que yo tenía un resfrío y una fiebre muy alta. Me había quedado en cama, dormitando intermitentemente, mientras los pensamientos vagabundeaban sin rumbo por mi mente. Todo el día había estado en mi cabeza la melodía de una vieja canción mexicana. En un momento me descubrí soñando que alguien la tocaba en una guitarra. Me quejé de la monotonía y la persona ante la que yo protestaba, fuese quien fuese, me dio con la guitarra en el estómago. Salté hacia atrás, para evitar el golpe, y me pegué en la cabeza contra la pared. Desperté. No había sido un sueño muy vívido, sólo la melodía había sido hechizante. No podía desvanecer el sonido de la guitarra: continuaba recorriendo mi mente. Me quedé medio despierto, escuchando la tonada. Parecía como si estuviese entrando en un estado de *ensoñar*: una escena completa y detallada de *ensueño* apareció ante mis ojos. En la escena había una joven sentada junto a mí. Podía distinguir cada uno de los rasgos de sus facciones. No sabía quién era, pero verla me conmocionó. Desperté en cuestión de segundos. La ansiedad que esa cara creaba en mí era tan intensa que me puse en pie y de una manera absolutamente automática empecé a caminar de un lado al otro. Me hallaba perspirando profundamente y tenía miedo de salir de la habitación. Tampoco podía contar con la ayuda de la Gorda. Ella se había ido de vuelta a México para ver a Josefina. Até una sábana en torno a mi cintura para sujetar mi parte media. Eso me ayudó a atenuar las ondas de energía nerviosa que estremecían todo mi cuerpo.

En tanto iba de un lado al otro, la imagen que tenía

en la mente comenzó a disolverse, pero no en un olvido apacible, como me hubiera gustado, sino en un recuerdo completo e intrincado. Recordé que una vez me hallaba sentado en unos costales de trigo o cebada almacenados en un granero. La joven cantaba la vieja canción que había invadido mi mente, y tocaba una guitarra. Cuando yo me burlé de su manera de tocar, ella me golpeó levemente en las costillas con el asiento de la guitarra. Había más gente sentada allí conmigo, estaba la Gorda y dos hombres. Yo conocía muy bien a esos hombres, pero aún no podía recordar quién era la joven. Lo intenté, pero me pareció imposible.

Me recosté nuevamente, empapado en sudor frío. Quería descansar unos momentos antes de quitarme el pijama mojado. Cuando apoyé mi cabeza en un almohadón mi memoria pareció aclararse aún más y entonces supe quién tocaba la guitarra. Era la mujer nagual, el ser más importante sobre la faz de la Tierra para la Gorda y para mí. Se trataba del análogo femenino del nagual; no era ni su esposa ni su mujer, sino su contraparte. Tenía la serenidad y la autoridad de un verdadero jefe. Y siendo mujer, nos nutría.

No me atreví a presionar excesivamente a mi memoria. Intuitivamente sabía que no tenía la fuerza para resistir la totalidad del recuerdo. Me detuve en un nivel de sentimientos abstractos. Supe que ella era la encarnación del afecto más puro, más desinteresado y profundo. Sería justo decir que la Gorda y yo amábamos a la mujer nagual más que a la vida misma. ¿Qué demonios nos pudo haber ocurrido para olvidarla?

Esa noche, mientras yacía en cama, llegué a agitarme tanto que temí por mi propia vida. Empecé a canturrear algunas palabras que se convirtieron en una guía para mí. Y sólo después de haberme calmado pude recordar que las palabras que había estado repitiendo una y otra vez también eran un recuerdo que esa noche me había llegado; el recuerdo de una fórmula, una encantación para hacerme sortear torbellinos, como el que acababa de reexperimentar.

*Ya me di al poder que a mi destino rige.*
*No me agarra ya de nada, para así no tener nada*
    *que defender.*
*No tengo pensamientos, para así poder ver.*
*No temo ya a nada, para así poder acordarme de mí.*

La fórmula tenía dos versos más, que en ese momento me resultaron incomprensibles:

*Sereno y desprendido*
*me dejará el águila pasar a la libertad.*

El hallarme enfermo y febril bien pudo haberme servido como una especie de amortiguador; pudo haber sido suficiente para desviar el impacto de lo que yo había hecho, o más bien, de lo que me había acontecido, puesto que intencionalmente yo no había hecho nada.

Hasta esa noche, de haberse examinado mi inventario de experiencias, yo habría podido dar fe de la continuidad de mi existencia. Los recuerdos nebulosos que tenía de la Gorda, o el presentimiento de haber vivido en aquella casa, en cierta manera constituían amenazas a mi continuidad, pero todo eso no era nada comparado con la acción de haber recordado a la mujer nagual. No tanto a causa de la emoción que ese recuerdo trajo consigo, sino por el hecho de haberla olvidado, y no de la manera como uno olvida un nombre o una tonada. De ella no había habido nada en mi mente hasta el momento de la revelación. ¡Nada! En aquel momento algo llegó a mí, o algo se desprendió de mí, y de súbito yo estaba recordando a una importantísima persona que, desde mi punto de vista consciente y experiencial, yo jamás había conocido.

Tuve que esperar dos días hasta que llegara la Gorda para poder contarle mi recuerdo. Al instante en que le describí a la mujer nagual, la Gorda la recordó: de alguna manera su ser consciente dependía del mío.

—¡Esa muchacha que vi en el cochecito blanco era la mujer nagual! —exclamó la Gorda—. Ella regresó a mí y yo no pude recordarla.

Escuché sus palabras y comprendí su significado, pe-

121

ro a mi mente le llevó un largo rato poder concentrarse en lo que había dicho. Mi atención titubeaba, era como si en realidad se hubiese colocado frente a mis ojos una luz que se iba apagando. Tuve la sensación de que si no detenía esa disminución, yo moriría. Repentinamente sentí una convulsión y supe que había juntado dos partes de mí mismo que se hallaban escindidas; me di cuenta de que la joven que había visto en la casa de don Juan era la mujer nagual.

En ese momento de cataclismo emocional, la Gorda no me sirvió de ayuda. Lloraba sin inhibiciones. La conmoción emocional de recordar a la mujer nagual había sido traumática para ella.

—¿Cómo pude olvidarla? —suspiró la Gorda.

Percibí un destello de suspicacia en sus ojos cuando la Gorda me encaró.

—Tú no tenías idea de que existía, ¿verdad? —me preguntó.

Bajo cualquier otra circunstancia habría creído que su pregunta era impertinente, insultante, pero yo también me preguntaba lo mismo. Se me había ocurrido que la Gorda podía saber más de lo que me había revelado.

—No tenía ni la menor idea —dije—. Pero, ¿y tú? ¿Sabías que existía, Gorda?

Su rostro tenía tal expresión de inocencia y perplejidad que mis dudas se desvanecieron.

—No —respondió—. No hasta hoy día. Ahora sé por cierto que yo me sentaba con ella y con el nagual Juan Matus en esa banca de la plaza de Oaxaca. Siempre recordé que hacíamos eso, y también recordaba sus facciones, pero pensaba que lo había soñado. Ya lo sabía todo, y sin embargo no sabía nada. Pero ¿por qué creí que era un sueño?

Tuve un momento de pánico; después, la perfecta certeza física de que cuando la Gorda hablaba, en alguna parte de mi cuerpo se abría un canal. Repentinamente supe que yo también solía sentarme en esa banca con don Juan y la mujer nagual. Recordé entonces una sensación que había experimentado en cada una de esas ocasiones. Era una sensación de satisfacción física, de felicidad, plenitud, que resultarían imposibles de imaginar. Para mí don Juan y la mujer nagual eran seres perfectos; hallarme en compañía de ellos en verdad era mi gran fortuna. Una y otra vez, sentado en la banca, flanqueado por los seres más exquisitos de la Tierra, experimenté quizás el pináculo de mis sentimientos humanos. En una ocasión le dije a don Juan, y en verdad lo creía, que en ese momento querría morir, para así poder conservar ese sentimiento de plenitud puro, intacto, libre de desorden.

Le conté a la Gorda lo que había recordado. Quedamos silenciosos unos momentos y después el impulso de nuestros recuerdos nos arrastró peligrosamente hacia la tristeza, hacia la desesperación incluso. Tuve que ejercer el control más extraordinario para sujetar mis emociones y no llorar. La Gorda sollozaba, cubriendo su rostro con el antebrazo.

Después nos calmamos. La Gorda me miró fijamente. Supe lo que pensaba. Era como si leyera las preguntas en sus ojos. Eran las mismas interrogantes que me habían obsesionado por días. ¿Quién era la mujer nagual? ¿Dónde la habíamos conocido? ¿En dónde encajaba? ¿La conocían los otros aprendices también?

Me hallaba a punto de formular mis preguntas cuando la Gorda me lo impidió.

—Realmente no lo sé —dijo con rapidez, adelantándose a la pregunta—. Creía que tú me lo dirías. No sé por qué, pero creo que tú puedes decirme cuál es cuál.

Ella contaba conmigo y yo con ella. Reímos ante la ironía de la situación. Le pedí que me refiriera todo lo que sabía de la mujer nagual. La Gorda se esforzó por decir algo dos o tres veces pero no pudo organizar sus pensamientos.

—Realmente no sé por dónde empezar —dijo—. Lo único que sé es que yo la quería.

Le dije que yo tenía la misma sensación. Una tristeza sobrenatural me atrapaba cada vez que pensaba en la mujer nagual. Conforme hablaba, mi cuerpo se empezó a sacudir.

—Tú y yo la queríamos —dijo la Gorda—. No sé por qué estoy diciendo esto, pero sí sé que nosotros éramos de ella.

La presioné para que se explicara más, pero no me pudo aclarar por qué lo había dicho. Hablaba nerviosamente, tratando de ampliar la descripción de sus sentimientos. No pude prestarle más atención. Sentí un aleteo en mi plexo solar. Un vago recuerdo de la mujer nagual comenzó a adquirir forma. Urgí a la Gorda a que continuara hablando, le dije que se repitiera si ya no tenía nada más que decir, pero que no se detuviera. El sonido de su voz era como un conducto hacia otra dimensión, hacia otro tipo de tiempo. Era como si la sangre se agolpara en mi cuerpo con una presión insólita. Sentí un cosquilleo, y luego tuve un recuerdo corporal. Supe en mi cuerpo que la mujer nagual era el ser que completaba al nagual.

Le proporcionaba paz, plenitud, una sensación de estar protegido, de estar a salvo.

Le dije a la Gorda que había tenido la clara percepción de que la mujer nagual era la compañera de don Juan. La Gorda me miró, estupefacta. Lentamente negó con la cabeza.

—No tenía nada que ver con el nagual Juan Matus, idiota —dijo, con un tono de autoridad final—. Era de ti. Por eso tú y yo le pertenecíamos.

La Gorda y yo nos miramos el uno al otro. Yo estaba seguro de que involuntariamente ella expresaba pensamientos que racionalmente no le decían nada.

—¿Qué quieres decir con que era de mí, Gorda? —le pregunté después de una larga pausa.

—Era tu compañero —dijo—. Ustedes dos formaban un equipo. Y yo estaba bajo su custodia. Y ella te encargó que algún día me llevaras a la libertad y me dejaras en sus manos.

Le supliqué a la Gorda que me dijera todo lo que sabía, pero no parecía saber nada más. Me sentí agotado.

—¿A dónde se fue? —preguntó la Gorda repentinamente—, eso es lo que no me puedo imaginar. Estaba contigo, no con el nagual. Debería estar aquí, con nosotros.

En ese momento la Gorda tuvo otro ataque de desconfianza y temor. Me acusó de esconder a la mujer nagual en Los Angeles. Traté de desahogar sus aprensiones. Me sorprendí hablándole como si fuera una niña. Ella me

124

escuchó al parecer con una atención completa; sin embargo, sus ojos se hallaban vacíos, desenfocados. Se me ocurrió entonces que estaba utilizando el sonido de mi voz así como yo había usado el de ella, como un conducto. Seguí hablando hasta que acabé con todo lo que tenía que decir dentro de los límites del tema. Algo extraño tuvo lugar entonces, y me descubrí escuchando a medias el sonido de mi propia voz. Le hablaba a la Gorda involuntariamente. Las palabras que parecían haber estado embotelladas dentro de mí, libres ahora, alcanzaron niveles indescriptibles de absurdidad. Hablé y hablé hasta que un recuerdo hizo que me detuviera. Una vez, en la banca de Oaxaca, don Juan nos habló, a la mujer nagual y a mí, de una persona cuya presencia había sintetizado para él todo lo que se podía esperar del compañerismo humano. Se trataba de una mujer que había sido para él lo que la mujer nagual era para mí: una compañera, una contraparte. Ella lo dejó, así como la mujer nagual me había dejado. Pero lo que él sentía por ella no había cambiado y se avivaba con la melancolía que ciertos poemas le evocaban. Con el mismo recuerdo aclaré que la mujer nagual era la que me surtía de libros de poemas. Tenía cantidades de ellos en la cajuela de su auto. A instancias suyas yo le leía poemas a don Juan. De repente fue tan claro el recuerdo de la mujer nagual sentada conmigo en la banca, que involuntariamente aspiré una bocanada de aire y mi pecho se hinchó. Tomó posesión de mí una opresiva sensación de pérdida. Me doblé con un dolor desgarrador en el omóplato derecho. Había algo más que yo sabía era un recuerdo que una parte mía se rehusaba a liberar.

Me adherí a lo que me quedaba de mi salvaguarda de intelectualidad, como el único medio de recuperar la ecuanimidad. Me dije una y otra vez que la Gorda y yo habíamos estado operando todo el tiempo en dos planos distintos. Ella recordaba mucho más que yo, pero no era inquisitiva. No había sido entrenada para formular preguntas a otros o a sí misma. Pero luego me asaltó la idea de que yo no me hallaba en mejores condiciones; seguía siendo tan torpe como don Juan dijo que lo era. Nunca había olvidado que le leía poesía a don Juan, y sin embargo jamás se me ocurrió considerar el hecho de que yo nunca he poseído un libro de poesía española, ni jamás he llevado uno en mi auto.

La Gorda me sacó de mis cavilaciones. Se hallaba casi histérica. Me gritó que la mujer nagual tenía que hallarse en alguna parte muy cercana a nosotros. Creía que así como a ella y a mí se nos había encargado que nos encontráramos el uno al otro, a la mujer nagual se le había encomendado hallarnos a nosotros. La fuerza de su razonamiento casi me convenció. Sin embargo, algo en mí sabía que esto no era así. Ese era el recuerdo que yacía dentro de mí, y que no me atrevía a sacar a la superficie.

Quise iniciar un debate con la Gorda, pero no había ningún motivo para hacerlo; mi salvaguarda de intelecto y de palabras era insuficiente para absorber el impacto de haber recordado a la mujer nagual. El efecto era aplastante para mí, más devastador que, incluso, el temor de morir.

—La mujer nagual está hundida en alguna parte —dijo la Gorda, mansamente—. Probablemente está con la espalda contra la pared y nosotros no hacemos nada para ayudarla.

—¡No, no! —grité—. La mujer nagual ya no está aquí.

Exactamente no supe por qué dije eso, y sin embargo sabía que era verdad. Nos hundimos durante unos momentos en unas profundidades de melancolía que sería imposible de dilucidar racionalmente. Por primera vez, en lo que yo conozco de mí mismo, sentí una verdadera e infinita tristeza, una temible sensación de estar incompleto. En alguna parte de mí existía una herida que había sido abierta de nuevo. Esta vez no podía, como lo había hecho tantas otras veces, refugiarme detrás de un velo de misterio y de incertidumbre. No saber había sido una bendición para mí. Durante unos instantes me descubrí deslizándome peligrosamente hacia el desaliento. La Gorda me detuvo.

—Un guerrero es alguien que busca la libertad —me dijo en el oído—. La tristeza no es libertad. Tenemos que quitárnosla de encima.

Tener un sentido de desapego, como había dicho don Juan, implica tener una pausa momentánea para reconsiderar las situaciones. En lo más hondo de mi tristeza comprendí lo que él quería decir. Ya tenía el desapego, ahora me correspondía luchar por usar correctamente esa pausa.

No podría decir si mi volición entró en acción, pero de repente toda mi tristeza se desvaneció; era como si nunca hubiese existido. La velocidad de mi cambio y lo completo que fue me alarmaron.

—¡Ahora ya estás donde yo estoy! —exclamó la Gorda cuando le describí lo que había ocurrido—. Después de tantos años aún no he podido aprender a manejar la ausencia de forma. Me deslizo irremediablemente de un sentimiento a otro en un instante. Como no tengo forma, podía ayudar a las hermanitas, pero por eso mismo ellas me tenían en sus manos. Cualquiera de ellas era lo suficientemente fuerte para mecerme de un lado al otro.

"El problema es que yo perdí mi forma humana antes que tú. Si tú y yo la hubiéramos perdido juntos, nos habríamos podido ayudar el uno al otro; pero como fueron las cosas, yo correteaba de arriba abajo como alma en pena.

Esa aseveración suya de no tener forma siempre me había parecido espuria. A mi entender, perder la forma humana tenía que incluir una consistencia de carácter, que se hallaba, a juzgar por los altibajos emocionales de la Gorda, más allá de su alcance. A causa de esto, la había juzgado áspera e injustamente. Habiendo perdido ya la forma humana, me hallaba ahora en posición de comprender que dicha condición es un perjuicio a la sobriedad y a la discreción. No aporta ninguna fortaleza emocional automática. Un aspecto del desapego, la capacidad de quedar inmerso en lo que uno se encuentre haciendo, naturalmente se extiende a todo lo que se hace, incluso ser inconsistente y totalmente mezquino. La ventaja de no tener forma es la capacidad de detenerse un momento, si es que se tiene autodisciplina y valor.

Por fin la conducta pasada de la Gorda se volvió comprensible para mí. No había tenido forma durante años, pero carecía de la autodisciplina requerida. Por ello había estado a merced de drásticos cambios y de discrepancias increíbles entre sus acciones y sus propósitos.

En los días siguientes, la Gorda y yo reunimos toda nuestra fuerza emocional y tratamos de conjurar otros recuerdos, pero ya no parecía haber ninguno más. Me hallaba de nuevo donde estuve antes de empezar a recordar. Intuía que, enterrado en mí, de alguna manera debería de haber mucho más, pero no encontraba manera de llegar a ello. En mi mente no existían ni los más vagos atisbos de cualquier otro recuerdo.

La Gorda y yo pasamos por un período de tremenda confusión y de dudas. En nuestro caso, no tener forma significaba ser asolados por la peor desconfianza imaginable. Sentimos que éramos como ratas de laboratorio en manos de don Juan, una persona que al parecer nos era muy familiar, pero de la cual en realidad ignorábamos todo. Nos retroalimentamos el uno al otro con dudas y temores. La cuestión más seria por supuesto era la mujer nagual. Cuando concentrábamos nuestra atención en ella, el recuerdo se volvía tan agudo que rebasaba nuestra comprensión el que la hubiéramos olvidado. Esto nos permitía una y otra vez especular qué era lo que nos había hecho don Juan en realidad. Muy fácilmente estas conjeturas nos conducían a la sensación de que habíamos sido usados. Nos enfurecía la inevitable conclusión de que don Juan nos había engañado, nos había dejado desamparados y desconocidos para nosotros mismos.

Cuando la rabia se agotó, el temor empezó a cernirse sobre nosotros; ahora nos enfrentaba la terrible posibilidad de que no habíamos aún descubierto todo el daño que don Juan nos había hecho.

# 7

## Ensoñando juntos

Un día, para aliviar momentáneamente nuestra zozobra, sugerí que deberíamos dedicar todo nuestro tiempo y energía a *ensoñar*. Tan pronto como hice esta sugerencia me di cuenta de que la lobreguez que me había acosado durante días se alteró radicalmente con sólo desear el cambio. Claramente comprendí entonces que el problema de la Gorda y el mío era que inconscientemente nos habíamos centrado en el temor y la desconfianza, como si fueran las únicas opciones a nuestro alcance. En todo momento, sin embargo, habíamos tenido, sin saberlo conscientemente, la alternativa de centrar nuestra atención deliberadamente en lo opuesto: el misterio, la maravilla de lo que nos sucedía.

Comuniqué a la Gorda mi hallazgo. Ella estuvo de acuerdo en el acto. Al instante se animó y el paño de su lobreguez se desvaneció en cuestión de segundos.

—¿Qué tipo de *ensoñar* propones que debemos hacer? —preguntó.

—¿Cuántos tipos hay? —dije.

—Podemos *ensoñar* juntos —replicó—. Mi cuerpo me dice que lo hemos hecho antes. Ya hemos entrado en el *ensueño* como par. Vas a ver que será facilísimo como lo fue *ver juntos*.

—Pero no sabemos cuál es el procedimiento para *ensoñar juntos* —dije.

—Pues tampoco sabíamos cómo *ver juntos* y sin embargo *vimos* —dijo—. Estoy segura de que si lo intentamos, podremos hacerlo, porque no hay pasos específicos para todo lo que hace un guerrero. Sólo hay poder personal. Y en este momento lo tenemos.

"Deberemos, eso sí, *ensoñar* desde dos lugares distintos, lo más alejado posible el uno del otro. El que entra en el *ensueño* primero, espera al otro. Apenas nos encontramos entrecruzamos los brazos y nos adentramos juntos a las profundidades del *ensoñar*.

Le dije que no tenía idea de cómo esperarla si yo empezaba a *ensoñar* antes que ella. Ella misma no podía explicar lo que eso implicaba, pero aclaró que esperar al otro *ensoñador* era lo que Josefina había descrito como "jalarlo". La Gorda había sido jalada dos veces por Josefina.

—La razón por la cual Josefina le llama así es porque uno de los dos tiene que prender al otro del brazo —explicó.

Me enseñó entonces cómo hacerlo. Con su mano izquierda sujetó fuertemente mi antebrazo derecho a la altura del codo. Nuestros antebrazos quedaron entrelazados cuando yo cerré mi mano derecha sobre su codo.

—¿Cómo se puede hacer eso en *ensueño*? —pregunté.

Yo, en lo personal, consideraba que *ensoñar* era uno de los estados más privados que se puedan imaginar.

—No sé cómo, pero te voy a agarrar —dijo la Gorda—. Yo creo que mi cuerpo sabe cómo. Pero mientras más sigamos hablando de esto, más difícil parece ser.

Comenzamos a *ensoñar* desde dos lugares. Sólo pudimos ponernos de acuerdo a qué hora empezar, puesto que la entrada en el *ensueño* era imposible de predeterminar. La posibilidad de que yo tuviera que esperar a la Gorda fue algo que me causó una gran ansiedad, y no pude empezar a *ensoñar* con la facilidad usual. Después de diez o quince minutos de agitación finalmente logré entrar en un estado que yo llamo *vigilia en reposo*.

Años antes, cuando ya había adquirido cierto grado de experiencia en *ensoñar*, le pregunté a don Juan si había procedimientos específicos que fuesen comunes para todos. Me dijo que verdaderamente cada *ensoñador* es singular e independiente. Pero al hablar con la Gorda descubrí tantas similitudes en nuestras experiencias de *enso-*

*ñar*, que aventuré un posible patrón clasificatorio de las diversas etapas.

*Vigilia en reposo* es el estado preliminar, en el cual los sentidos se aletargan y, sin embargo, uno se halla consciente. En mi caso, yo siempre había percibido en este estado un flujo de luz rojiza, una luz exactamente igual a la que aparece cuando encara uno el Sol con los párpados fuertemente cerrados.

Al segundo estado de *ensoñar* le llamé *vigilia dinámica*. En éste, la luz rojiza se disipa así como se desvanece la niebla, y uno se queda viendo una escena, una especie de cuadro, que es estático. Se ve una imagen tridimensional, un tanto congelada: un pasaje, una calle, una casa, una persona, un rostro, o cualquier otra cosa.

Al tercer estado lo denominé *atestiguación pasiva*. En él, el *ensoñador* ya no presencia más un aspecto congelado del mundo, sino que es un testigo ocular de un evento tal como ocurre. Es como si la preponderancia de los sentidos visual y auditivo hiciera a este estado del *ensoñar* una cuestión principalmente de los ojos y los oídos.

En el cuarto estado uno es llevado a actuar, forzado a llevar a cabo acciones, a dar pasos, a aprovechar el máximo del tiempo. Yo llamé a este estado *iniciativa dinámica*.

Esperarme, como proponía la Gorda, tenía que ver con el segundo y el tercer estados de nuestro *ensoñar juntos*. Cuando entré en la segunda fase, *vigilia dinámica*, en una escena de *ensoñar* vi a don Juan y a varias otras personas, incluyendo a la Gorda cuando era obesa. Antes de que pudiese considerar qué era lo que veía, sentí un tremendo jalón en mi brazo y me di cuenta de que la Gorda "verdadera" se hallaba a mi lado. Estaba a mi izquierda y había tomado mi antebrazo derecho con su mano izquierda. Claramente sentí cómo alzaba mi mano para que pudiéramos entrecruzar los antebrazos. Después me descubrí en la *atestiguación pasiva*, el tercer estado del *ensoñar*. Don Juan me decía que yo tenía que atender a la Gorda y cuidarla de la manera más egoísta: esto es, como si ella fuera parte de mí mismo.

Su juego de palabras me pareció delicioso. Sentí una

felicidad sobrenatural por hallarme allí con él y con los otros. Don Juan prosiguió explicando que mi egoísmo podía ser utilizado de muy buen modo, y que ponerle riendas no era imposible.

Había una atmósfera general de camaradería entre toda la gente congregada allí. Todos reían de lo que don Juan me decía, pero sin burlarse. Don Juan añadió que la manera más segura de subyugar el egoísmo era por medio de las actividades cotidianas de nuestras vidas. Mantenía que yo era eficiente en todo lo que hacía porque no tenía a nadie que me hiciera la vida imposible y que no era nada del otro mundo andar derecho si uno anda solo. Si se me diera la tarea de cuidar a la Gorda, sin embargo, mi eficiencia estallaría en cachitos, y para sobrevivir tendría que extender la preocupación egoísta por mí mismo hasta incluir a la Gorda. Sólo ayudándola, don Juan decía con el tono más enfático, yo encontraría las claves para el desempeño de mi verdadera tarea.

La Gorda puso sus obesos brazos alrededor de mi cuello. Don Juan tuvo que dejar de hablar. Reía de tal manera que no podía proseguir. Todos ellos rugían de risa.

Me sentí avergonzado e irritado con la Gorda. Traté de desprenderme de ella, pero sus brazos se hallaban fuertemente enlazados en torno a mi cuello. Con un gesto de manos, don Juan me detuvo. Dijo que el mínimo embarazo que entonces experimentaba no era nada en comparación a lo que me esperaba.

El sonido de las risas era ensordecedor. Me sentí muy feliz, aunque me preocupaba tener que ayudar a la Gorda, ya que ignoraba lo que esto implicaría.

En un momento de mi *ensoñar* cambié el punto de vista..., o más bien, algo me sacó de la escena y empecé a mirar todo como espectador. Nos hallábamos en una casa del norte de México; podía darme cuenta de esto por el panorama que la rodeaba, el cual me era parcialmente visible. Podía ver montañas a lo lejos. También recordé los atavíos de la casa. Nos hallábamos en un porche tejado, abierto. Parte de la gente estaba sentada en grandes sillones; sin embargo, la mayoría se hallaba de pie o sentada en el suelo. Había dieciséis personas. La Gorda se hallaba a mi lado, frente a don Juan.

Me di cuenta de que podía tener dos diferentes percepciones al mismo tiempo. Igualmente podía entrar en la escena del *ensoñar* y recuperar un sentimiento perdido hacía mucho, o podía presenciar la escena con las emociones y sentimientos de mi vida actual. Cuando me hundía en la escena del *ensoñar* me sentía seguro y protegido, pero cuando la contemplaba del otro modo me sentía perdido, inseguro, angustiado. No me gustó esa reacción mía, por lo tanto me sumergí en la escena del *ensoñar*.

Una Gorda obesa preguntó a don Juan, con una voz que podía oírse por encima de la risa de todos, si yo iba a ser su esposo. Hubo un momento de silencio. Don Juan parecía calcular lo que iría a decir. Palmeó la cabeza de la Gorda y dijo que de seguro yo estaría encantado de ser su esposo. La gente reía estrepitosamente. Yo reí con ellos. Mi cuerpo se convulsionó con un disfrute genuino, y sin embargo no creí estar riéndome de la Gorda. No la consideraba una aberrada o una estúpida. Era una niña. Don Juan se volvió hacia mí y dijo que yo tenía que honrar a la Gorda a pesar de cualquier cosa que ella me hiciera, y que debía entrenar mi cuerpo a través de mi interacción con ella, a sentirse a gusto ante las situaciones más exigentes. Don Juan se dirigió a todo el grupo y dijo que era mucho más fácil comportarse bien bajo condiciones de máxima tensión que ser impecable en circunstancias normales, tales como la interrelación con alguien como la Gorda. Don Juan añadió que bajo ninguna circunstancia yo debía enojarme con la Gorda, porque en realidad ella era mi benefactora: sólo a través de ella podría ser yo capaz de controlar mi egoísmo.

Me hallaba tan completamente inmerso en la escena del *ensoñar*, que me había olvidado de que estaba *ensoñando*. Una repentina presión en el brazo me lo recordó. Sentí la presencia de la Gorda junto a mí, pero sin verla; Se hallaba allí sólo como un contacto, una sensación táctil en mi antebrazo. En esto concentré mi atención, alguien me tenía fuertemente agarrado; después la Gorda me materializó como una persona completa, como si estuviera hecha de cuadros sobreimpuestos de una película cinematográfica. La escena de *ensoñar* se disolvió. En vez de eso, la Gorda y yo nos mirábamos el uno al otro con los antebrazos entrecruzados.

Al unísono, de nuevo concentramos nuestra atención en la escena que habíamos estado presenciando. En ese momento supe, sin duda alguna, que habíamos observado la misma escena. Ahora don Juan decía algo a la Gorda pero yo no podía oírlo. Mi atención era llevada de un lado a otro entre el tercer estado de *ensoñar*, *contemplación pasiva*, y la segunda, *vigilia dinámica*. En un momento yo estaba con don Juan, con una Gorda obesa y las dieciséis personas, y el siguiente instante me hallaba con la Gorda de siempre contemplando una escena congelada.

Entonces una drástica sacudida en mi cuerpo me condujo a otro nivel más de atención: sentí algo como el chasquido de un trozo seco de madera al romperse, y me encontré en el primer estado de *ensoñar*, *vigilia en reposo*. Me hallaba dormido y, no obstante, enteramente consciente. Yo quería permanecer lo más posible en ese estado apacible, pero otra sacudida me hizo despertar al instante. Era el impacto intelectual de haberme dado cuenta de que la Gorda y yo habíamos *ensoñado juntos*.

Me hallaba más que ansioso por hablar con ella. La Gorda sentía lo mismo. Cuando nos calmamos, le pedí que me describiera todo lo que le había ocurrido en nuestro *ensoñar juntos*.

—Te estuve esperando un largo rato —dijo—. Una parte de mí creía que te había perdido, pero otra parte pensaba que estabas nervioso y que tenías problemas, así es que esperé.

—¿Dónde me esperaste, Gorda? —pregunté.

—No sé —respondió—. Sé que ya había salido de la luz rojiza, pero no podía ver nada. Pensándolo bien, no tenía vista, sólo sentía. A lo mejor todavía estaba en la luz rojiza, aunque no era roja. El lugar donde me encontraba tenía un tinte color durazno. Entonces abrí los ojos y allí estabas. Parecía que ya estabas a punto de irte, así es que te agarré del brazo. Entonces miré y vi al nagual Juan Matus, a ti, a mí, y a la otra gente en la casa de Vicente. Tú eras más joven y yo estaba gorda.

La mención de la casa de Vicente me trajo una repentina comprensión. Le dije a la Gorda que una vez, manejando por Zacatecas, en el norte de México, tuve un extraño impulso y fui a visitar a Vicente, uno de los amigos de don Juan. No comprendí entonces que al hacerlo, involuntariamente había cruzado a un dominio excluido. Vicente, como la mujer nagual, pertenecía a otra área, a otro mundo. Entendí en ese momento la razón por la que la Gorda quedara tan atónita cuando le referí esa visita. Conocíamos muy bien a Vicente, quien era tan allegado a nosotros como don Genaro, o quizás más aún. Y sin embargo, los habíamos olvidado, tal como había olvidado a la mujer nagual.

En ese momento la Gorda y yo hicimos una inmensa digresión. Juntos recordamos que Vicente, Genaro y Silvio Manuel eran amigos de don Juan, sus cohortes. Todos ellos se hallaban unidos por una especie de juramento. La Gorda y yo no podíamos recordar qué era lo que los había unido. Vicente no era indio. Había sido farmacéutico cuando joven. Era el erudito del grupo, el verdadero curandero que mantenía a todos en perfecto estado de salud. Le apasionaba la botánica. Yo no tenía duda alguna de que él sabía de plantas más que cualquier ser humano viviente. La Gorda y yo recordamos que fue Vicente el que daba instrucción a todos, incluyendo a don Juan, acerca de las plantas medicinales. Tomó un interés especial en Néstor, y todos nosotros pensábamos que Néstor llegaría a ser como él.

—Recordar a Vicente me hace pensar en mí —dijo la Gorda—. Me hace pensar en lo insoportable que he sido. Lo peor que le puede pasar a una mujer es tener hijos, tener agujeros en su cuerpo, y a pesar de eso seguir actuando como una adolescente. Ese era mi problema. Yo quería ser un encanto y estaba vacía. Y ellos me dejaban hacer el ridículo y hasta me ayudaban a hacerlo.

—¿Quiénes son ellos, Gorda? —le pregunté.

—El nagual y Vicente y toda esa gente que estaba en casa de Vicente cuando me porté como una burra contigo.

La Gorda y yo comprendimos lo mismo al unísono. A la Gorda le era permitido ser insoportable sólo conmigo.

Nadie más aguantaba sus necedades, aunque ella las intentaba con todos.

—Vicente sí me aguantaba —dijo la Gorda—. Me llevaba la cuerda. Figúrate que hasta tío le decía. Cuando quise decir tío a Silvio Manuel, casi me despelleja los sobacos con sus manos que parecían garras.

Los dos tratamos de concentrar nuestra atención en Silvio Manuel, pero no pudimos recordar cómo era. Sentíamos su presencia en nuestros recuerdos, pero él no era una persona, era sólo un sentimiento.

Hablamos de nuestra escena de *ensoñar* y llegamos al acuerdo de que ésta había sido una réplica fiel de lo que en realidad tuvo lugar en nuestras vidas en cierto tiempo, pero nos resultaba imposible recordar cuándo. Sin embargo, yo tenía la extraña seguridad de que efectivamente estuve a cargo de la Gorda como entrenamiento para enfrentar la interacción con la gente. Era imperativo que yo interiorizara un estado de ecuanimidad ante situaciones sociales difíciles, y para esto nadie podía haber sido un mejor entrenador que la Gorda. Los relampagazos de vagos recuerdos que yo tenía de una obesa Gorda surgían de esas circunstancias, porque yo había cumplido las órdenes de don Juan al pie de la letra.

La Gorda dijo que no le había gustado en lo más mínimo la escena de *ensoñar*. Ella hubiera preferido mirar solamente, pero yo la empujé a que reviviera sus viejos sentimientos, que le eran destestables. Su descontento fue tan intenso que deliberadamente apretó mi brazo para forzarme a concluir nuestra participación en algo que le resultaba tan odioso.

Al día siguiente empezamos otra sesión de *ensoñar juntos*. Ella la inició en su recámara y yo en mi estudio, pero no ocurrió nada. Quedamos agotados meramente tratando de entrar en el *ensueño*. Luego, pasaron semanas enteras sin que pudiéramos avanzar lo mínimo. Cada fracaso nos volvía más desesperados y codiciosos.

En vista de nuestra derrota decidí que, por el momento, deberíamos posponer *ensoñar juntos* y examinar con mayor cuidado los procesos del *ensoñar* y analizar sus conceptos y procedimientos. En un principio la Gorda no estuvo de acuerdo conmigo. Para ella, la idea de revisar lo que sabíamos de *ensoñar* reconstituía otra manera de sucumbir a la codicia. Ella prefería nuestros fracasos. Yo persistí hasta que finalmente accedió, más que nada debido a la sensación de que estábamos absolutamente perdidos.

Una noche, lo más casualmente que pudimos, empezamos a discutir lo que debíamos de *ensoñar*. De inmediato nos fue obvio que había unos temas centrales que en especial don Juan había enfatizado.

Lo primero era el acto mismo, el cual comienza como un estado único de conciencia al que se llega concentrando el residuo consciente que se conserva, aun cuando uno está dormido, en los elementos o los rasgos de los sueños comunes y corrientes.

El residuo consciente, al que don Juan llamaba la segunda atención, es adiestrado a través de ejercicios de *nohacer*. La Gorda y yo estuvimos de acuerdo que un auxiliar esencial del *ensoñar* era un estado de quietud mental, que don Juan había llamado "detener el diálogo interno", o el "*no-hacer* de hablarse a uno mismo". Para enseñarme cómo lograrlo, don Juan solía hacerme caminar durante kilómetros con los ojos fuera de foco, fijos en un plano unos cuantos grados por encima del horizonte, a fin de realzar la visión periférica. El método fue efectivo por dos razones. Me permitió detener mi diálogo interno después de años de práctica, y entrenó mi atención. Al forzarme a una concentración en la vista periférica, don Juan reforzó mi capacidad de concentrarme, por largos períodos de tiempo, en una sola actividad.

Después, cuando logré controlar mi atención y ya fui capaz de trabajar por horas en cualquier tarea —algo que antes nunca pude hacer—, don Juan me dijo que la mejor manera de entrar en *ensueños* era concentrándome en el área exacta en la punta del esternón. Dijo que de ese sitio emerge la atención que se requiere para comenzar el *ensueño*. La energía que necesita uno para moverse en el *ensueño* surge del área tres o cuatro centímetros bajo el ombligo. A esa energía le llamaba la *voluntad*, o el poder de

137

seleccionar, de armar. En una mujer, tanto la atención como la energía para *ensoñar*, se origina en el vientre.

—El *ensoñar* de una mujer tiene que venir de su vientre porque ése es su centro —dijo la Gorda—. Para que yo pueda empezar a *ensoñar* o dejar de hacerlo, todo lo que tengo que hacer es fijar la atención en mi vientre. He aprendido a sentirlo por dentro. Veo un destello rojizo por un instante y luego ya estoy fuera.

—¿Cuánto tiempo te toma llegar a ver esa luz rojiza? —le pregunté.

—Unos cuantos segundos. En el momento en que mi atención está en mi vientre, ya estoy en el *ensoñar* —continuó—. Nunca batallo, nunca jamás. Así son las mujeres. Para una mujer la parte más difícil es aprender cómo empezar; a mí me llevó un par de años detener mi diálogo interno concentrando mi atención en el vientre. Quizás ésa es la razón por la que una mujer siempre necesita que otro la acicatee.

"El nagual Juan Matus me ponía en la barriga piedras del río, frías y mojadas, para hacerme sentir esa área. O me ponía un peso encima; yo tenía un trozo de plomo que él me consiguió. El nagual me hacía cerrar los ojos y concentrar la atención en el sitio donde yo sentía el peso. Por lo regular me quedaba dormida. Pero eso no lo molestaba. Realmente no importa lo que uno hace en tanto la atención esté en el vientre. Por último aprendí a concentrarme en ese sitio sin tener nada puesto encima. Un día empecé solita a *ensoñar*. Como siempre, comencé por sentir mi barriga, en el lugar donde el nagual había puesto el peso tantas veces, luego me quedé dormida como siempre, salvo que algo me jaló directo adentro de mi vientre. Vi un destello rojizo y después tuve un sueño de lo más hermoso. Pero tan pronto como quise contárselo al nagual, me di cuenta de que había sido un sueño común y corriente. No había modo de contarle cómo había sido. Del sueño yo sólo sabía que en él me sentí muy feliz y fuerte. El nagual me dijo que yo había *ensoñado*.

"A partir de ese momento ya nunca más me volvió a poner un peso encima. Me dejó hacer mi *ensoñar* sin interferir. De vez en cuando me pedía que le contara cómo iban las cosas, y me daba consejos. Así es como se debe de llevar a cabo la instrucción del *enseñar*.

La Gorda aseguró que don Juan le había explicado que cualquier cosa puede servir como *no-hacer* para propiciar el *enseñar*, siempre que esto fuerce a la atención a permanecer fija. Por ejemplo, hizo que ella y los demás aprendices contemplaran fijamente hojas y piedras, y alentó a Pablito a que construyera su propio aparato de *no-hacer*. Pablito empezó con el *no-hacer* de caminar hacia atrás. Él avanzaba echando veloces miradas a los lados para no perder la dirección y para eludir los obstáculos del camino. Yo le di la idea de utilizar un espejo y él expandió la idea construyendo un casco de madera con una armazón exterior de alambre que sostenía dos pequeños espejos, a unos quince centímetros de su cara y a cinco centímetros por debajo del nivel de sus ojos. Los dos espejos no interferían con su visión frontal, y debido al ángulo lateral en el que se hallaban colocados éstos le permitían cubrir todo el campo visual a sus espaldas. Pablito alardeaba de que tenía una visión periférica de 360 grados. Auxiliado por este artefacto, Pablito podía caminar hacia atrás largas distancias, o por largos períodos de tiempo.

La posición que uno elige para hacer el *enseñar* también era un tema muy importante.

—No sé por qué el nagual no me explicó desde el mero principio —dijo la Gorda— que para una mujer la mejor posición para empezar es sentarse con las piernas cruzadas y después dejar que el cuerpo caiga como pueda. El nagual me dijo esto un año después de que yo había empezado. Hoy en día, yo tomo asiento en esa posición durante un momento, siento mi vientre, y al instante ya estoy *enseñando*.

Al principio, y al igual que la Gorda, yo lo había hecho acostado de espaldas, hasta que un día don Juan me dijo que para obtener mejores resultados debía sentarme en una esterilla suave y delgada, con las plantas de mis pies puestas juntas y con los muslos tocando la esterilla. Me señaló que, como yo tenía las coyunturas de las caderas algo elásticas, debía ejercitarlas al máximo, con el fin de llegar a tener los muslos completamente aplanados contra el suelo. Don Juan añadió que si yo llegaba a entrar en el *ensoñar* sentado en esa posición, mi cuerpo no se deslizaría ni caería a ninguno de los lados, sino que mi tronco se inclinaría hacia adelante y mi frente se apoyaría en mis pies.

Otro tema de enorme significado era la hora de *ensoñar*. Don Juan nos había dicho que las horas más avanzadas de la noche o las primeras horas de la madruga- da eran las mejores. Él explicaba la razón por la cual prefe- ría estas horas como una aplicación práctica del conoci- miento de los brujos. Dijo que desde el momento en que uno tiene que hacer su *ensoñar* dentro de su medio social, uno debe buscar las mejores condiciones posibles de aisla- miento, libres de interferencias. Las interferencias a las que se refería tenían que ver con la "atención" de la gente, y no con su presencia física. Para don Juan era algo fuera de propósito el retirarse del mundo y ocultarse, pues in- cluso si uno se hallase solo en un lugar aislado y desierto, la interferencia de nuestros prójimos prevalece. La fijeza de su primera atención no puede ser desconectada. Sólo localmente a las horas en las que la mayoría de la gente está dormida uno puede desviar parte de esa fijeza por un breve lapso. En esas horas está adormecida la primera atención de quienes nos rodean.

Esto condujo a don Juan al tema de la segunda aten- ción. Él nos explicó que la atención que uno requiere en los inicios del *ensoñar* tiene que forzarse a permanecer en un determinado detalle de un sueño. Sólo mediante la in- movilización de la atención puede uno convertir en *en- sueño* un sueño ordinario.

Explicó también que al *ensoñar* uno debe emplear los mismos compulsivos mecanismos de atención de la vida cotidiana. Nuestra primera atención ha sido entrenada pa- ra enfocar los elementos del mundo, compulsivamente y con gran fuerza, a fin de transformar el dominio caótico y amorfo de la percepción en el mundo ordenado de la con- ciencia.

Don Juan también nos dijo que la segunda atención desempeñaba el papel de un señuelo; la llamó un convoca- dor de oportunidades. Mientras más se la ejercita, mayor

140

macenar atención en *ensueños*, observar todo lo que yo hacía al volar. *Esa* era la única forma de cultivar mi segunda atención. Una vez que ésta era sólida con sólo enfocarla levemente en los detalles y en la sensación de volar me producía más *ensueños* de volar, hasta que por fin para mí era una rutina *ensoñar*, que me remontaba por los aires.

"En la cuestión de volar, pues, mi segunda atención estaba muy afilada. Cuando el nagual me dio la tarea de cambiarme a mi *cuerpo de ensueño*, lo que quería hacer era que sintonizara mi segunda atención al estar despierta. Así es como yo lo entiendo. La primera atención, la atención que hace al mundo, nunca puede ser subyugada del todo; sólo se le puede desconectar unos momentos para reemplazarla con la segunda atención, eso es, si el cuerpo la ha almacenado lo suficiente. Naturalmente, *ensoñar* es una manera de almacenar la segunda atención. De modo que yo diría que para poder cambiarte a tu *cuerpo de ensueño*, al estar despierto tienes que *ensoñar* hasta que los *ensueños* se te salgan por las orejas.

—¿Puedes entrar en tu *cuerpo de ensueño* cada vez que quieres? —le pregunté.

—No. No es así de fácil —replicó—. He aprendido a repetir los movimientos y las sensaciones de volar cuando estoy despierta, y sin embargo, no puedo volar cada vez que quiero. Mi *cuerpo de ensueño* siempre encuentra una barrera. Algunas veces la barrera cede; mi cuerpo es libre en esos momentos y yo puedo volar como si estuviera *ensoñando*.

Le dije a la Gorda que en mi caso don Juan me dio tres tareas para entrenar mi segunda atención. La primera era encontrar mis manos en mis *ensueños*. Después me recomendó que escogiera un sitio local, concentrara en él mi atención, y luego hiciera *ensoñar* en pleno día y averiguara si en verdad podía ir allí. Me sugirió que colocara en aquel sitio a una persona allegada a mí, de preferencia una mujer. Con esto obtendría dos cosas: primero, ella podría percibir cambios sutiles que pudiesen atestiguar que en verdad yo estaba allí en *ensueños*; y, segundo, ella podría observar detalles minúsculos y particulares del sitio, porque precisamente en ésos se centraría mi segunda atención.

El problema más serio que a este respecto tiene el *ensoñador* es la fijeza inquebrantable de la segunda atención de detalles que pasarían completamente inadvertidos en la vida cotidiana, creando, de esa manera, un obstáculo casi invencible para la verificación. Lo que uno busca en *ensueños* no es aquello a lo que se le prestaría atención en la vida ordinaria.

Don Juan explicó que durante el período de aprendizaje uno batalla por inmovilizar la segunda atención. Subsecuentemente, uno tiene que batallar aún más para romper esa misma inmovilización. En *ensueños* uno tiene que satisfacerse con ojeadas muy breves, con vislumbres pasajeros. Tan pronto como uno enfoca algo, uno pierde control.

La tarea menos generalizada que don Juan me dio consistía en salir de mi cuerpo. Yo lo había logrado en parte, y por cierto lo consideré siempre como mi único verdadero logro en *ensueños*. Don Juan partió antes de que yo hubiera perfeccionado la sensación de que podía manejar el mundo de los asuntos diarios mientras *ensoñaba*. Su partida interrumpió lo que yo pensé iba a ser un inevitable montaje de mi realidad de *ensueños* sobre el mundo de mi vida diaria.

Para elucidar el control de la segunda atención, don Juan presentó la idea de la *voluntad*. Dijo que la *voluntad* podía describirse como el máximo control de la luminosidad del cuerpo en cuanto a campo de energía, o podía describirse como un nivel de pericia, o un estado de ser al que llega abruptamente un guerrero en un momento dado. Se le experimenta como una fuerza que irradia de la parte media del cuerpo después de un momento del silencio más absoluto, o de un momento de terror puro, o de una profunda tristeza; pero no después de un momento de felicidad. La felicidad es demasiado trastornante para permitirle al guerrero la concentración requerida a fin de usar la luminosidad de su cuerpo y convertirla en silencio.

—El nagual me dijo que para un ser humano la tristeza es tan poderosa como el terror —dijo la Gorda—. La

144

tristeza hace que un guerrero derrame lágrimas de sangre. Ambos pueden producir el momento de silencio. O el silencio viene por sí mismo, porque el guerrero lo persigue a lo largo de su vida.

—¿Tú has llegado a sentir ese momento de silencio? —le pregunté.

—Claro que sí lo he hecho, pero no puedo recordar cómo es —dijo—. Tú y yo lo hemos sentido antes y ninguno de los dos podemos recordar nada de eso. El nagual dijo que es un momento de negrura, un momento aún más silente que el momento de parar y cerrar el diálogo interno. Esa negrura, ese silencio, permiten que surja el *intento* de dirigir la segunda atención, de dominarla, de obligarla a hacer cosas. Por eso se le llama *voluntad*. El *intento* y el efecto son la *voluntad*; el nagual dijo que las dos estaban unidas. Me dijo todo esto cuando yo trataba de aprender a volar en *ensueños*. El *intento* de volar produce el efecto de volar.

Le dije que yo ya casi había descartado la posibilidad de llegar a experimentar la *voluntad*.

—La experimentarás —dijo la Gorda—. El problema es que tú y yo no estamos lo suficientemente afilados para saber qué es lo que nos está ocurriendo. No sentimos nuestra *voluntad* porque pensamos que debería ser algo de lo cual estamos seguros, como el hecho de enojarse, por ejemplo. La *voluntad* es muy silenciosa, no se nota. La *voluntad* pertenece al otro yo.

—¿Cuál otro yo, Gorda? —pregunté.

—Tú sabes de qué estoy hablando —respondió enérgicamente—. Cuando *ensoñamos* entramos en nuestro otro yo. Ya hemos entrado allí infinitas veces, pero todavía no estamos completos.

Un largo silencio tuvo lugar. Yo me dije que ella tenía razón al decir que aún no estábamos completos. Entendí que con eso ella quería decir que éramos meros aprendices de un arte inagotable. Pero entonces cruzó por mi mente la idea de que a lo mejor ella se refería a otra cosa. No se trataba de un pensamiento racional. En un principio sentí algo como una sensación punzante en mi plexo solar y después tuve la idea de que quizá ella se refería a otra cosa. Luego sentí la respuesta. Me llegó como un solo bloque, una especie de masa. Supe que todo un conjunto se hallaba allí, primero en la punta del esternón y después en mi mente. Mi problema era que no podía desenredar lo que sabía, con rapidez suficiente para verbalizarlo.

La Gorda no interrumpió mis procesos de pensamiento con comentarios o gestos. Estaba perfectamente callada, esperando. Parecía hallarse conectada internamente conmigo a tal punto que no teníamos que decir nada.

Sostuvimos este sentimiento de comunión del uno con el otro durante un momento y después éste nos avasalló a los dos. La Gorda y yo nos calmamos poco a poco. Finalmente, empecé a hablar. No era que yo necesitase reiterar lo que sentimos y supimos en común, lo que necesitaba era restablecer nuestras bases de discusión. Le dije que yo sabía de qué manera estábamos incompletos, pero que no podía poner en palabras mi conocimiento.

—Hay tantas y tantas cosas que sabemos —dijo—. Y sin embargo, no podemos usar todo eso porque en realidad ignoramos cómo extraerlo de nosotros mismos. Tú ya empezaste a sentir esa presión. Yo la he tenido por años. Sé y al mismo tiempo no sé. La mayor parte del tiempo se me caen las babas y todo lo que digo es pura estupidez.

Yo entendí a qué se refería y lo entendí en un nivel físico. Yo sabía algo absolutamente práctico y evidente de la *voluntad* y de lo que la Gorda había llamado el otro yo, y, sin embargo, no podía emitir la menor palabra de lo que sabía, no porque fuera reservado o vergonzoso, sino porque ignoraba por dónde comenzar, cómo organizar mi conocimiento.

—La *voluntad* es un control de la segunda atención al que se le llama el otro yo —dijo la Gorda después de una larga pausa—. A pesar de todo lo que hemos hecho, sólo conocemos un pedacito muy pequeño del otro yo. El nagual dejó a nuestro cargo el que completáramos nuestro conocimiento. Esa es nuestra tarea de recordar.

Se dio un golpe en la frente con la palma de su mano, como si algo hubiera llegado repentinamente a su mente.

—¡Dios santo! ¡Estamos recordando al otro yo! —exclamó, con su voz casi bordeando la histeria. Después se

146

tranquilizó y habló en un tono más suave: —Evidentemente ya hemos estado allí y la única manera de recordarlo es como lo estamos haciendo, disparando nuestros *cuerpos de ensueño* mientras *ensoñamos juntos*.

—¿Qué quieres decir con eso de disparar nuestros *cuerpos de ensueño*? —le consulté.

—Tú mismo presenciaste cuando Genaro disparaba su *cuerpo de ensueño* —dijo—. Sale como si fuera una ba la lenta; en realidad se pega y se despega del cuerpo físico con un chasquido fuerte. El nagual decía que el *cuerpo de ensueño* de Genaro podía hacer la mayor parte de las cosas que nosotros hacemos normalmente; él se dirigía a ti de esa manera para sacudirte. Ahora ya sé qué era lo que buscaban el nagual y Genaro. Querían que recordaras, y para lograrlo Genaro llevaba a cabo hazañas increíbles ante tus mismísimos ojos disparando su *cuerpo de ensueño*. Pero no sirvió de nada.

—Yo nunca supe que él se hallaba en su *cuerpo de ensueño* —dije.

—Nunca lo supiste porque no observabas nada —dijo—. Genaro trató de hacértelo saber intentando cosas que el *cuerpo de ensueño* no puede hacer, como comer, beber y cosas por el estilo. El nagual me dijo que a Genaro le gustaba bromear contigo diciéndote que iba a cagar y hacer que temblaran las montañas.

—¿Por qué el *cuerpo de ensueño* no puede hacer esas cosas? —pregunté.

—Porque el *cuerpo de ensueño* no puede manejar el *intento* de comer o de beber —respondió.

—¿Qué quieres decir con eso, Gorda?

—La gran hazaña de Genaro consistía en que en sus *ensueños* aprendió el *intento* de formar su cuerpo físico —explicó—. Él terminó lo que tú empezaste a hacer. Él podía *ensoñar* todo su cuerpo de la más perfecta manera. Pero el *cuerpo de ensueño* tiene un *intento* diferente del *intento* del cuerpo físico. Por ejemplo, el *cuerpo de ensueño* puede atravesar una pared, porque conoce el *intento* de desaparecer en el aire. El cuerpo físico conoce el *intento* de comer, pero no el de desaparecer en el aire. Para el cuerpo físico de Genaro, traspasar una pared sería

147

tan imposible como sería comer para su *cuerpo de ensueño.*

La Gorda calló durante unos instantes como si sopesara lo que acababa de decir. Yo quise esperar antes de formularle más preguntas.

—Genaro había dominado sólo el intento del *cuerpo de ensueño* —dijo con una voz suave—. Silvio Manuel, por otra parte, era el máximo amo del *intento.* Ahora ya sé que no podemos recordar su cara porque él no era como cualquier otro.

—¿Qué te hace decir eso, Gorda? —pregunté.

Ella comenzó a explicarme lo que quería decir, pero no pudo hablar coherentemente. De pronto, sonrió. Sus ojos se iluminaron.

—¡Ya sé! —exclamó—. El nagual me dijo que Silvio Manuel era el amo del *intento* porque estaba permanentemente en su otro yo. Él era el verdadero jefe. Se hallaba detrás de todo lo que hacía el nagual. En realidad, él fue el que hizo que el nagual se encargara de ti.

Experimenté una aguda incomodidad física al oír a la Gorda decir eso. Casi acabé vomitando y tuve que hacer esfuerzos extraordinarios para ocultárselo. Tuve espasmos de vómito. Le di la espalda. Ella dejó de hablar durante un instante y después procedió como si hubiera decidido ignorar mi estado. Me gritó. Dijo que ése era el momento de aclarar nuestros agravios. Me echó en cara mi resentimiento por lo que ocurrió en la Ciudad de México. Añadió que mi rencor no se debía a que ella se hubiese puesto del lado de los otros aprendices en contra mía, sino porque ella los había ayudado a desenmascararme. Le expliqué que todos esos sentimientos se habían desvanecido en mí. Ella continuó inexorable. Sostuvo que a no ser que yo enfrentara esos sentimientos, éstos de alguna manera volverían a mí. Insistió en que mi afiliación con Silvio Manuel era el meollo del asunto.

Yo no podía creer los cambios anímicos por los que pasé al oír sus argumentos. Me convertí en dos personas: una rabiaba, espumando de la boca; la otra estaba calmada, observando. Tuve un último espasmo doloroso en mi estómago y vomité. No fue la sensación de náusea la que causó el espasmo. Más bien se trataba de una ira incontenible.

Cuando finalmente me calmé me sentí muy avergonzado de mi comportamiento y preocupado de que un incidente de esa naturaleza pudiera volver a ocurrirme en otra ocasión.

—Tan pronto como aceptes tu verdadera naturaleza, estarás libre del furor —dijo la Gorda en un tono impasible.

Quise discutir con ella, pero vi la futilidad que eso implicaba. Además, el ataque de ira había consumido mi energía. Me reí porque de hecho ingnoraba qué haría yo en caso de que la Gorda estuviera en lo cierto. Se me ocurrió entonces que desde el momento en que yo había olvidado a la mujer nagual, todo era posible. Sentía una extraña sensación de calor o irritación en la garganta, como si hubiese ingerido comida picante. Tuve una sacudida de alarma corporal justo como si hubiera visto a alguien agazapado a mis espaldas y en ese momento supe a ciencia cierta algo que un instante antes no sabía. La Gorda tenía razón. Silvio Manuel había estado encargado de mí.

La Gorda rió estentóreamente cuando se lo dije. Añadió que ella también recordaba algo más de Silvio Manuel.

—No me acuerdo de él como persona, como recuerdo a la mujer nagual —continuó—, pero sí me acuerdo de lo que el nagual me dijo de él.

—¿Qué te dijo? —pregunté.

—Dijo que mientras Silvio Manuel estuvo en esta tierra era como Eligio. Desapareció una vez sin dejar huellas y se fue al otro mundo. Se fue por años, y un día regresó. El nagual decía que Silvio Manuel no recordaba dónde había estado o qué había hecho, pero su cuerpo había cambiado. Había regresado al mundo, pero volvió en su otro yo.

—¿Qué más te dijo, Gorda? —pregunté.

—No me puedo acordar de más —respondió—. Es como si estuviera viendo a través de la niebla.

Yo estaba seguro de que si nos esforzábamos duramente, averiguaríamos allí mismo quién era Silvio Manuel. Se lo dije.

—El nagual aseguraba que el *intento* está presente en todo —dijo la Gorda de repente.

—¿Y eso qué quiere decir? —pregunté.

—No sé —respondió—. Sólo estoy hablando lo que se me viene a la mente. El nagual también dijo que el *intento* es lo que hace el mundo.

Estaba seguro de haber oído antes eso mismo. Pensé que don Juan debió de haberme dicho la misma cosa y que yo la había olvidado.

—¿Cuándo te habló de eso don Juan? —pregunté.

—No recuerdo cuándo —respondió—. Pero me dijo que la gente, y todas las demás criaturas vivientes, por cierto, es esclava del *intento*. Estamos en sus garras. Nos hace hacer todo lo que quiere. Nos hace actuar en el mundo. Incluso nos hace morir.

"Me dijo que cuando nos convertimos en guerreros, sin embargo, el *intento* se vuelve nuestro amigo. Nos deja ser libres por un rato. A veces incluso viene a nosotros, como si por ahí hubiera estado esperándonos. Me dijo que él personalmente sólo era un amigo del *intento*..., no como Silvio Manuel, que era su amo.

En mí había inmensas presiones de memorias ocultas que pugnaban por salir. Experimenté una tremenda frustración durante unos momentos y después algo en mí cedió. Me tranquilicé. Ya no me interesaba averiguar nada de Silvio Manuel.

La Gorda interpretó mi cambio como un signo de que no nos hallábamos listos para confrontar nuestros recuerdos de Silvio Manuel.

—El nagual nos mostró a todos nosotros lo que él podía hacer con su *intento* —dijo, abruptamente—. Podía hacer aparecer cosas llamando al *intento*.

"Me dijo que si yo quería volar, tenía que convocar el *intento* de volar. Me enseñó entonces cómo él convocaba, y saltó en el aire y se remontó haciendo un círculo, como un papalote gigantesco. O podía hacer que en su mano aparecieran cosas. Me dijo que conocía el *intento* de muchas cosas y que podía llamar a esas mismas cosas *intentándolas*. La diferencia entre él y Silvio Manuel era que Silvio Manuel, siendo el amo del *intento*, conocía el *intento* de todo.

Le dije que su explicación requería aclaraciones. Ella pareció luchar por arreglar las palabras en su mente.

—Yo aprendí el *intento* de volar —dijo—, repitiendo todas las sensaciones que había tenido volando en mis *ensueños*. Esto fue solamente un ejemplo. El nagual había aprendido en vida el *intento* de cientos de cosas. Pero Silvio Manuel se fue a la fuente misma. La penetró. No tuvo que aprender el *intento* de nada. Era uno con el *intento*. El problema era que ya no tenía más deseos, porque el *intento* no tiene deseos por sí mismo, así es que tenía que depender del nagual para la voluntad. En otras palabras, Silvio Manuel podía hacer todo lo que el nagual quería. El nagual dirigía el *intento* de Silvio Manuel. Pero como el nagual tampoco tenía deseos, la mayor parte del tiempo no hacían nada.

# 8

# La conciencia del lado derecho y del lado izquierdo

Nuestra discusión sobre el *ensoñar* fue sumamente bené-
fica para nosotros, no sólo porque resolvió los obstáculos
de nuestro *ensoñar* juntos, sino porque llevó los conceptos
del *ensoñar* al nivel intelectual. Hablar de ellos nos tuvo
ocupados; nos permitió hacer una pausa con el fin de miti-
gar nuestra agitación.

Una noche que andaba de compras llamé a la Gorda
desde una cabina telefónica. Me dijo que había estado en
un almacén comercial y que había tenido la sensación de
que yo estaba escondido detrás de unos maniquíes de es-
caparate. Estaba tan segura de que yo le andaba jugando
una broma que se puso furiosa conmigo. Se abalanzó por
la tienda tratando de atraparme y hacerme saber su enojo.
Luego se dio cuenta de que en realidad estaba recordando
algo que ella acostumbraba hacer conmigo: tener un be-
rrinche.

Al unísono, llegamos entonces a la conclusión de que
era hora de volver a intentar el *ensoñar* juntos. Al decirlo,
sentimos un optimismo renovado. Me fui a casa inmediatamente.

Entré muy fácilmente en el primer estado, *vigilia en
reposo*. Tuve una sensación de placer corpóreo, un hormigueo que irradiaba de mi plexo solar y que se transformó
en la idea de que obtendríamos grandes resultados. Esa
idea se convirtió en una nerviosa anticipación. Me di

152

cuenta de que mis pensamientos emanaban del hormigueo en la mitad de mi pecho. Sin embargo, en el momento en que centré mi atención en él, el hormigueo cesó. Era como una corriente eléctrica que yo podía conectar y desconectar.

El hormigueo se inició de nuevo, esta vez más pronunciado que antes, y de súbito me descubrí cara a cara con la Gorda. Era como si hubiera dado vuelta a una esquina para toparme con ella. Quedé absorto mirándola. Era tan absolutamente real, tan ella misma, que sentí la necesidad de tocarla. El efecto más puro, más sobrenatural por ella, brotó de mí en ese momento. Empecé a sollozar incontrolablemente.

Rápidamente, la Gorda trató de entrecruzar nuestros brazos para detener mi estallido, pero no pudo moverse en lo más mínimo. Miramos en torno. No había ningún cuadro fijo frente a nuestros ojos, ninguna imagen estática de ningún tipo. Tuve un discernimiento repentino y le dije a la Gorda que por estar mirándonos el uno al otro habíamos perdido la oportunidad de ver una escena de *ensoñar*. Sólo hasta después de que hube hablado me di cuenta de que nos hallábamos en una situación nueva. El sonido de mi voz me asustó. Era una voz extraña, áspera, desagradable. Me dio una sensación de irritación física.

La Gorda respondió que no habíamos perdido nada, que nuestra segunda atención había sido atrapada por algo extraño. Sonrió e hizo un gesto frunciendo la boca, una mezcla de sorpresa e irritación ante el sonido de su propia voz.

Encontré la novedad de hablar en *ensueños* fascinante. No era que estuviéramos *ensoñando* una escena en la cual habláramos, sino que de hecho conversábamos. Y esto requería un esfuerzo único, muy similar al esfuerzo que tuve que hacer en un principio al descender una escalera en *ensueños*.

Le pregunté si creía que el sonido de mi voz era chistoso. Ella asintió y rió estentóreamente. El sonido de su risa me conmocionó. Recordé que don Genaro solía hacer los ruidos más extraños y aterrorizantes; la risa de la Gorda se hallaba en la misma categoría. Entonces experimenté el impacto de comprender que la Gorda y yo, espontáneamente, habíamos entrado en nuestros *cuerpos de ensueño*.

Quería tomarla de la mano. Lo intenté, pero no pude mover el brazo. Como ya tenía cierta experiencia de moverme en ese estado, me propuse ir al lado de la Gorda. Mi deseo era abrazarla, pero en vez de eso me desplacé hasta un punto tan próximo de ella que nos fundimos. Yo estaba consciente de mi individualidad, pero al mismo tiempo sentía que era parte de la Gorda. Esa sensación me gustó inmensamente.

Permanecimos fusionados hasta que algo rompió nuestro vínculo. Sentí un impulso de examinar el medio ambiente. Miré, y claramente recordé haberlo visto antes. Nos hallábamos rodeados de pequeños promontorios circulares que exactamente semejaban dunas de arena. Éstas se hallaban en torno de nosotros, en todas las direcciones, hasta donde se podía ver. Las dunas parecían estar hechas de algo que semejaba piedra arenisca de un tono amarillo pálido, o toscos gránulos de sulfuro. El cielo era del mismo color, muy bajo y opresivo. Había bancos de niebla amarillenta o algún tipo de vapor amarillo que pendía de ciertos sitios del cielo.

Entonces advertí que la Gorda y yo parecíamos respirar normalmente. Yo no podía sentir mi pecho con las manos, pero sí lograba sentirlo expandirse cuando inhalaba. Los vapores amarillos obviamente no eran dañinos para nosotros.

Empezamos a movernos al mismo tiempo, lenta, cuidadosamente, casi como si camináramos. Después de una breve distancia me sentí muy fatigado, y la Gorda también. Nos deslizábamos sobre el suelo y, al parecer, desplazarse de esa manera era muy fatigoso para nuestra segunda atención; requería un grado excesivo de concentración. No nos hallábamos imitando intencionalmente nuestra forma ordinaria de caminar, pero el efecto venía a ser casi el mismo. Movernos requería estallidos de energía, algo como explosiones minúsculas, con pausas intermedias. Puesto que carecíamos de objetivo al movernos, finalmente nos tuvimos que detener.

154

La Gorda me habló con una voz tan desvanecida que apenas era audible. Dijo que nos hallábamos avanzando, como autómatas, hacia las regiones más pesadas, y que de continuar haciéndolo la presión resultaría tan grande que moriríamos.

Automáticamente dimos la vuelta y nos dirigimos por donde veníamos, pero la sensación de fatiga no cedió. Los dos estábamos tan agotados que ya no podíamos conservar nuestra posición erecta. Nos desplomamos y, espontáneamente, adoptamos la posición de *ensoñar*.

Desperté instantáneamente en mi estudio. La Gorda despertó en su recámara.

Lo primero que le dije al despertar fue que ya había estado en ese paisaje baldío varias veces antes. Ya había visto cuando menos dos aspectos de él: uno perfectamente plano, el otro cubierto por pequeños promontorios redondos, como de arena. Al momento de hablar, me di cuenta de que ni siquiera me había molestado en confirmar si la Gorda y yo tuvimos la misma visión. Me contuve y le dije que me había dejado llevar por mi propia excitación; había procedido como si comparara notas de un viaje de vacaciones con ella.

—Ya es muy tarde para ese tipo de plática entre nosotros —dijo, con un suspiro—, pero si eso te hace feliz, te diré lo que vi.

Pacientemente me describió todo lo que había visto, dicho y hecho. Añadió que ella también había estado en ese lugar desierto con anterioridad, y que estaba completamente segura de que se trataba del espacio entre el mundo que conocemos y el otro mundo.

—Es la zona entre las líneas paralelas —continuó—. Podemos ir ahí en *ensueños*. Pero para poder abandonar este mundo y llegar al otro, el que está más allá de las líneas paralelas, tenemos que recorrer esa zona con nuestros propios cuerpos.

Sentí un escalofrío al pensar que entraríamos en ese sitio yermo con nuestros propios cuerpos.

—Tú y yo hemos estado juntos ahí antes, con nuestros cuerpos —continuó la Gorda—. ¿No te acuerdas?

Le dije que todo lo que podía recordar era haber visto

ese paisaje dos veces bajo la guía de don Juan. Las dos veces, yo había descartado la experiencia porque ésta había sido producida mediante la ingestión de plantas alucinógenas. Siguiendo los dictados de mi intelecto, las había considerado como visiones privadas y no como experiencias consensuales. No recordaba haber visto ese paisaje en ninguna otra circunstancia.

—¿Cuándo fue que tú y yo fuimos allí con nuestros cuerpos? —pregunté.

—No sé —dijo—. Me llegó un vago recuerdo de eso justo cuando tú mencionaste haber estado ahí antes. Creo que ahora te toca a ti ayudarme a terminar lo que ya he comenzado a recordar. Aún no lo puedo enfocar, pero sí recuerdo que Silvio Manuel nos llevó, a la mujer nagual, a ti y a mí a ese lugar tan desolado. Pero no recuerdo por qué nos llevó ahí. No estábamos *ensoñando*.

No la escuché más, aunque ella seguía hablando. Mi mente había comenzado a perfilarse hacia algo aún desarticulado. Luché por poner en orden mis pensamientos, pues éstos vagaban a la deriva. Durante unos instantes sentí que había retornado años atrás, a una época en que no podía detener mi diálogo interno. Entonces la niebla comenzó a despejarse. Mis pensamientos se ordenaron por sí mismos sin mi dirección consciente, y el resultado fue el recuerdo completo de un evento que ya había logrado recordar parcialmente en uno de esos relampagueos desarticulados de recuerdos que solía tener. La Gorda tenía razón, una vez habíamos sido llevados a una región que don Juan llamaba "el limbo", evidentemente basándose en los dogmas religiosos. Supe que la Gorda también tenía razón al decir que no habíamos estado *ensoñando*.

En esa ocasión, a petición de Silvio Manuel, don Juan congregó a la mujer nagual, a la Gorda y a mí. Me dijo que nos había convocado porque, sin saber cómo, yo había entrado en un receso especial de la conciencia, que era el centro de la más aguda atención. Yo había ya llegado previamente a ese estado, al que don Juan llamaba "el lado izquierdo izquierdo", pero muy brevemente, y siempre guiado por él. Uno de los rasgos principales, y el que tenía el valor más grande para todos los que nos hallábamos involucrados con don Juan, era que en ese estado podíamos percibir un colosal banco de vapor amarillento, algo que don Juan llamaba "la pared de niebla". Cada vez que yo podía percibirla, ésta se hallaba siempre a mi derecha, extendiéndose hasta el horizonte y, por lo alto, hacia el infinito, dividiendo en dos al mundo. La pared de niebla solía desplazarse ya fuese a la izquierda o la derecha, según yo volviese mi cabeza; parecía no haber modo de enfrentarla.

En aquel día, tanto don Juan como Silvio Manuel me habían hablado de la pared de niebla. Recordé que cuando terminó de hablar Silvio Manuel tomó a la Gorda de la nuca, como si fuera una gatita, y desapareció con ella dentro del banco de niebla. Yo sólo tuve una fracción de segundo para presenciar su desaparición, porque don Juan de alguna manera había logrado hacer que yo enfrentase la pared. No me tomó de la nuca, sino que me empujó adentro de la niebla; y de inmediato me encontré mirando esa planicie desolada. Don Juan, Silvio Manuel, la mujer nagual y la Gorda también se hallaban allí. No tomé en cuenta qué era lo que estaban haciendo. Me preocupaba una sensación que experimentaba, una opresión de lo más desagradable y amenazador. Percibí que me hallaba en el interior de una caverna sofocante, amarilla, de techos bajos. La sensación física de presión se volvió tan avasalladora que ya no pude seguir respirando. Era como si todas mis funciones físicas se hubiesen detenido. No podía sentir ninguna parte de mi cuerpo. Y sin embargo, me podía mover, caminar, extender los brazos, girar la cabeza. Puse mis manos en los muslos: no había sensación en mis muslos ni en las palmas de mis manos. Mis piernas y brazos se hallaban allí visiblemente, pero no eran palpables.

Movido por el infinito terror que experimentaba, tomé a la mujer nagual de un brazo y la hice perder el equilibrio. Pero no fue mi fuerza muscular lo que la empujó. Era una energía que no estaba almacenada en mis músculos o en el armazón óseo, sino en el mismo centro de mí.

Se me antojó poner a funcionar otra vez esa energía y prendí a la Gorda. Ella se meció a causa de la fuerza de mi jalón. Entonces comprendí que la energía que me permitía moverla emanaba de una protuberancia que se hallaba equilibrada en el punto central de mi cuerpo. Eso la empujaba y jalaba como lo haría un tentáculo.

Ver y comprender todo eso me tomó sólo un instante. Al momento siguiente de nuevo me hallaba en el mismo estado de angustia y terror. Miré a Silvio Manuel con una muda súplica de ayuda. La manera como me devolvió la mirada me convenció de que yo estaba perdido. Sus ojos eran fríos e indiferentes. Don Juan me dio la espalda y yo me sacudía desde mi interior con un terror que rebasaba mi comprensión. Pensé que la sangre de mi cuerpo se hallaba en ebullición, no porque sintiese calor, sino porque una presión interior crecía hasta el punto de estallar.

Don Juan me ordenó que me calmara y que me abandonara a mi muerte. Dijo que yo me iba a quedar allí hasta que muriese y que tenía la posibilidad de morir apaciblemente si hacía un esfuerzo supremo y dejaba que el terror me poseyese; o podía morir en agonía, si elegía combatirlo.

Silvio Manuel me habló, algo que muy raramente hacía. Dijo que la energía que yo necesitaba para aceptar mi terror se hallaba en mi parte media, y que la única manera de triunfar era doblegándome, rindiéndome sin rendirme.

La mujer nagual y la Gorda estaban en perfecta calma. Yo era el único que agonizaba allí. Silvio Manuel dijo que me hallaba desperdiciando tanta energía que mi fin era cuestión de momentos, y que yo podía considerarme ya muerto. Don Juan le hizo una seña a la mujer nagual y a la Gorda para que lo siguieran. Ellas me dieron la espalda. Ya no pude ver qué más hicieron. Sentí una vibración poderosa recorriéndome. Supuse que era el estertor de mi muerte; mi lucha había concluido. Ya no me preocupé más. Cedí al inconmensurable terror que me estaba matando. Mi cuerpo, o la configuración que yo consideraba mi cuerpo, se calmó, se abandonó a la muerte. Cuando dejé que el terror entrara en mí, o quizá que saliera de mí, sentí y vi un tenue vapor —una mancha blancuzca contra los alrededores amarillo-sulfurosos— que abandonaba lo que yo creía que era mi cuerpo.

Don Juan regresó a mi lado y me examinó con curiosidad. Silvio Manuel se alejó y volvió a tomar a la Gorda de la nuca. Claramente lo vi echándola, como si fuera una gigantesca muñeca de trapo, dentro del banco de niebla. Después él mismo se introdujo allí y desapareció.

La mujer nagual hizo un gesto como invitándome a acercarme. Me volví hacia ella, pero, antes de que pudiera alcanzarla, don Juan me dio un poderoso empellón que me lanzó a través de la espesa niebla amarilla. No trastabillé, sino que planeé a través del banco y terminé cayendo de cabeza en el suelo del mundo de todos los días.

La Gorda recordó todo esto conforme yo se lo narraba. Luego, agregó más detalles.

—La mujer nagual y yo no temíamos por tu vida —aseguró—. El nagual ya nos había dicho que tú tenías que ser forzado a abandonar tus defensas, eso no era nuevo. Todo guerrero hombre tiene que ser forzado mediante el miedo.

"Silvio Manuel ya me había llevado tres veces antes al otro lado de la pared, para que yo aprendiera a sosegarme. Dijo que si tú me veías tranquila, eso te afectaría, y así fue. Tú te abandonaste y te apaciguaste.

—¿Te dio mucho trabajo a ti también aprender a calmarte? —pregunté.

—No. Eso es fácil para una mujer —respondió—. Esa es la ventaja que tenemos. El único problema es que alguien nos tiene que transportar a través de la niebla. Nosotras no podemos hacerlo solas.

—¿Por qué no, Gorda? —pregunté.

—Se necesita ser pesado para atravesar la niebla, y una mujer es liviana —dijo—. Demasiado liviana, en realidad.

—¿Y la mujer nagual? Yo no vi que nadie la transportara —dije.

—La mujer nagual era especial —aseguró la Gorda—. Ella sí podía hacer todo por sí misma. Me podía llevar allá, o llevarte a ti. Incluso podía atravesar toda esa planicie desierta, algo que el nagual dijo que era obligatorio para todos los viajeros que se aventuraban en lo desconocido.

—¿Y por qué fue conmigo allá la mujer nagual? —le pregunté.

—Silvio Manuel nos llevó para apoyarte —dijo—. Él

159

creía que tú necesitabas la protección de dos mujeres y de dos hombres que te flanquearan. Silvio Manuel creía que necesitabas ser protegido de las entidades que rodean y acechan en ese lugar. Los aliados vienen de esa planicie desierta. Y otras cosas aún más feroces.

—¿A ti también te protegieron? —pregunté.

—Yo no necesito protección —respondió—. Soy mujer. Estoy libre de todo eso. Pero todos creíamos que tú te hallabas en un aprieto terrible. Tú eras el nagual, pero un nagual muy estúpido. Creíamos que cualquiera de esos feroces aliados, o demonios si prefieres llamarlos así, podía haberte despanzurrado, o desmembrado. Eso fue lo que dijo Silvio Manuel. Nos llevó para que flanqueáramos tus cuatro esquinas. Pero lo más chistoso era que ni el nagual ni Silvio Manuel sabían que en realidad no nos necesitabas. Lo que era dable era que tú tenías que caminar muchísimo hasta que perdieras tu energía. Entonces Silvio Manuel te iba a asustar señalándote los aliados y convocándolos para que se te vinieran encima. Él y el nagual planeaban ayudarte poco a poquito. Esa es la regla. Pero algo salió mal. Al instante en que llegaste ahí, te volviste loco. No te habías movido ni un centímetro y ya te estabas muriendo. Estabas muerto de susto y ni siquiera habías visto a los aliados.

"Silvio Manuel me contó que no sabía qué hacer, así es que te dijo al oído lo último que se proponía decirte: que cedieras, que te rindieras sin rendirte. Tú solito te sosegaste y ellos no tuvieron que hacer nada de lo que habían planeado. Al nagual y a Silvio Manuel ya no les quedó otra cosa sino sacarme de ahí.

Le dije a la Gorda que cuando me encontré de nuevo en el mundo había alguien de pie junto a mí que me ayudó a levantarme. Eso era todo lo que podía recordar.

—Estábamos en casa de Silvio Manuel —aclaró ella—. Ahora ya puedo recordar muchas cosas de esa casa. Alguien me dijo, no sé quién, que Silvio Manuel encontró la casa y la compró porque había sido construida en un sitio de poder. Pero alguien más dijo que Silvio Manuel encontró la casa, le gustó, la compró, y después trajo el poder a ella. Yo en lo personal creo que Silvio Manuel trajo el poder. Creo que su impecabilidad sostuvo el poder en esa casa todo el tiempo en que él y sus compañeros vivieron allí.

"Cuando era hora de que ellos se fueran, el poder del lugar se desvaneció con ellos, y la casa se convirtió en lo que había sido antes de que Silvio Manuel la encontrara: una casa común y corriente.

En tanto la Gorda hablaba, mi mente parecía aclararse mucho más, pero no lo suficiente para revelarme lo que nos sucedió en esa casa, eso que me había llenado de tanta tristeza. Sin saber por qué, estaba seguro de que tenía que ver con la mujer nagual. ¿Dónde estaba ella?

La Gorda no respondió cuando se lo pregunté. Un largo silencio tuvo lugar. Ella se excusó, diciendo que tenía que hacer el desayuno; ya era de mañana. Me dejó solo, con una lugubrez y una dolorosísima melancolía. La llamé. Ella se enojó y tiró sus cacerolas al suelo. Entendí muy bien por qué lo hacía.

En otra sección de *ensoñar juntos* penetramos aún más profundamente en lo intrincado de la segunda atención. Esto tuvo lugar unos cuantos días después. La Gorda y yo, sin ninguna expectativa o esfuerzo al respecto, nos encontramos juntos de pie. Tres o cuatro veces ella intentó, en vano, entrecruzar su antebrazo con el mío. Me habló, pero lo que decía me era incomprensible. Sin embargo, supe que ella explicaba que nuevamente nos hallábamos en nuestros *cuerpos de ensueño*. La Gorda me advertía que todo movimiento nuestro debería surgir de nuestras partes medias.

Como en nuestro intento anterior, ninguna escena de *ensoñar* se presentó a fin de que la examináramos, pero me pareció reconocer un local concreto que yo había visto en mis *ensueños* casi todos los días durante un año: se trataba del valle del tigre dientes de sable.

Caminamos unos cuantos metros. Esta vez nuestros movimientos no fueron violentos o explosivos. En realidad caminamos con nuestros vientres, sin ningún tipo de acción muscular. El aspecto más violento era mi falta de práctica; era como la primera vez que monté en bicicleta. Fácilmente me cansé y perdí el ritmo, me volví titubeante e inseguro de mí mismo. Nos detuvimos. La Gorda también se había desincronizado.

Empezamos a examinar lo que nos rodeaba. Todo tenía una realidad indisputable, al menos para el ojo. Nos encontrábamos en una zona rugosa con una extraña vegetación. No pude identificar los raros arbustos que vi. Parecían árboles pequeños, de un metro y medio de alto. Tenían muy pocas hojas que eran planas y gruesas, de un color verdoso, y flores enormes, cautivantes, de color marrón oscuro con franjas de oro. Los tallos no eran maderosos, sino que parecían ligeros y flexibles, como junquillos; se hallaban cubiertos de espinas largas, que semejaban formidables agujas. Algunas plantas viejas que se habían secado y caído al suelo me hacían tener la impresión de que los tallos eran huecos.

El suelo era muy oscuro, como si estuviera húmedo. Traté de inclinarme para tocarlo, pero no pude moverme. La Gorda me indicó con una seña que utilizara la parte media de mi cuerpo. Cuando lo hice no tuve que inclinarme para tocar el suelo; había algo en mí que era como un tentáculo con capacidad de sentir. Pero yo no podía reconocer lo que me hallaba sintiendo. No había cualidades táctiles en particular sobre las cuales establecer distinciones. El suelo que tocaba parecía ser un núcleo visual en mí. Me sumergí entonces en un dilema intelectual. ¿Por qué el *ensoñar* parecía ser el producto de mi facultad visual? ¿Se debía a la preponderancia de lo visual en la vida de todos los días? Mis preguntas no tenían significado. No había posibilidad de responderlas, y todas esas interrogantes sólo debilitaban mi segunda atención.

La Gorda rompió mis reflexiones dándome un empellón. Experimenté una sensación que era como de un golpe. Un temblor me recorrió. La Gorda señaló adelante de nosotros. Como siempre, el tigre dientes de sable yacía en el arrecife donde siempre lo había visto. Nos aproximamos hasta que nos hallamos a unos metros del arrecife y tuvimos que alzar nuestras cabezas para ver al tigre. Nos detuvimos. El tigre se incorporó. Su tamaño era estupendo, especialmente su anchura.

Supe que la Gorda quería que nos escabulléramos en torno al tigre hasta llegar al otro lado de la colina. Yo quería decirle que eso podría ser peligroso, pero no pude hallar una manera de transmitirle el mensaje. El tigre parecía iracundo, excitado. Se apoyó en las patas traseras, como si se preparara a saltar sobre nosotros. Yo estaba aterrorizado.

La Gorda se volvió hacia mí, sonriendo. Comprendí que me decía que no sucumbiera al pánico, porque el tigre sólo era una imagen fantasmagórica. Con un movimiento de la cabeza, me instó a seguir adelante. Y sin embargo, en un nivel imprecisable, yo sabía que el tigre era una entidad, quizá no en el sentido concreto de nuestro mundo cotidiano, pero no obstante real. Y como la Gorda y yo estábamos *ensoñando*, habíamos perdido nuestra propia concreción en el mundo. En ese momento estábamos al parejo que el tigre: nuestra existencia era fantasmagórica igualmente.

Avanzamos otro paso ante la regañona insistencia de la Gorda. El tigre saltó del arrecife. Vi su enorme cuerpo surcando el aire, viniendo hacia mí directamente. Perdí la sensación de que me hallaba *ensoñando*: para mí, el tigre era real y yo iba a ser despedazado. Una barrera de luces, imágenes y los colores primarios más intensos que haya llegado a ver relampagueó en todo mi entorno. Desperté en mi estudio.


La Gorda y yo después llegamos a ser expertos en *ensoñar juntos*. Yo tenía la certeza de que logramos esto gracias a nuestro desapego, al hecho de que ya no teníamos tanta premura. El resultado de nuestros esfuerzos no era lo que nos impelía a actuar. Más bien se trataba de una compulsión ulterior que nos daba el ímpetu para actuar impecablemente sin pensar en recompensas. Todas nuestras sesiones fueron tan fáciles como la primera, aunque era mayor la velocidad y la naturalidad con la cual entrábamos en la segunda fase de *ensoñar*, la *vigilia dinámica*.

Nuestra habilidad era tal, que *ensoñábamos juntos*

163

cada noche. Sin ninguna intención de parte nuestra, los *ensueños* se concentraron al azar en tres áreas: en las dunas de arena, en el medio ambiente del tigre dientes de sable y, lo más importante, en acontecimientos de nuestro pasado que habíamos olvidado del todo.

Cuando las escenas que confrontábamos tenían que ver con eventos olvidados en los cuales la Gorda y yo desempeñamos un papel importante, ella no tenía dificultad en entrelazar su brazo con el mío. Ese acto me daba una irracional sensación de seguridad. La Gorda me explicó que ahuyentaba la soledad inquebrantable que produce la segunda atención. Dijo que entrecruzar los brazos propicia un ánimo de objetividad, y, como resultado, ambos podíamos contemplar las actividades que tenían lugar en cada escena. A veces formábamos parte de las actividades. Otras veces contemplábamos la escena objetivamente como si estuviéramos en un cine.

Según la Gorda, la mayor parte de nuestro *ensoñar* juntos se agrupaba en tres categorías. La primera, y por cierto la más vasta, era una reactuación de acontecimientos que habíamos vivido juntos. La segunda era un escrutinio que nosotros dos hacíamos de sucesos que solamente yo había "vivido": la tierra del tigre dientes de sable se hallaba en esta categoría. La tercera era una visita real en un dominio que existía tal como lo presenciábamos en el momento de nuestra visita. La Gorda sostenía que esos promontorios amarillos se hallaban presentes aquí y ahora, y que ésa es la manera como los ve el guerrero que viaja entre ellos.

Yo quería discutir una cuestión con ella. Ambos habíamos tenido misteriosas relaciones con gente a la que habíamos olvidado por razones inconcebibles para nosotros; pero era gente a la que, no obstante, habíamos en realidad conocido. El tigre dientes de sable, por otra parte, era una criatura propia de mi *ensueño*. Me era imposible concebir a uno y al otro en la misma categoría.

Antes de que pudiera expresar mis pensamientos, recibí su respuesta. Era como si ella en verdad se encontrara en el interior de mi mente, leyéndola como si fuera un texto.

164

—Pertenecen a la misma clase —dijo, y rió nerviosamente—. No podemos explicar por qué hemos olvidado todo eso, o cómo es que ahora lo recordamos. No podemos explicarnos nada. El tigre dientes de sable está ahí, en alguna parte. Nunca sabremos dónde. Pero ¿por qué preocuparnos por una inconsciencia inventada? Decir que una cosa es una realidad y que la otra es un *ensueño* no tiene ningún significado para el otro yo.

Para la Gorda y para mí *ensoñar juntos* llegó a ser un medio de alcanzar un mundo inimaginado de recuerdos ocultos. *Ensoñar juntos* nos permitió acordarnos de acontecimientos que no podíamos recordar a través de nuestra memoria usual y corriente. Cuando los reexaminábamos en nuestras horas de vigilia, recuerdos aún más elaborados se desencadenaban. De esta manera desenterramos, por así decirlo, masas de recuerdos que habían estado escondidos en nosotros. Nos tomó casi dos años de esfuerzo prodigioso y de concentración llegar a una mínima comprensión de lo que nos había sucedido.

Don Juan nos dijo que un ser humano está dividido en dos. El lado derecho, que es llamado el *tonal*, abarca todo lo que el intelecto es capaz de concebir. El lado izquierdo, llamado el *nagual*, es un dominio de rasgos indescriptibles, un dominio que es imposible de contener en palabras. El lado izquierdo quizás es comprendido, si comprensión es lo que tiene lugar con la totalidad del cuerpo, de allí su resistencia a la conceptualización.

Don Juan también nos había dicho que todas las facultades, posibilidades y logros de la brujería, desde lo más simple hasta lo más sorprendente, se halla en el cuerpo humano mismo.

Tomando como base los conceptos de que nos hallamos divididos en dos y de que todo se encuentra en el cuerpo mismo, la Gorda propuso una explicación de nuestros recuerdos. Ella creía que durante los años de nuestra asociación con el nagual Juan Matus, nuestro tiempo se hallaba dividido entre estados de conciencia normal, en el lado derecho, el *tonal*, donde prevalece la primera atención, y estados de conciencia acrecentada, en el lado izquierdo, el *nagual*, o el sitio de la segunda atención.

La Gorda creía que los esfuerzos del nagual Juan Matus tenían como objetivo conducirnos al otro yo por medio del autocontrol de la segunda atención a través del *ensoñar*. Sin embargo, don Juan también nos puso en contacto directo con la segunda atención mediante una manipulación corporal. La Gorda recordaba que él la forzaba a pasar de un lado al otro ya fuese oprimiendo o masajeándole la espalda. Decía que a veces incluso le daba un buen golpe en el omóplato derecho. El resultado era que ella entraba en un extraordinario estado de claridad. La Gorda creía que en ese estado todo se movía con mayor celeridad, y sin embargo nada en el mundo había sido cambiado.

Semanas después de que la Gorda me había dicho esto, recordé que a mí me había ocurrido lo mismo. En un momento dado, don Juan me daba un golpe en la espalda. Yo siempre sentí ese golpe en la espina, en medio y arriba de mis omóplatos. Una claridad extraordinaria me poseía luego. El mundo era el mismo pero más nítido. Todo se realizaba por sí mismo. Quizás se trataba de que mis facultades de razonamiento eran nubladas mediante el golpe de don Juan, y eso me permitía percibir sin ellas.

Yo permanecía con esa claridad indefinidamente, o hasta que don Juan me daba otro golpe en el mismo sitio para hacerme volver a mi estado normal de conciencia. Don Juan nunca me empujó o me masajeó. Siempre me dio un golpe directo y fuerte, no como el golpe de un puño, sino más bien un impacto que me quitaba el aliento por instantes. Yo tenía que respirar entrecortadamente, inhalar largas y rápidas bocanadas de aire hasta que de nuevo podía respirar normalmente.

La Gorda reportó el mismo efecto: todo el aire era expulsado de sus pulmones mediante el golpe del nagual y ella tenía que aspirar más de la cuenta para poder llenarlos nuevamente. La Gorda creía que la respiración era el factor decisivo. En su opinión las inhalaciones de aire que ella se veía forzada a hacer después de ser golpeada eran las que acrecentaban la conciencia. No podía, sin embargo, explicar de qué manera la respiración afectaba su percepción y su conciencia. La Gorda también explicó que a ella no se le tenía que golpear para hacerla volver a su estado normal. Ella volvía mediante sus propios medios, sin saber cómo.

Sus observaciones me parecieron pertinentes. Cuando niño, e incluso ya de adulto, ocasionalmente había quedado sin aliento al caer de espaldas. Pero el efecto del golpe de don Juan, aunque me dejaba sin aliento, no era semejante de ninguna manera. No había dolor, y en cambio me aportaba una sensación imposible de describir. Lo más cercano a lo que puedo llegar sería decir que creaba en mí un sentimiento como de sequedad. Los golpes en la espalda parecían resecar mis pulmones y nublar todo lo demás. Después, como la Gorda había observado, todo lo que después del golpe del nagual se había vuelto neblinoso, adquiría una nitidez cristalina en cuanto respiraba, como si la respiración fuese el catalizador, el factor determinante.

Lo mismo me ocurría cuando regresaba a la conciencia de todos los días. El aire era expelido de mí, el mundo que contemplaba se volvía borroso y después se aclaraba cuando llenaba los pulmones.

Otro rasgo de esos estados de conciencia acrecentada era la riqueza incomparable de la interacción personal, una riqueza que nuestros cuerpos comprendían como una sensación de velocidad. Nuestro movimiento de ida y vuelta entre el lado derecho y el izquierdo nos facilitaba discernir que en el lado derecho se consume demasiada energía y demasiado tiempo en las acciones e interacciones de la vida diaria. En el lado izquierdo, por otra parte, existe una necesidad inherente de economía y velocidad.

La Gorda no podía describir lo que en realidad era esta velocidad, ni yo tampoco. Lo mejor que podría hacer sería decir que en el lado izquierdo yo podía comprender el significado de las cosas con precisión, directamente. Cada faceta de actividad se hallaba libre de preliminares o introducciones. Yo actuaba y descansaba; avanzaba y retrocedía sin ninguno de los procesos de pensamiento que me son usuales. Esto era lo que la Gorda y yo entendíamos por velocidad.

167

La Gorda y yo discernimos en un momento dado que la riqueza de nuestra percepción en el lado izquierdo era una comprensión posfacto. Nuestra interacción parecía ser rica a la luz de nuestra capacidad de recordarla. Nos dimos cuenta entonces de que en esos estados de conciencia acrecentada habíamos percibido todo de un solo golpe, una masa bultosa de detalles inexplicables. A esta habilidad de percibir todo de un solo golpe le llamamos *intensidad*. Durante años había sido imposible para nosotros examinar las distintas partes que componían esas experiencias; no habíamos podido sintetizar esas partes en una secuencia que tuviera significado para el intelecto. Puesto que éramos incapaces de efectuar esas síntesis, no podíamos recordar nuestra incapacidad para recordar, en realidad era la incapacidad de poner sobre una base lineal la memoria de nuestra percepción. No podíamos extender, por así decirlo, nuestras experiencias a fin de arreglarlas en un orden de sucesión. Las experiencias estuvieron siempre a nuestro alcance, pero al mismo tiempo era imposible restaurarlas, pues se hallaban bloqueadas por una muralla de *intensidad*.

La tarea de recordar, entonces, propiamente, consistía en unir los lados izquierdo y derecho, de reconciliar esas dos forma distintas de percepción en un todo unificado. La tarea de consolidar la totalidad de uno mismo se efectuaba mediante el reacomodo de la *intensidad* en una secuencia lineal.

Se nos ocurrió que las actividades en las que recordábamos haber tomado parte, quizá no tomaron mucho tiempo en llevarse a cabo en términos de tiempo medido por reloj. Por razón de poder, en esas circunstancias, al percibir en términos de *intensidad*, pudimos sólo haber tenido la sensación de extensos pasajes de tiempo. La Gorda creía que si pudiéramos rearreglar la *intensidad* en una secuencia lineal, creeríamos haber vivido miles de años.

El paso pragmático que don Juan tomó para auxiliarnos en nuestra tarea de recordar consistió en hacernos interactuar con cierta gente cuando nos hallábamos en un estado de conciencia acrecentada. Él tenía mucho cuidado en impedirnos ver a esa gente cuando nos hallábamos en

168

un estado normal de conciencia, creando de esta manera las condiciones apropiadas para recordar.

Al completar nuestros recuerdos, la Gorda y yo entramos en un estado insólito. Teníamos detallado conocimiento de interacciones sociales que habíamos compartido con don Juan y sus compañeros. Estos no eran recuerdos del modo como yo recordaría un episodio de mi niñez; eran recuerdos más que vívidos de acontecimientos que podíamos revivir paso a paso. Reprodujimos conversaciones que parecían reverberar en nuestros oídos, como si las estuviéramos escuchando. Los dos pensamos que no era superfluo especular sobre lo que nos estaba ocurriendo. Lo que estábamos recordando, desde el punto de vista de nuestra experiencia inmediata, tenía lugar ahora. Tal era el carácter de nuestro recuerdo.

Por fin la Gorda y yo pudimos resolver las interrogantes que nos habían impulsado tan duramente. Recordamos quién era la mujer nagual, cómo encajaba entre nosotros, cuál había sido su papel. Dedujimos, más que recordamos, que habíamos pasado iguales porciones de tiempo con don Juan y don Genaro en estados normales de conciencia, y con don Juan y sus demás compañeros en estados de conciencia acrecentada. Recapturamos cada matiz de esas interacciones, que habían sido veladas por la *intensidad*.

Después de una cuidadosa revisión de lo que habíamos descubierto, comprendimos que apenas habíamos establecido un minúsculo puente entre los dos lados de nosotros mismos. Nos volvimos entonces a otros temas, a nuevas interrogantes que habían tomado precedencia sobre las antiguas. Había tres temas, tres preguntas que resumían todas nuestras preocupaciones. ¿Quién era don Juan y quiénes eran sus compañeros? ¿Qué nos habían hecho? Y, ¿a dónde se habían ido todos ellos?

*Tercera parte*

*EL DON DEL ÁGUILA*

# 9

## *La regla del nagual*

Don Juan había sido extraordinariamente parco en cuanto a la historia de su vida personal. Su reticencia era, en lo fundamental, un recurso didáctico; hasta donde le concernía, su vida empezó cuando se convirtió en guerrero, y todo lo que le había ocurrido con anterioridad era de muy pocas consecuencias.

Todo lo que la Gorda y yo sabíamos de esa primera época de su vida, era que don Juan había nacido en Arizona, de ascendencia yaqui y yuma. Cuando aún era niño sus padres lo llevaron a vivir con los yaquis, en el norte de México. A los diez años de edad lo atrapó la marea de las guerras yaquis. Su madre fue asesinada, y después su padre fue aprehendido por el ejército mexicano. Tanto don Juan como su padre fueron enviados a un centro de reubicación en el estado de Yucatán, en el extremo sur del país. Allí creció.

Lo que le haya sucedido durante ese período nunca se nos fue revelado. Don Juan creía que no había necesidad de hablarnos de eso. Yo creía lo contrario. La importancia que di a esa parte de su vida tenía que ver con mi convicción de que los rasgos distintivos y el énfasis de su mando emergieron de ese inventario personal de existencia.

Pero ese inventario, por muy importante que haya sido, no fue lo que le dio el inmenso significado que él tenía para nosotros, o para sus demás compañeros. Su preeminencia total se basaba en el acto fortuito de haberse ligado con "la regla".

El hallarse ligado con la regla puede describirse como vivir un mito. Don Juan vivía un mito, un mito que lo atrapó y que lo hizo ser el nagual.

Don Juan decía que cuando la regla lo atrapó, él era un hombre agresivo y desenfrenado que vivía en el exilio, como miles de otros indios yaquis. Don Juan trabajaba en las plantaciones tabacaleras del sur de México. Un día, después del trabajo, le dispararon un tiro en el pecho en un encuentro casi fatal con un compañero de trabajo sobre cuestiones de dinero. Cuando volvió en sí, un viejo indio estaba inclinado sobre él y hurgaba con los dedos una pequeña herida que don Juan tenía en el pecho. La bala no había penetrado en la cavidad pectoral, sino que se hallaba alojada en un músculo, junto a una costilla. Don Juan se desmayó dos o tres veces a causa de la conmoción, la pérdida de sangre y, según él mismo lo refirió, del temor a morir. El viejo indio extrajo la bala y, como don Juan no tenía dónde quedarse, se lo llevó a su propia casa y lo cuidó durante más de un mes.

El viejo indio era bondadoso pero severo. Un día, cuando don Juan ya se sentía relativamente fuerte y casi se había recuperado, el viejo le dio un fuerte golpe en la espalda y lo forzó a entrar en un estado de conciencia acrecentada. Después, sin mayores preliminares, le reveló a don Juan la porción de la regla que tenía que ver con el nagual y su función.

Don Juan llevó a cabo exactamente lo mismo conmigo y con la Gorda; nos hizo cambiar niveles de conciencia y nos dijo la regla del nagual de la siguiente manera:

Al poder que gobierna el destino de todos los seres vivientes se le llama el Águila, no porque sea un águila o porque tenga algo que ver con las águilas, sino porque a los videntes se les aparece como una inconmensurable y negrísima águila, de altura infinita, empinada como se empinan las águilas.

A medida que el vidente contempla esa negrura, cuatro estallidos de luz le revelan lo que es el Águila. El primer estallido, que es como un rayo, guía al vidente a distinguir los contornos del cuerpo del Águila. Hay trozos de blancura que parecen ser las plumas y los talones de un águila. Un segundo estallido de luz revela una vibrante negrura, creadora de viento, que aletea como las alas de un águila. Con el tercer estallido de luz el vidente advierte un ojo taladrante, inhumano. Y el cuarto y último estallido le deja ver lo que el Águila hace.

El Águila se halla devorando la conciencia de todas las criaturas que, vivas en la tierra un momento antes y ahora muertas, van flotando como un incesante enjambre de luciérnagas hacia el pico del Águila para encontrar a su dueño, su razón de haber tenido vida. El Águila desenreda esas minúsculas llamas, las tiende como un curtidor extiende una piel, y después las consume, pues la conciencia es el sustento del Águila.

El Águila, ese poder que gobierna los destinos de los seres vivientes, refleja igualmente y al instante a todos esos seres. Por tanto, no tiene sentido que el hombre le rece al Águila, le pida favores, o tenga esperanzas de gracia. La parte humana del Águila es demasiado insignificante como para conmover a la totalidad.

Sólo a través de las acciones del Águila el vidente puede decir qué es lo que ella quiere. El Águila, aunque no se conmueve ante las circunstancias de ningún ser viviente, ha concedido un regalo a cada uno de estos seres. A su propio modo y por su propio derecho, cualquiera de ellos, si así lo desea, tiene el poder de conservar la llama de la conciencia, el poder de desobedecer el comparendo para morir y ser consumido. A cada cosa viviente se le ha concedido el poder, si así lo desea, de buscar una apertura hacia la libertad y de pasar por ella. Es obvio para el vidente que ve esa apertura y para las criaturas que pasan a través de ella, que el Águila ha concedido ese regalo a fin de perpetuar la conciencia.

Con el propósito de guiar a los seres vivientes hacia esa apertura, el Águila creó al nagual. El nagual es un ser doble a quien se ha revelado la regla. Ya tenga forma de ser humano, de animal, de planta o de cualquier cosa viviente, el nagual, por virtud de su doblez, está forzado a buscar ese pasaje oculto.

175

El nagual aparece en pares, masculino y femenino. Un hombre doble y una mujer doble se convierten en el nagual sólo después de que la regla les ha sido revelada a cada uno de ellos, y cada uno de ellos la ha comprendido y la ha aceptado en su totalidad.

Al ojo del vidente, un hombre nagual o una mujer nagual aparece como un huevo luminoso con cuatro compartimientos. A diferencia del ser humano ordinario, que sólo tiene dos lados, uno derecho y uno izquierdo, el nagual tiene el lado izquierdo dividido en dos secciones longitudinales, y un lado derecho igualmente dividido en dos.

El Águila creó el primer hombre nagual y la primera mujer nagual como videntes y de inmediato los puso en el mundo para que vieran. Les proporcionó cuatro guerreras acechadoras, tres guerreros y un propio, a quienes ellos tendrían que mantener, engrandecer y conducir a la libertad.

Las guerreras son llamadas las cuatro direcciones, las cuatro esquinas de un cuadrado, los cuatro humores, los cuatro vientos, las cuatro distintas personalidades femeninas que existen en la raza humana.

La primera es el Este. Se le llama orden. Es optimista, de corazón liviano, suave, persistente como una brisa constante.

La segunda es el Norte. Es llamada fuerza. Tiene muchos recursos, es brusca, directa, tenaz como el viento duro.

La tercera es el Oeste. Se le llama sentimiento. Es introspectiva, llena de remordimientos, astuta, taimada, como una ráfaga de viento frío.

La cuarta es el Sur. Se le llama crecimiento. Nutre, es bullanguera, tímida, animada como el viento caliente.

Los tres guerreros y el propio representan los cuatro tipos de actividad y temperamentos masculinos.

El primer tipo es el hombre que conoce, el erudito; un hombre confiable, noble, sereno, enteramente dedicado a llevar a cabo su tarea, cualquiera que ésta fuera.

El segundo tipo es el hombre de acción, sumamente volátil, un gran compañero, voluble y lleno de humor.

El tercer tipo es el organizador, el socio anónimo, el

hombre misterioso, desconocido. Nada puede decirse de él porque no deja que nada de él se escape.

El propio es el cuarto tipo. Es el asistente, un hombre sombrío y taciturno que logra mucho si se le dirige adecuadamente pero que no puede actuar por sí mismo.

Con el fin de hacer las cosas más fáciles, el Águila mostró al hombre nagual y a la mujer nagual que cada uno de estos tipos entre los hombres y las mujeres de la Tierra tienen rasgos específicos en su cuerpo luminoso.

El erudito tiene una especie de hendidura superficial, una brillante depresión en el plexo solar. En algunos hombres aparece como un estanque de intensa luminosidad, a veces tersa y reluciente como un espejo que no refleja.

El hombre de acción tiene unas fibras que emanan del área de la voluntad. El número de fibras varía de una a cinco, y su grosor fluctúa desde un cordel hasta un macizo tentáculo parecido a un látigo de más de dos metros. Algunos hombres tienen hasta tres de estas fibras desarrolladas al punto de ser tentáculos.

Al socio anónimo no se le reconoce por ningún rasgo exclusivo sino por su habilidad de crear, muy involuntariamente, un estallido de poder que bloquea con efectividad la atención de los videntes. Cuando están en presencia de este tipo de hombre, los videntes se descubren inmersos en detalles externos en vez de ver.

El asistente no tiene configuración obvia. Ante el vidente aparece como un brillo diáfano en un cascarón de luminosidad sin imperfecciones.

En el dominio femenino, se reconoce al Este por las casi imperceptibles manchas de su luminosidad, que son como pequeñas zonas de descoloración.

El Norte tiene una radiación que abarca todo, exuda un destello rojizo, casi como calor.

El Oeste tiene una tenue membrana que la envuelve, que la hace verse más oscura que las otras.

El Sur tiene un destello intermitente; brilla durante un momento y después se opaca, para brillar de nuevo.

El hombre nagual y la mujer nagual tienen dos movimientos distintos en sus cuerpos luminosos; sus lados derechos ondean, mientras los izquierdos giran.

En términos de personalidad, el hombre nagual es un proveedor, estable, incambiable. La mujer nagual es un ser en guerra, pero aun así es un ser calmado, por siempre consciente pero sin ningún esfuerzo. Cada uno de ellos refleja los cuatro tipos de su sexo en cuatro maneras de comportamiento.

La primera orden que el Águila dio al hombre nagual y a la mujer nagual fue que encontraran, por sus propios medios, otro grupo de cuatro guerreras, las cuatro direcciones, que siendo ensoñadoras fuesen las réplicas exactas de las acechadoras.

Las ensoñadoras aparecen ante el vidente como si tuviesen en sus partes medias un delantal de fibras que asemejan cabellos. Las acechadoras tienen un rasgo semejante, que parece delantal, pero en vez de fibras el delantal consiste en incontables, pequeñas y redondas protuberancias.

Las ocho guerreras están divididas en dos bandas, que son llamadas planetas derecho e izquierdo. El planeta derecho está compuesto de cuatro acechadoras; el izquierdo, de cuatro ensoñadoras. Las guerreras de cada planeta fueron adiestradas por el Águila en la regla de sus tareas específicas: las acechadoras aprendieron a acechar; las soñadoras, a soñar.

Las dos guerreras de cada dirección viven juntas. Son tan semejantes que se reflejan la una a la otra, y sólo a través de la impecabilidad pueden encontrar solaz y estímulo en su reflejo comunal.

La única vez en que las cuatro soñadoras o las cuatro acechadoras se reúnen, es cuando tienen que llevar a cabo una tarea estrenua. Pero sólo bajo circunstancias especiales deben juntar sus manos. Ese contacto las fusiona en un solo ser y solamente debe ser usado en casos de necesidad extrema, o en el momento de abandonar este mundo.

Las dos guerreras de cada dirección están unidas a cualquiera de los guerreros, en la combinación que sea necesaria. De esa manera establecen un grupo de cuatro casas, en las que se pueden incorporar cuantos más guerreros sean necesarios.

Los guerreros y el propio también pueden formar un

grupo independiente de cuatro hombres, o cada uno de ellos puede funcionar como ser solitario, si eso dicta la necesidad.

Después, al nagual y a su grupo se les ordenó encontrar a otros tres propios. Estos podían ser todos hombres o todas mujeres o un grupo mixto; las mujeres tenían que ser del Sur.

Para asegurar que el primer hombre nagual condujera a su grupo a la libertad, sin desviarse del camino o sin corromperse, el Águila se llevó a la mujer nagual al otro mundo para que sirviera como faro que guía al grupo hacia la apertura.

El nagual y sus guerreros recibieron luego la orden de olvidar. Fueron hundidos en la oscuridad y se les dio nuevas tareas: la tarea de recordarse a sí mismos, y la tarea de recordar al Águila.

La orden de olvidar fue tan enorme que todos se separaron. No pudieron recordar quiénes eran. El Águila designó que si lograban recordarse a sí mismos nuevamente, podrían hallar la totalidad de sí mismos. Sólo entonces tendrían la fuerza y la tolerancia necesarias para buscar y enfrentar su jornada definitiva.

Su última tarea, después de recobrar la totalidad de sí mismos, consistió en conseguir un nuevo par de seres dobles y de transformarlos en un nuevo hombre nagual y en una nueva mujer nagual por virtud de revelarles la regla.

Y así como el primer hombre nagual y la primera mujer nagual fueron provistos de una banda mínima, su deber era proporcionar al nuevo par de naguales cuatro guerreras acechadoras, tres guerreros y un propio.

Cuando el primer nagual y su banda estuvieron listos para entrar en el pasaje, la primera mujer nagual ya los esperaba para guiarlos. Se les ordenó entonces que se llevaran con ellos a la nueva mujer nagual a fin de que ella sirviera de faro a su gente; el nuevo hombre nagual se quedó en el mundo para repetir el ciclo.

Mientras se hallan en el mundo, el número mínimo que se halla bajo la dirección del nagual es dieciséis: ocho guerreras, cuatro guerreros, contando al nagual, y cuatro propios. En el momento de abandonar el mundo, cuando la nueva mujer nagual se encuentra con ellos, el número del nagual es diecisiete. Si el poder personal permite tener más guerreros, éstos deben añadirse en múltiplos de cuatro.

Yo había presentado a don Juan la cuestión de cómo fue que se hizo conocer la regla al hombre. Me explicó que la regla no tenía fin y que cubría cada faceta de la conducta de un guerrero. La interpretación y acumulación de la regla es obra de videntes cuya tarea, a través de los milenios, ha sido *ver* al Águila, observar su flujo incesante. Por medio de sus observaciones, los videntes han concluido que, si el cascarón luminoso que comprende la humanidad de uno ha sido roto, uno puede encontrar en el Águila el tenue reflejo del hombre. Los irrevocables dictados del Águila pueden ser capturados por los videntes, interpretados adecuadamente por ellos, y acumulados en forma de un cuerpo de gobierno.

Don Juan me explicó que la regla no era un cuento, y que cruzar hacia la libertad no significa vida eterna tal como se entiende comúnmente a la eternidad: esto es, vivir por siempre. Lo que la regla asentaba era que uno podía conservar la conciencia, que por fuerza se abandona en el momento de morir. Don Juan no podía explicar lo que significaba conservar esa conciencia, o quizá ni siquiera podía concebirlo. Su benefactor le había dicho que en el momento de cruzar, uno entra en la tercera atención, y que el cuerpo en su totalidad se inflama de conocimiento. Cada célula se torna, al instante, consciente de sí misma y también de la totalidad del cuerpo.

Su benefactor también le había dicho que este tipo de conciencia no tiene sentido para nuestras mentes compartamentalizadas. Por consiguiente, el meollo de la lucha del guerrero no consistía tanto en enterarse de que el cruce del que se habla en la regla significaba cruzar a la tercera atención, sino, más bien, en concebir que tal conciencia existe.

Don Juan decía que al principio la regla era, para él, algo estrictamente en el dominio de las palabras. No podía imaginar cómo podía deslizarse al dominio del mundo real y sus manifestaciones. Bajo la efectiva guía de su benefactor, sin embargo, y después de mucho trabajo, finalmente logró comprender la verdadera naturaleza de la regla, y la aceptó totalmente como un conjunto de directivas pragmáticas y no como mito. A partir de ese momento, no tuvo problemas al tratar con la realidad de la tercera atención. El único obstáculo en su camino surgió a raíz de su creencia de que la regla era un mapa. Estaba tan convencido de ello, que creyó que tenía que buscar una apertura en el mundo, un pasaje. De alguna manera, se había quedado innecesariamente atascado en el primer nivel del desarrollo de un guerrero.

Como resultado de esto, la tarea de don Juan, en su capacidad de guía y maestro, fue dirigida a ayudar a los aprendices, y a mí en lo especial, a evitar que se repitiera ese error. Lo que logró hacer con nosotros fue conducirnos a través de las tres etapas del desarrollo del guerrero, sin enfatizar ninguna de ellas más de la cuenta. Primero nos guió para que tomáramos la regla como mapa, después nos guió a la comprensión de que uno puede obtener una conciencia suprema, porque tal cosa existe; y, por último, nos guió a un pasaje concreto para pasar a ese otro mundo oculto de la conciencia.

Para conducirnos a través de la primera etapa, la aceptación de la regla como un mapa, don Juan tomó la sección que pertenece al nagual y su función, y nos mostró que ésta corresponde a hechos inequívocos. Él logró esto a fuerza de hacernos tener, mientras nos hallábamos en fases de conciencia acrecentada, un trato sin restricciones con los miembros del grupo, que eran las personificaciones vivientes de los ocho tipos descritos por la regla. Conforme tratamos con ellos, se nos revelaron aspectos más complejos e inducidos de la regla. Hasta que estuvimos en condiciones de comprender que nos encontrábamos atrapados en la red de algo que en un principio habíamos conceptualizado como mito, pero que en esencia era un mapa.

Don Juan nos dijo que, en este respecto, su caso había sido idéntico al nuestro. Su benefactor le ayudó a pasar a través de esa primera fase permitiéndole el mismo tipo de interacción. Para ello lo hizo desplazarse una y otra vez de la conciencia del lado derecho a la del izquierdo, lo presentó con los miembros de su propio grupo, las ocho guerreras, los tres guerreros y los cuatro propios, que eran, como es obligatorio, los ejemplos más estrictos de los tipos que describe la regla. El impacto de conocerlos y de tratar con ellos fue aplastante para don Juan. No sólo lo obligó a considerar la regla como un hecho positivo sino que lo hizo comprender la magnitud de nuestras desconocidas posibilidades.

Don Juan dijo que para el momento en que todos los miembros de su propio grupo habían sido reunidos, él se hallaba tan profundamente dado a la vida del guerrero, que no le causó gran sorpresa el hecho de que, sin ningún esfuerzo evidente por parte de nadie, ellos vinieron a ser réplicas perfectas de los guerreros del grupo de su benefactor. La similitud de sus gustos personales, antipatías, afiliaciones, etcétera, no era resultado de imitación; don Juan decía que ellos pertenecían, tal como plantea la regla, a grupos específicos de gente que tiene las mismas reacciones. Las únicas diferencias entre la gente del mismo grupo era el tono de sus voces, el sonido de su risa.

Al explicarme los efectos que en él había tenido el trato con los guerreros de su benefactor, don Juan tocó el tema de la muy significativa diferencia que existía entre cómo interpretaban la regla su benefactor y él, y también en cómo conducían y enseñaban a otros a aceptarla como mapa. Me dijo que hay dos tipos de interpretaciones: la universal y la individual. Las interpretaciones universales toman las afirmaciones que conforman el cuerpo de la regla tal como son. Un ejemplo sería decir que al Águila no le importan las acciones de los hombres y, sin embargo, les ha proporcionado un pasaje hacia la libertad.

La interpretación individual, por otra parte, es una conclusión presente, del día, a la que llegan los videntes al utilizar las interpretaciones universales como premisas. Un ejemplo sería decir que a causa de que al Águila no le importo, yo tendría que ver modos de asegurar mis posibilidades de alcanzar la libertad, quizás a través de mi propia iniciativa.

Según don Juan, él y su benefactor eran muy distintos en sus métodos para guiar a sus pupilos. Don Juan decía que su benefactor era demasiado severo; guiaba con mano de hierro y, siguiendo su convicción de que con el Águila no existen las limosnas, nunca hizo nada por nadie de una manera directa.

En cambio, apoyó activamente a todos para que se ayudaran a sí mismos. Consideraba que el regalo de la libertad que ofrece el Águila no es una dádiva sino la oportunidad de tener una oportunidad.

Don Juan, aunque apreciaba los méritos del método de su benefactor, no estaba de acuerdo con él. Cuando él ya era nagual *vio* que ese método desperdicia tiempo irreemplazable. Para él era más eficaz presentarle a cualquiera una situación dada y forzarlo a aceptarla, y no esperar a que estuviese listo a enfrentarla por su propia cuenta. Ese fue el método que siguió conmigo y con los demás aprendices.

La ocasión en que esa diferencia fue más agobiante para don Juan, fue durante el tiempo que trató con los guerreros de su benefactor. El mandato de la regla era que el benefactor tenía que encontrarle a don Juan primero una mujer nagual y después un grupo de cuatro mujeres y cuatro hombres para componer su grupo de guerreros. El benefactor *vio* que don Juan aún no disponía de suficiente poder personal para asumir la responsabilidad de una mujer nagual, así es que invirtió el orden y pidió a las mujeres de su propio grupo que hallaran primero las cuatro mujeres y después los cuatro hombres.

Don Juan confesó que la idea de esa inversión lo entusiasmó. Había entendido que esas mujeres eran para su uso, y en su mente eso se traducía en un uso sexual. Su ruina fue el revelar sus expectativas a su benefactor, quien inmediatamente lo puso en contacto con los guerreros y las guerreras de su propio grupo y lo dejó con ellos.

Para don Juan fue un verdadero encontrón conocer a esos guerreros, no sólo porque eran a propósito difíciles con él, sino porque ese encuentro es de por sí un abrecaminos.

Don Juan decía que es un abrecaminos porque los actos en el lado izquierdo no pueden tener lugar a no ser que todos los participantes compartan el mismo estado. Por esa razón no nos dejaba entrar en la conciencia del lado izquierdo sino para llevar a cabo nuestra actividad con sus guerreros. En su caso, sin embargo, su benefactor lo empujó a ella y no lo dejó salir de allí.

Don Juan me dio una breve relación de lo que ocurrió durante su primer encuentro con los miembros del grupo de su benefactor. Tenía la idea de que quizá yo podía usar esa experiencia como una muestra de lo que me esperaba. Me dijo que el mundo de su benefactor tenía una seguridad magnífica. Los miembros de su grupo eran guerreros indios que provenían de todo México. Cuando él los conoció, todos ellos vivían en una remota región montañosa del sur de México.

Al llegar a la casa, don Juan se enfrentó a dos mujeres idénticas, las indias más grandes que jamás hubiera visto. Eran ceñudas y malas, pero tenían facciones muy agradables. Cuando él quiso pasar entre ellas, lo atraparon con sus enormes barrigas, lo tomaron de los brazos y empezaron a golpearlo. Lo tiraron al suelo y se sentaron sobre él, casi aplastándole la caja torácica. Lo tuvieron inmovilizado más de doce horas mientras negociaban con su benefactor, quien tuvo que hablar sin parar toda la noche hasta que ellas finalmente dejaron libre a don Juan en la mañana. Me dijo que lo que lo aterró más que nada fue la determinación que mostraban los ojos de esas mujeres. Pensó que estaba perdido, porque ellas iban a quedarse sentadas encima de él hasta que muriera, como lo habían advertido.

Por regla general debe haber un período de espera de unas cuantas semanas antes de conocer al siguiente grupo de guerreros, pero debido a que su benefactor planeaba dejarlo permanentemente con ellos, don Juan fue inmediatamente presentado a los demás. Conoció a cada uno de ellos en un solo día y todos ellos lo trataron como basura. Argüían que no era el hombre adecuado para la tarea, que era demasiado soez y excesivamente estúpido, joven pero ya senil en su manera de ser. Su benefactor habló brillantemente en defensa de don Juan; les dijo que todos ellos iban a tener la oportunidad de modificar esas condiciones, y que debería ser el máximo deleite, para ellos y para don Juan, asumir esa responsabilidad.

Don Juan me dijo que la primera impresión fue correcta. Para él, a partir de ese momento, sólo hubo penurias y trabajo. Las mujeres *vieron* que don Juan era ingobernable y que no se le podía confiar la compleja y delicada tarea de dirigir a cuatro mujeres. Como eran videntes, hicieron su propia interpretación personal de la regla y decidieron que sería más adecuado para don Juan tener primero a los cuatro guerreros y luego a las cuatro mujeres. Don Juan estaba convencido de que ese *ver* había sido justo. Para poder dirigir guerreras, un nagual tiene que hallarse en un estado de poder personal consumado; un estado de seriedad y control, en el cual los sentimientos humanos desempeñan un papel mínimo; en ese tiempo tal estado le era inconcebible.

Su benefactor lo puso bajo la supervisión directa de sus dos guerreras del Oeste, las más intransigentes y feroces de todas. Don Juan me dijo que las mujeres del Oeste, de acuerdo con la regla, están totalmente locas y que alguien tiene que cuidarlas. Bajo las durezas del *ensoñar* y del *acechar* sus lados derechos, sus mentes se dañan. Su razón se extingue muy fácilmente por el hecho de que su conciencia del lado izquierdo es extremadamente aguda. Una vez que pierden el lado racional son *ensoñadoras* y *acechadoras* insuperables porque ya no tienen ningún lastre racional que las contenga.

Don Juan dice que esas mujeres lo curaron de la lujuria. Durante seis meses pasó la mayor parte del tiempo en un arnés, suspendido del techo de una cocina rural, como jamón que se ahúma, hasta que quedó completamente limpio de pensamientos de ganancia y de gratificación personal.

Don Juan me explicó que el arnés de cuero es espléndido recurso para curar ciertas enfermedades que no son físicas. Mientras más alta esté suspendida una persona y más tiempo pase sin tocar el suelo, pendiendo en el aire, mejores son las posibilidades de un efecto verdaderamente purificador.

A medida que las dos guerreras del Oeste lo limpiaban, las otras mujeres estaban atareadas en encontrar los hombres y las mujeres que iban a formar su grupo. Les tomó años lograrlo. Don Juan, en tanto, tuvo que tratar por su propia cuenta a todos los guerreros de su benefactor. La presencia y el contacto con ellos fue tan avasallador que don Juan creyó que nunca se vería libre de su influencia. El resultado fue una adherencia total y literal al cuerpo de la regla. Don Juan decía que desperdició tiempo irremplazable reflexionando sobre la existencia de su pasaje real hacia el otro mundo. Consideraba que esa preocupación era una trampa que debía evitarse a toda costa. Para protegerme de ella, no me dejó llevar a cabo el trato obligatorio con los miembros de su cuerpo a menos que estuviera protegido por la presencia de la Gorda o de cualquier otro de los aprendices.

En mi caso, conocer a los guerreros de don Juan fue el resultado final de un largo proceso. Nunca se hizo mención de ellos en las conversaciones habituales con don Juan. Yo sabía de su existencia solamente a través de inferencias; él me iba revelando porciones de la regla que me daban a entender eso. Más tarde, don Juan admitió que esas personas existían, y que a la larga yo las conocería. Me preparó para esos encuentros dándome instrucciones y consejos generales.

Me previno acerca de un error común; el error de sobrestimar la conciencia del lado izquierdo, de deslumbrarse ante su claridad y poder. Me dijo que estar en la conciencia del lado izquierdo no quiere decir que uno se libera inmediatamente de los desatinos: sólo significa tener una capacidad perceptiva más intensa, una facilidad aún mayor para comprender y aprender y, sobre todo, una gran habilidad para olvidar.

A medida que se aproximaba la hora de que conociera a los guerreros de don Juan, éste me dio una escueta descripción del grupo de su benefactor, como una guía para mi propio uso. Me dijo que para un espectador el mundo de su benefactor podría parecer a veces que consistía en cuatro familias. La primera estaba formada por las mujeres del Sur y el primer propio; la segunda, por las mujeres del Este, el erudito'y un propio; la tercera, por las mujeres del Norte, el hombre de acción y otro propio; y la cuarta, por las mujeres del Oeste, el socio anónimo y un tercer propio.

Otras veces, ese mundo podía parecer compuesto de grupos. Había un grupo de cuatro hombres de mayor edad, completamente distintos, que eran el benefactor de don Juan y sus tres guerreros. Luego, estaba un grupo de cuatro hombres tremendamente parecidos entre sí: los propios. Un tercer grupo compuesto de dos pares de gemelas, aparentemente idénticas, que vivían juntas y que eran las mujeres del Sur y las del Este. Y un cuarto grupo formado por otros dos pares de supuestas hermanas, las mujeres del Norte y del Oeste.

Ninguna de estas mujeres tenía lazos de parentesco entre sí, simplemente parecían iguales, al punto, en ciertos casos, de ser idénticas. Don Juan creía que esto era producto del enorme poder personal que tenía su benefactor. Don Juan describió a las mujeres del Sur como dos mastodontes temibles en apariencia pero muy simpáticas y afectuosas. Las mujeres del Este eran muy bellas, frescas y graciosas, un verdadero deleite para verlas y oírlas. Las mujeres del Norte eran completamente femeninas, vanas, coquetas, preocupadas con la edad, pero también terriblemente directas e impacientes. Las mujeres del Oeste eran a veces locas, y otras, un epítome de severidad y determinación. Eran las que más perturbaban a don Juan, quien no podía reconciliar el hecho de que fueran tan sobrias, bondadosas y serviciales, con el hecho de que en un momento dado podían perder la compostura y quedar totalmente locas.

Los hombres, por otra parte, de ninguna manera eran memorables para don Juan. Creía que no había nada notable en ellos. Todos parecían hallarse completamente anulados por la conmocionante fuerza y determinación de las mujeres y por la personalidad avasalladora del benefactor.

En cuanto a su propio desarrollo, don Juan decía que el haber sido empujado al mundo de su benefactor le hizo comprender cuán fácil y conveniente le había sido dejar que su vida transcurriera sin disciplina alguna. Entendió que su error había consistido en creer que sus miras eran las únicas metas valiosas que un hombre podía tener. Toda su vida había sido un indigente; la ambición que lo consumía, por tanto, era tener posesiones materiales, ser *alguien*. Tanto le preocupó el afán de salir adelante y la desesperación de saber que no lo estaba logrando, que nunca tuvo tiempo de examinar cosa alguna. De buena gana se aunó a su benefactor porque creyó que se le estaba presentando una oportunidad de engrandecerse. Pensó que, por lo menos, podría aprender a ser brujo. La realidad de su encuentro con el mundo de su benefactor fue tan diferente, que él la concebía como algo análogo al efecto de la conquista española en la cultura indígena. Algo que destruyó todo, pero que también llevó a una revalidación total.

Mi reacción a los preparativos para conocer al grupo de guerreros de don Juan no fue temor reverencial o miedo, sino más bien una mezquina preocupación intelectual sobre dos cuestiones. La primera era la proposición de que en el mundo sólo hay cuatro tipos de hombres y cuatro tipos de mujeres. Argüí con don Juan que la variación individual en la gente es demasiado vasta y compleja para un esquema tan simple. Él no estuvo de acuerdo conmigo. Dijo que la regla era final, y que ésta no permitía un número indefinido de tipos de gente.

La segunda cuestión era el contexto cultural del conocimiento de don Juan. Él no lo sabía. Lo consideraba producto de una especie de panindianismo. Su conjetura era que una vez, en el mundo indígena anterior a la Conquista, la manipulación de la segunda atención se vició. Se había desarrollado sin ningún obstáculo durante quizá miles de años, hasta que perdió la fuerza. Los practicantes de ese tiempo posiblemente no necesitaban controles, y así, sin freno, la segunda atención, en vez de volverse más fuerte se debilitó conforme se volvió más y más intrincada. Después vinieron los invasores españoles y, con su tecnología superior, destruyeron el mundo de los indios. Don Juan me dijo que su benefactor se hallaba convencido de que sólo un grupo pequeño de guerreros sobrevivió y pudo reagrupar su conocimiento y redirigir su sendero. Todo lo que don Juan y su benefactor sabían de la segunda atención venía a ser versión reestructurada, una nueva versión a la que se le habían añadido restricciones porque había sido forjada bajo las más ásperas condiciones de supresión.

## 10

# El grupo de guerreros del nagual

Cuando don Juan consideró que era hora de que tuviera
mi primer encuentro con sus guerreros, me hizo cambiar
de niveles de conciencia. En ese momento me aclaró que
él no tendría nada que ver con la manera en que ellos me
trataran. Me previno que si decidían golpearme, él no los
iba a detener. Podían hacer lo que desearan, menos matarme. Subrayó una y otra vez que los guerreros de su grupo
eran la perfecta réplica del grupo de su benefactor, salvo
que algunas mujeres eran más feroces, y todos los hombres eran absolutamente poderosos y sin igual. Por tanto,
mi primer encuentro con ellos podría resultar como una
colisión frontal.

Yo, por una parte, me hallaba nervioso y aprensivo,
pero, por otra, curioso. Mi mente se abrumaba con infinitas especulaciones, la mayor parte de ellas sobre cómo se-
rían los guerreros.

Don Juan me dijo que él tenía dos opciones, una era
la posibilidad de enseñarme a memorizar un elaborado ritual, como habían hecho con él, y la otra era hacer el encuentro lo más casual posible. Esperó un augurio que le
señalara qué alternativa tomar. Su benefactor había hecho
algo semejante, sólo que había insistido en que don Juan
aprendiera el ritual antes de que el augurio se presentara.
Cuando don Juan le reveló sus ilusiones de dormir con
cuatro mujeres, su benefactor lo interpretó como el augurio, dejó a un lado el ritual y terminó negociando por la vida de don Juan.

En mi caso, don Juan quería un augurio antes de enseñarme el ritual. El augurio llegó cuando don Juan y yo viajábamos por un pueblo fronterizo en Arizona y un policía me detuvo. El policía creía que yo era un extranjero sin documentación. Sólo hasta que le mostré mi pasaporte, que él supuso falsificado, y otros documentos, me dejó ir. A don Juan, que estuvo junto a mí en el asiento delantero, el policía ni siquiera lo miró. Se había concentrado absolutamente en mí. Don Juan consideró que ese incidente era el augurio que esperaba. Lo interpretó como algo que señalaba lo peligroso que resultaría si yo llamaba la atención, y concluyó que mi mundo debía de ser de la máxima simplicidad y candor: toda pompa y rituales elaborados estarían fuera de carácter. Concedió, sin embargo, que sería adecuada una mínima observación de patrones ritualistas cuando me presentara a sus guerreros. Tenía que empezar aproximándome a ellos desde el Sur, porque ésa es la dirección que el poder sigue en su flujo incesante. La fuerza vital fluye hacia nosotros desde el Sur, y nos abandona fluyendo hacia el Norte. Me dijo que la única entrada al mundo del nagual era a través del Sur, y que el portal se hallaba custodiado por dos guerreras, quienes tendrían que saludarme y dejarme pasar si así lo decidían.

Me llevó a un pueblo del centro de México. Caminamos a una casa en el campo y cuando nos acercábamos a ella desde el Sur, vi a dos indias macizas, de pie, enfrentándose la una a la otra a un metro de distancia. Se hallaban a unos diez o quince metros de la puerta principal de la casa, en una área donde la tierra estaba apisonada. Las dos mujeres eran extraordinariamente musculosas. Ambas tenían el pelo negrísimo y largo, juntado en una gruesa trenza. Parecían hermanas. Eran de la misma altura, del mismo peso: calculé que debían de tener alrededor de un metro sesenta de estatura y un peso de unos setenta kilos. Una de ellas era bastante oscura, casi negra, y, la otra, mucho más clara. Se hallaban vestidas como típicas indias del centro de México: vestidos largos, hasta el suelo, rebozos y huaraches caseros.

Don Juan me hizo detener a un metro de ellas. Se volvió hacia la mujer que se hallaba a nuestra izquierda y me hizo mirarla. Me dijo que se llamaba Cecilia y que era *en-soñadora*. Luego se volvió abruptamente, sin darme tiempo de decir nada, y me hizo enfrentarme a la mujer más morena, que se hallaba a nuestra derecha. Me dijo que su nombre era Delia y que era *acechadora*. Las mujeres me saludaron con un movimiento de cabeza. Ni sonrieron ni hicieron ningún gesto de bienvenida.

Don Juan caminó entre ellas como si fueran dos columnas que señalaban un portón. Avanzó un par de pasos y se volvió como si esperara que ellas me invitaran a pasar. Me observaron calmadamente durante unos momentos. Después Cecilia me invitó a entrar, como si yo me hallara en el umbral de una puerta verdadera.

Don Juan guió el camino hacia la casa. En la puerta principal encontramos a un hombre. Era muy delgado. A primera vista era bastante joven, pero un escrutinio más agudo revelaba que parecía tener casi sesenta años. Me dio la impresión de ser un niño viejo: pequeño, fuerte y nervioso, con penetrantes ojos oscuros. Era como una sombra. Don Juan me lo presentó como Emilito, y dijo que era su propio, su asistente personal, y que él me daría la bienvenida a nombre suyo.

Me pareció que Emilito en verdad era el ser más apropiado para bienvenir a cualquiera. Su sonrisa era radiante, sus pequeños dientes estaban perfectamente alineados. Me dio la mano, o más bien cruzó sus antebrazos y apretó mis dos manos. Parecía exudar gozo, y cualquiera habría dicho que estaba extático de verme. Su voz era muy suave y sus ojos chisporroteaban.

Entramos en un gran cuarto. Allí estaba otra mujer. Don Juan me dijo que se llamaba Teresa y que era la ayudante de Cecilia y Delia. Quizás apenas tenía unos treinta años, y definitivamente parecía ser hija de Cecilia. Era muy callada, pero amistosa. Seguimos a don Juan al fondo de la casa, donde había una terraza techada. Era un día cálido. Nos sentamos a una mesa, y después de una frugal merienda conversamos hasta la medianoche.

Emilito fue el anfitrión. Encantó y deleitó a todos con sus historias exóticas. Las mujeres se animaron. Eran un público magnífico. Oír su risa era un placer exquisito. En un momento, cuando Emilito dijo que ellas eran como sus dos madres, y Teresa como su hija, lo alzaron al vuelo y lo echaron al aire como si fuera un niño.

De las dos, Delia me parecía la más racional, con los pies en la tierra. Cecilia era quizá más indiferente, pero parecía tener mayor fuerza interna. Me dio la impresión de ser más intolerante o más impaciente; parecía irritarse con algunos de los cuentos de Emilito. No obstante, definitivamente era toda oídos cuando él contaba lo que llamaba sus "cuentos de la eternidad". Cada historia era precedida por la frase "¿sabían ustedes, queridos amigos, que...?". La historia que más me impresionó trataba de unas criaturas que según él existían en el universo y que eran lo más próximo a seres humanos, sin serlo; eran criaturas obsesionadas con el movimiento, capaces de percibir la más ligera fluctuación dentro o en torno a ellas. Eran tan sensitivas al movimiento que éste constituía una maldición para ellas, algo tan terriblemente doloroso que su máxima ambición era encontrar la quietud.

Emilito intercalaba entre sus cuentos de la eternidad los más terribles chistes picantes. Debido a sus increíbles dotes como narrador, me dio la impresión de que cada una de sus historias era una metáfora, una parábola, a través de la cual nos enseñaba algo.

Don Juan dijo que no era así, que Emilito simplemente reportaba lo que había presenciado en sus viajes por la eternidad. La función de un propio consistía en viajar por delante del nagual, como explorador de una operación militar. Emilito había llegado hasta los límites de la segunda atención, y todo lo que presenciaba lo transmitía a los demás.

Mi segundo encuentro con los guerreros de don Juan fue tan preparado como el primero. Un día don Juan me hizo cambiar niveles de conciencia y me informó que yo iba a tener una segunda cita. Me hizo manejar a Zacatecas, en el norte de México. Llegamos allí muy temprano en la mañana. Don Juan me dijo que se trataba solamente de una escala, y que teníamos hasta el día siguiente para descansar antes de emprender mi segundo encuentro formal con las mujeres del Este y el guerrero erudito de su grupo. Me empezó a hablar entonces de un delicado e intrincado asunto de elección. Dijo que habíamos conocido al Sur y al propio a media tarde, porque él había hecho una interpretación personal de la regla y había elegido esa hora para representar la noche. El Sur verdaderamente era la noche —una noche cálida, propicia, agradable—, y propiamente debimos haber ido a conocer a las dos mujeres del Sur después de la medianoche. Sin embargo, eso no hubiera sido buen auspicio para mí, puesto que mi dirección general era hacia la luz, hacia el optimismo, un optimismo que se desenvuelve armoniosamente y entra en el misterio de la oscuridad. Dijo que eso era precisamente lo que habíamos hecho ese día; habíamos disfrutado nuestra reunión, conversando y riendo en la luz del día y en la total oscuridad de la noche. Me extrañó en esa ocasión por qué no encendían las lámparas.

Don Juan dijo que el Este, por otra parte, era la mañana, la luz, y que deberíamos visitar a las mujeres del Este en la mañana del día siguiente.

Antes del desayuno fuimos al zócalo y tomamos asiento en una banca. Don Juan me pidió que me quedara allí y los esperase mientras él hacía algunos mandados. Se fue, y poco después llegó una mujer y tomó asiento en el otro extremo de la banca. No le presté ninguna atención y empecé a leer un periódico. Un momento después otra mujer se le unió. Quise irme a otra banca, pero recordé que don Juan había especificado que yo debía sentarme allí. Di la espalda a las mujeres y ya me había olvidado de que estaban allí, puesto que todos estábamos en perfecto silencio, cuando un hombre las saludó y se detuvo, justo frente a mí. Me di cuenta, a través de su conversación, de que las mujeres lo habían estado esperando. El hombre se disculpó por su tardanza. Obviamente quería sentarse. Me deslicé un poco para hacerle espacio. Me dio las gracias profusamente y se disculpó por molestarme. Me dijo que los tres estaban absolutamente perdidos en la ciudad porque eran gente del campo, que una vez habían ido a la ciudad de México y casi se mueren en el tráfico. Me preguntó si yo vivía en Zacatecas. Le dije que no, y me disponía a concluir nuestra conversación en ese momento, pero había algo muy cautivador en su sonrisa. Era un hombre viejo, notablemente conservado para su edad. No era indio. Parecía un caballero agricultor de pueblo rural. Vestía traje y tenía puesto un sombrero de paja. Sus rasgos eran muy delicados, y la piel era casi transparente. Tenía nariz perfilada, boca pequeña y una barba blanca, corta y perfectamente peinada. Se veía extraordinariamente sano y, a la vez, parecía frágil. Era de estatura mediana, musculoso, pero al mismo tiempo daba la impresión de ser delgado, casi débil.

Se puso en pie y se presentó. Me dijo que se llamaba Vicente Medrano, que estaría en la ciudad solamente por ese día, y que las dos mujeres eran sus hermanas. Las mujeres se levantaron y nos miramos. Eran muy delgadas, más morenas que su hermano. También eran mucho más jóvenes; una de ellas lo bastante como para ser su hija. Advertí que la piel de ellas era más seca, no era como la de él. Las dos mujeres eran muy atractivas. Como el hombre, tenían facciones delicadas y sus ojos eran claros y apacibles. Las dos medían como un metro sesenta. Lucían vestidos bellamente cortados, pero con sus rebozos, sus zapatos sin tacón y sus medias de algodón oscuro semejaban campesinas adineradas. La de mayor edad parecía tener unos cincuenta años, y la menor, cuarenta.

El hombre me las presentó. La mayor se llamaba Carmela y la menor, Hermelinda. Me puse en pie y brevemente estreché sus manos. Les pregunté si tenían hijos. Esa pregunta por lo general era la manera con que yo iniciaba conversaciones. Las mujeres rieron y al unísono pasaron las manos por sus estómagos para mostrarme cuán delgadas eran. El hombre me explicó con mucha calma que sus hermanas eran solteronas, y que él mismo también era un viejo solterón. Me confió, con un tono semibromista, que por desgracia sus hermanas eran demasiado hombrunas, les faltaba esa femineidad que hace deseables a las mujeres, y que por tanto nunca habían podido hallar marido.

Les dije que así estaban mejor, considerando el papel

subordinado de las mujeres en nuestra sociedad. Las mujeres no estuvieron de acuerdo; dijeron que no les habría importado subordinarse si tan sólo hubiesen hallado hombres que quisieran ser sus dueños. La más joven dijo que el verdadero problema era que su padre no les había enseñado a comportarse como mujeres. El hombre comentó con un suspiro que el padre era tan dominante que también a él le había impedido casarse. Los tres suspiraron y se mostraron sombríos. A mí me dio risa.

Después de un prolongado silencio volvimos a tomar asiento y el hombre dijo que si yo me quedaba allí un poco más tendría la oportunidad de conocer al padre de ellos, quien aun era muy fogoso a pesar de su edad tan avanzada. Añadió, con un tono tímido, que su padre los iba a llevar a desayunar porque ellos nunca llevaban dinero. Su papá era el que administraba la economía.

Quedé estupefacto. Esos viejos que parecían tan fuertes, en realidad eran como niños débiles y azorados. Les dije adiós y me puse en pie para retirarme. El hombre y sus hermanas insistieron en que me quedara. Me aseguraron que a su papá le encantaría que yo los acompañara a desayunar. Yo no quería conocer a su padre, y a la vez tenía curiosidad. Les dije que yo también esperaba a alguien. En ese momento, las mujeres empezaron a reír con unas risas ahogadas que después se convirtieron en carcajadas estentóreas. El hombre también se dejó llevar por una risa incontenible. Me sentí estúpido. Mi deseo era irme al instante de allí. En ese momento don Juan llegó y me di cuenta de toda la maniobra. No me pareció divertida.

Todos nos pusimos en pie. Ellos aún reían cuando don Juan me dijo que las mujeres eran el Este; Carmela era *acechadora* y Hermelinda, *ensoñadora*; Vicente era el guerrero erudito, y el compañero más antiguo de don Juan.

Conforme nos alejábamos del zócalo, otro hombre se nos unió, un indio moreno y alto, quizá de unos cuarenta años. Vestía pantalones de mezclilla y un sombrero de vaquero. Parecía ser terriblemente fuerte y huraño. Don Juan me lo presentó como Juan Tuma, el propio y el asistente de investigaciones de Vicente.

Caminamos a un restorán que se hallaba a unas cuadras. Las mujeres me pusieron entre ellas. Carmela me dijo que esperaba que yo no me hubiera ofendido, que tuvieron la alternativa de simplemente presentarse conmigo o de jugarme una broma. Lo que los decidió en favor de embromarme fue mi actitud absolutamente esnob de darles la espalda y de querer cambiarme de banca. Hermelinda agregó que uno tiene que ser completamente humilde y no cargar nada que uno no tenga que defender, ni siquiera su propia persona; la persona de uno debe protegerse, pero no defenderse. Al desairarlos yo no me protegía, sino que simplemente estaba defendiéndome.

Me sentí belicoso. Francamente, su broma me había caído mal. Empecé a hablar de mi enojo, pero antes de que expusiera mi argumento, don Juan vino a mi lado. Dijo a las dos mujeres que perdonaran mi belicosidad, que toma mucho tiempo limpiar la basura que un ser luminoso recoge en el mundo.

El dueño del restorán a donde fuimos conocía a Vicente y nos había preparado un desayuno suntuoso. Todos ellos estaban de magnífico humor, pero yo no podía acabar con mi enojo. Entonces, a petición de don Juan, Juan Tuma comenzó a hablar de sus viajes. Era un hombre de hechos. Me hipnotizaron sus secas narraciones de cosas que estaban más allá de mi entendimiento. Para mí la más fascinante fue la descripción de unos rayos de luz o de energía que supuestamente entrelazan la Tierra. Dijo que esos rayos no fluctúan como todo lo demás en el universo, sino que se hallan fijos en un patrón. Ese patrón coincide con cientos de puntos de cuerpo luminoso. Hermelinda creía que todos esos puntos se encontraban en nuestro cuerpo físico, pero Juan Tuma explicó que, puesto que el cuerpo luminoso es bastante grande, algunos de esos puntos están localizados hasta a un metro de distancia del cuerpo físico. En cierto sentido se hallan fuera de nosotros, y sin embargo, esto no es así: están en la periferia de nuestra luminosidad y, por tanto, pertenecen al cuerpo total. El punto más importante se localiza a unos treinta centímetros del estómago, a cuarenta grados a la derecha de una línea imaginaria que se desprende, recta, hacia delante. Juan Tuma nos contó que ése era el centro donde se

197

congrega la segunda atención, y que es posible manejarlo golpeando suavemente con las palmas de las manos. Oyendo hablar a Juan Tuma, olvidé mi enojo.

Mi siguiente encuentro con el mundo de don Juan fue con el Oeste. Don Juan me dio variadas advertencias de que el primer contacto con el Oeste era un evento sumamente importante, porque éste decidiría, de una manera u otra, lo que subsecuentemente yo debería hacer. También me puso en guardia de que iba a ser un evento difícil, especialmente para mí, que tan inflexible y tan importante me sentía. Me dijo que por lo común uno se aproxima al Oeste durante el crepúsculo, un momento del día que ya en sí es difícil, y que sus guerreras del Oeste eran poderosas, temerarias y enteramente exasperantes. A la vez, también conocería al guerrero que era el socio anónimo. Don Juan me recomendó que ejercitara la mayor cautela y paciencia; esas mujeres no sólo estaban locas de atar, sino que ellas y el hombre eran los guerreros más poderosos que había conocido. En su opinión, los tres eran las máximas autoridades de la segunda atención.

Un día, como si se tratara de un mero impulso, súbitamente don Juan decidió que era hora de iniciar nuestro viaje para conocer a las mujeres del Oeste. Viajamos a una ciudad del norte de México. Justo al atardecer, don Juan me indicó que estacionara el auto enfrente de una gran casa sin luces que se hallaba casi en las afueras de la ciudad. Nos bajamos del automóvil y caminamos a la puerta principal. Don Juan tocó varias veces. Nadie contestó. Tuve la sensación de que habíamos llegado en un momento inoportuno. La casa parecía vacía.

Don Juan continuó tocando hasta que, al parecer, se fatigó.

Me indicó que tocara. Me dijo que lo hiciera sin parar porque las personas que vivían allí eran médio sordas. Le pregunté si no sería mejor regresar más tarde, o al día siguiente. Me dijo que continuara golpeando la puerta.

Después de una espera que pareció interminable, la puerta se empezó a abrir lentamente. Una mujer rarísima sacó la cabeza y me preguntó si lo que quería era tumbar la puerta al suelo, o enfurecer a los vecinos y a sus perros con mis golpes.

Don Juan dio un paso como para decir algo. La mujer salió afuera y con brusquedad lo empujó a un lado. Empezó a sacudir su dedo índice casi sobre mi nariz, gritando que me estaba portando como si en el mundo no existiera nadie más aparte de mí. Protesté. Dije que yo sólo estaba cumpliendo lo que don Juan me había ordenado hacer. La mujer preguntó si me habían ordenado derrumbar la puerta. Don Juan quiso intervenir pero de nuevo fue empujado a un lado.

Parecía que esa mujer acababa de levantarse de la cama. Era una calamidad. La habíamos probablemente despertado y en su prisa se puso un vestido de su canasta de ropa sucia. Se hallaba descalza, su pelo encanecido estaba en desorden total. Tenía los ojos irritados y apenas entreabiertos. Era una mujer de facciones ordinarias, pero de alguna manera muy impresionante: más bien alta, de un metro setenta centímetros, morena y enormemente musculosa; sus brazos desnudos estaban anudados con duros músculos. Advertí que el contorno de sus piernas era bellísimo.

Ella me miró de arriba abajo, irguiéndose por encima de mí, y gritó que no había oído mis disculpas. Don Juan me susurró que debería disculparme con voz fuerte y clara.

Una vez que lo hice, la mujer sonrió y se volvió hacia don Juan y lo abrazó como si fuera un niño. Gruñó que él no debió hacerme golpear la puerta porque mi contacto era demasiado furtivo y perturbador. Tomó a don Juan del brazo, lo condujo al interior y lo ayudó a cruzar la puerta, que por cierto tenía un pie muy alto. Lo llamaba "queridísimo viejecillo". Don Juan se rió. Yo me hallaba asombrado viéndolo comportarse como si le fascinaran las absurdidades de esa temible mujer. Una vez que ayudó al "queridísimo viejecillo" a entrar en la casa, ella se volvió hacia mí e hizo un gesto con la mano para ahuyentarme, como si yo fuera un perro. Se rió al ver mi sorpresa: sus dientes eran grandes, disparejos y sucios. Después pareció cambiar de opinión y me indicó que entrara.

Don Juan se dirigía a una puerta que yo difícilmente podía distinguir al final de un oscuro pasillo. La mujer lo regañó por ignorar hacia dónde se dirigía. Nos condujo por otro pasillo oscuro. La casa parecía inmensa, y no había una sola luz en ella. La mujer abrió una puerta que conducía a un cuarto muy grande, casi vacío a excepción de dos viejas sillas en el centro, bajo el foco más débil que jamás he visto. Era un foco alargado, antiguo.

Otra mujer se hallaba sentada en uno de los sillones. La primera mujer tomó asiento en un pequeño petate y reclinó su espalda contra la otra silla. Después colocó sus muslos contra los senos, descubriéndose por completo. No usaba ropa interior. La contemplé, estupefacto.

En un tono áspero y feo, la mujer me preguntó que por qué le estaba yo mirando descaradamente la vagina. No supe qué decir y sólo lo negué. Ella se levantó y pareció estar a punto de golpearme. Exigió que confesara que me había quedado con la boca abierta ante ella porque nunca había visto una vagina en mi vida. Me aterré. Me hallaba completamente avergonzado y luego me sentí irritado por haberme dejado atrapar en tal situación.

La mujer le preguntó a don Juan qué tipo de nagual era yo que nunca había visto una vagina. Empezó a repetir esto una y otra vez, gritándolo a todo pulmón. Corrió por todo el cuarto y se detuvo en la silla donde se hallaba sentada la otra mujer. La sacudió de los hombros y, señalándome, le dijo que yo nunca había visto una vagina en toda mi vida.

Me hallaba mortificado. Esperaba que don Juan hiciera algo para evitarme esa humillación. Recordé que me había dicho que esas mujeres estaban bien locas. Se había quedado corto: esa mujer estaba en su punto para el manicomio. Miré a don Juan, en busca de consejo y apoyo. Él desvió su mirada. Parecía hallarse igualmente perdido, aunque me pareció advertir una sonrisa maliciosa, que ocultó rápidamente volviendo la cabeza.

La mujer se tendió boca arriba, se alzó la falda y me ordenó que mirara hasta hartarme en vez de estar con miraditas aviesas. Mi rostro debió enrojecer, a juzgar por el calor que sentí en la cabeza y el cuello. Me hallaba tan molesto que casi perdí el control. Tenía ganas de aplastarle la cabeza.

La mujer que se hallaba en la silla repentinamente se puso en pie y tomó del pelo a la otra; la hizo levantarse con un solo movimiento, al parecer sin ningún esfuerzo. Se me quedó mirando con los ojos entrecerrados, y aproximó su rostro a unos cinco centímetros del mío. Su olor era sorprendentemente fresco.

Con una voz muy chillante dijo que deberíamos acabar con lo que empezamos. Las dos mujeres quedaron muy cerca de mí bajo el foco. No se parecían. La segunda era de mayor edad, o daba esa impresión. Su cara se hallaba cubierta por una densa capa de polvo cosmético que le daba una apariencia de bufón. Su cabello estaba arreglado en un moño. Parecía muy serena, salvo un continuo temblor en el labio inferior y la barbilla.

Las dos eran igualmente altas y fuertes en apariencia; ambas se irguieron amenazadoras sobre mí y me observaron un rato largo. Don Juan no hizo nada por romper su fijeza. La mujer de más edad asintió con la cabeza y don Juan me dijo que se llamaba Zuleica y que era *ensoñadora*. La mujer que había abierto la puerta se llamaba Zoila, y era *acechadora*.

Zuleica se volvió hacia mí y, con voz de loro, me preguntó si en verdad nunca había visto una vagina. Don Juan ya no pudo conservar más tiempo la compostura y empezó a reír. Con un gesto, le hice ver que no sabía qué decir. Me susurró en el oído que lo mejor sería decir que no; de otra manera tendría que describir una vagina, porque eso me exigiría después Zuleica.

Respondí como don Juan me indicó y Zuleica comentó que sentía lástima por mí. Y luego ordenó a Zoila que me enseñara su vagina. Zoila se tendió boca arriba bajo el foco y abrió los muslos.

Don Juan reía y tosía. Le supliqué que me sacara de ese manicomio. De nuevo me susurró en el oído que lo que debía hacer era mirar bien y mostrarme atento e interesado, porque si no tendríamos que quedarnos allí hasta el Día del Juicio.

Después de un examen cuidadoso y atento, Zuleica dijo que a partir de ese momento podía yo alardear de ser un conocedor, y que si alguna vez me topaba con una mujer sin pantaletas, ya no sería tan vulgar y obsceno como para quedarme bizco mirándola, porque ya había visto una vagina.

Caminando muy despacio, Zuleica nos condujo al patio. Me susurró que allí se hallaba alguien esperando conocerme. El patio estaba en completas tinieblas. A duras penas podía distinguir las siluetas de los otros. Entonces vi el oscuro contorno de un hombre que se hallaba a unos cuantos metros de mí. Mi cuerpo experimentó una sacudida involuntaria.

Don Juan le habló a ese hombre con una voz muy baja, y dijo que me había llevado con él para que lo conociera. Le dijo cómo me llamaba. Después de un momento de silencio don Juan me dijo que el hombre se llamaba Silvio Manuel, que era el guerrero de la oscuridad y el verdadero jefe de todo el grupo de guerreros. Después, Silvio Manuel me habló. Me dio la impresión de que tenía un desorden en el habla: su voz era amortiguada y las palabras le salían como suaves estallidos de tos.

Me ordenó que me acercara. Cuando traté de aproximarme, él retrocedió, exactamente como si flotara. Me llevó a un receso aún más oscuro del pasillo, caminando, o eso parecía, hacia atrás y sin ruido. Murmuró algo que no pude comprender. Quise hablar, pero la garganta me picaba y estaba reseca. Me repitió algo dos o tres veces hasta que comprendí que me estaba ordenando que me desnudara. Había algo abrumador en su voz y en la oscuridad que lo envolvía. No pude desobedecer. Me quité la ropa y quedé desnudo, temblando de temor y de frío.

Estaba tan oscuro que no podía ver si don Juan y las dos mujeres aún estaban allí. Escuché un suave y prolongado siseo que se originaba muy cerca de mí; entonces sentí una brisa fresca. Comprendí que Silvio Manuel exhalaba su aliento sobre todo mi cuerpo.

Después me pidió que me sentara en mi ropa y mirara un punto brillante que con facilidad yo podía distinguir en la oscuridad, un punto que daba una tenue luz ámbar.

Me pareció que me quedé mirando horas enteras hasta que de súbito comprendí que el punto de brillantez era el ojo izquierdo de Silvio Manuel. Pude distinguir entonces el contorno de todo su rostro y de su cuerpo. El pasillo no estaba tan oscuro como parecía. Silvio Manuel avanzó hacia mí y me ayudó a incorporarme. Me encantó ver en la oscuridad con tal claridad. Ni siquiera me importaba estar desnudo o que, como entonces advertí, las mujeres me miraran. Al parecer, ellos también podían ver en la oscuridad; me observaban. Quise ponerme el pantalón, pero Zoila me lo arrebató de las manos.

Las dos mujeres y Silvio Manuel me observaron durante un largo rato. Después, don Juan se presentó repentinamente, me dio mis zapatos, y Zoila nos llevó por un corredor a un patio abierto, con árboles. Distinguí la negra silueta de una mujer parada en la mitad del patio. Don Juan le habló y ella murmuró algo como respuesta. Don Juan me dijo que era una mujer del Sur, se llamaba Marta, y era la asistente de las dos mujeres del Oeste. Marta dijo que podría apostar que yo nunca me había presentado a una mujer estando desnudo; el procedimiento habitual es conocerse y desvestirse después. Rió con fuerza. Su risa era tan agradable, tan clara y joven, que me estremeció. Su risa repercutió por toda la casa, aumentada por la oscuridad y el silencio que allí reinaba. Miré a don Juan en busca de apoyo. Se había ido, y Silvio Manuel también. Me hallaba solo con las tres mujeres. Me puse muy nervioso y le pregunté a Marta si sabía a dónde se había ido don Juan. En ese preciso momento, alguien me agarró de la piel de mis axilas. Grité de dolor. Supe que había sido Silvio Manuel. Me levantó como si yo no pesara nada y me sacudió hasta que se me salieron los zapatos. Después me puso de pie en una estrecha tina de agua helada que me llegaba a las rodillas.

Me quedé en la tina durante un rato largo mientras todos me escrutaban. Después, Silvio Manuel volvió a levantarme, me sacó del agua y me colocó junto a mis zapatos, que diligentemente alguien había puesto al lado de la tina.

Don Juan de nuevo apareció y me dio mi ropa. Me susurró que debía ponérmela y que lo cortés era quedarse conversando por un rato. Marta me dio una toalla para que me secara. Busqué a las otras dos mujeres y a Silvio Manuel, pero no aparecían por ningún sitio.

Marta, don Juan y yo permanecimos en la oscuridad conversando un largo rato. Ella parecía dirigirse principalmente a don Juan, pero creí que yo era su verdadero público. Esperé una indicación de don Juan para que nos marcháramos, pero él parecía disfrutar la ágil conversación de Marta. Nos dijo que ese día Zoila y Zuleica habían estado en la cumbre de la locura. Añadió luego, en beneficio mío, que las dos eran extraordinariamente racionales la mayor parte del tiempo.

Como si revelara un secreto, Marta nos contó que el cabello de Zoila estaba tan despeinado porque cuando menos un tercio de éste era pelo de Zuleica. Las dos habían tenido un momento de intensa camaradería, y se ayudaron mutuamente a peinarse el pelo. Zuleica trenzó el pelo de Zoila como lo había hecho cientos de veces, salvo que, como estaba fuera de control, anudó parte de su propio cabello con el de Zoila. Marta dijo que al levantarse de las sillas hubo una conmoción. Ella corrió al rescate, pero cuando entró en el cuarto Zuleica ya había tomado la iniciativa y se hallaba más lúcida que Zoila, decidió cortar la parte del pelo de Zoila que había trenzado con el suyo. En el desorden que vino después Zuleica se confundió y acabó cortando su propio pelo.

Don Juan reía como si fuera lo más chistoso que hubiera oído en su vida. Escuché suaves explosiones de risa que parecían tos y que provenían de la oscuridad del lado opuesto del patio.

Marta añadió que había tenido que improvisarle un moño hasta que le creciera el pelo a Zuleica.

Reí con don Juan. Marta me caía muy simpática. En cambio las otras dos mujeres me daban asco. Marta, por el contrario, parecía un parangón de calma y de voluntad férrea. No podía ver sus rasgos, pero la imaginé muy hermosa. El sonido de su voz era cautivante.

Muy cortésmente, ella le preguntó a don Juan si yo querría algo de comer. Él respondió que yo no me sentía muy a gusto que digamos con Zuleica y Zoila y que probablemente acabaría en náusea. Marta me aseguró que las dos mujeres ya se habían ido, y tomó mi brazo y nos llevó a través de un corredor aún más oscuro hasta una bien iluminada cocina. El contraste fue excesivo para mis ojos. Me quedé en el umbral de la puerta tratando de acostumbrarme a la luz.

La cocina era de techo alto y bastante moderna y funcional. Tomamos asiento en una especie de desayunador. Marta era joven y muy fuerte; tenía una figura llena, voluptuosa; rostro circular y nariz y boca pequeñas. Su pelo negrísimo estaba trenzado y enroscado encima de su cabeza.

Estaba seguro de que ella habría estado tan curiosa por examinarme como yo por verla en la luz. Nos sentamos y comimos y hablamos durante horas. Yo quedé fascinado. Era una mujer sin educación y, sin embargo, me tuvo absorto con su conversación. Nos contó chistosísimas y detalladas historias de las ridiculeces que Zoila y Zuleica hacían cuando estaban locas.

Cuando salimos de la casa, don Juan expresó su admiración por Marta. Dijo que ella era quizás el más admirable ejemplo de cómo la determinación puede afectar a un ser humano. Sin ninguna base educativa o de preparación, salvo su voluntad inquebrantable, Marta había triunfado en la más ardua tarea imaginable: la de cuidar a Zoila, Zuleica y Silvio Manuel.

Pregunté a don Juan por qué Silvio Manuel se había rehusado a que lo mirara en la luz. Me respondió que Silvio Manuel se hallaba en su elemento en la oscuridad, y que ya tendría incontables oportunidades de verlo. Durante nuestro primer encuentro, no obstante, era obligatorio que él se conservara dentro de los linderos de su poder: la oscuridad de la noche. Silvio Manuel y las dos mujeres vivían juntos porque formaban un equipo de *brujos* formidables.

Don Juan me recomendó que no me formara juicios apresurados de las dos mujeres del Oeste. Yo las había conocido en un momento en que estaban fuera de control, pero esa ausencia de control sólo tenía que ver con la conducta superficial. Las dos tenían un centro interno que era inalterable; por tanto, hasta en los momentos de peor locura podían reírse de sus propias aberraciones como si se tratara de una representación puesta en escena por otras personas.

El caso de Silvio Manuel era distinto, no se hallaba trastornado de manera alguna. De hecho, su profunda sobriedad le permitía actuar tan efectivamente con las dos mujeres, porque ellas y él eran extremos opuestos. Don Juan me dijo que Silvio Manuel había nacido de esa manera y que todos los que lo rodeaban reconocían la diferencia. Aun el mismo benefactor de don Juan, que era duro e implacable con todos, prodigaba especial atención a Silvio Manuel. Don Juan tardó años en comprender la razón de esa preferencia. Debido a algo inexplicable en su naturaleza, una vez que Silvio Manuel ingresó en la conciencia del lado izquierdo, nunca más salió de allí. Su proclividad a permanecer en un estado de conciencia acrecentada, aunado a la soberbia capacidad de su benefactor, le permitieron llegar, antes que los demás, no sólo a la conclusión de que la regla es un mapa y que, en realidad, existe otro tipo de conciencia, sino también el pasaje real y concreto que conduce al otro mundo de la conciencia. Don Juan decía que Silvio Manuel, de la manera más impecable, equilibraba sus ganancias excesivas poniéndolas al servicio del propósito común de todos ellos. Silvio Manuel era la fuerza silenciosa que se hallaba tras don Juan.

Mi último encuentro introductorio con los guerreros de don Juan fue con el Norte. Don Juan me llevó a la ciudad de Guadalajara a fin de llevarlo a cabo. Me dijo que nuestra cita era a sólo una corta distancia del centro de la ciudad y que tendría lugar al mediodía, porque el Norte era el mediodía. Dejamos el hotel a las once de la mañana, y nos paseamos tranquilamente por la zona del centro.

Caminaba sin fijarme, preocupado por el encuentro, cuando me estrellé de cabeza con una dama que salía apresurada de una tienda. Llevaba unos paquetes, que se esparcieron por la acera. Pedí disculpas y empecé a ayudarla a recogerlos. Don Juan me urgió a que me apurara para no llegar demasiado tarde. La señora parecía aturdida con el golpe. La sostuve del brazo. Era una mujer alta, muy esbelta, quizá de unos sesenta años, vestida con suma elegancia. Parecía una dama de sociedad. Era exquisitamente cortés y asumió la culpa, aduciendo que se había distraído buscando a su sirviente. Me preguntó si la podía ayudar a localizarlo entre la multitud. Me volví a don Juan, quien dijo que, después de medio matarla, lo menos que podía hacer era ayudarla.

Tomé los paquetes y regresamos a la tienda. A corta distancia localicé a un indio de aire desamparado que parecía estar absolutamente fuera de sitio allí. La señora lo llamó y él fue a su lado casi como un perrito extraviado. Parecía que estaba a punto de lamerle la mano.

Don Juan nos esperaba afuera de la tienda. Le explicó a la señora que teníamos prisa y después le di mi nombre. La señora sonrió con gracia y me extendió su mano. Pensé que en su juventud debió de haber sido arrebatadora, pues aún se conservaba hermosa y cautivante.

Don Juan se volvió a mí y abruptamente me dijo que el nombre de la señora era Nélida, que era del Norte, y que era *ensoñadora*. Después me hizo volverme hacia el sirviente y me dijo que se llamaba Genaro Flores, y que él era el hombre de acción, el guerrero de las hazañas del grupo. Mi sorpresa fue total. Los tres soltaron una carcajada, y mientras más crecía mi consternación más disfrutaban ellos.

Don Genaro regaló los paquetes a un grupo de niños, diciéndoles que su patrona, la bondadosa señora, había comprado esas cosas para regalárselas. Era su buena acción del día. Después caminamos en silencio una media cuadra. Yo tenía la lengua trabada. De repente, Nélida señaló una tienda y nos pidió que nos detuviéramos un instante porque tenía que recoger una caja de medias que le estaban guardando allí. Me escudriñó sonriendo, con los ojos resplandecientes, y me dijo que, ya en serio, brujería o no brujería, ella tenía que usar medias de nailon y pantaletas de encaje. Don Juan y don Genaro rieron como idiotas. Yo me quedé mirándola con la boca abierta, porque no tenía otra cosa que hacer. Había algo absolutamente terrenal en ella y, sin embargo, era casi etérea.

En tono de broma le dijo a don Juan que me sostuviera porque estaba a punto de desmayarme. Después cortésmente le pidió a don Genaro que fuera corriendo adentro y que recogiera el paquete. Cuando él procedía a entrar en la tienda, Nélida cambió de idea y lo llamó, pero él al parecer no la escuchó y desapareció en la tienda. Nélida se disculpó y corrió tras él.

Don Juan oprimió mi espalda para sacarme de mis turbulencias. Me dijo que iba a conocer a la otra mujer del Norte, cuyo nombre era Florinda, por mi propia cuenta y en otra ocasión, porque ella sería mi enlace con otro ciclo, con otro estado de ser. Describió a Florinda como una copia al carbón de Nélida, o viceversa.

Observé que Nélida era tan sofisticada y de tan buen gusto que la podía imaginar en una revista de modas. El hecho de que fuese bella y tan blanca, quizá de familia francesa o del norte de Italia, me sorprendió. Aunque Vicente tampoco era indio, su apariencia rural no lo hacía ver como una anomalía. Le pregunté a don Juan por qué había gente blanca en su mundo. Dijo que el poder es lo que selecciona a los guerreros del grupo de un nagual, y que es imposible conocer sus designios.

Esperamos enfrente de la tienda por lo menos una media hora. Don Juan pareció impacientarse y me pidió que entrara y los apresurara. Entré en la tienda. No era un lugar grande, no había puerta trasera, y ellos no estaban allí. Les pregunté a los empleados, pero nadie pudo darme razón.

Volví con don Juan y le exigí que me dijera qué había ocurrido. Me dijo que o habían desaparecido en pleno aire o habían salido a escurridillas cuando él me oprimió la espalda.

Me enfurecí y le grité que toda su gente eran unos embaucadores. Él rió tanto que le rodaron lágrimas por las mejillas. Dijo que yo era la ideal víctima de engaño. Mi sentido de impaciencia personal me empujaba a jugar el papel de un tonto sin remedio. Mi irritación lo hacía reír con tanta fuerza, que tuvo que apoyarse en la pared.

208

La Gorda me relató su primer encuentro con los miembros del grupo de don Juan. Su versión difería sólo en el contenido: la forma era la misma. Los guerreros quizá fueron un poco más violentos con ella. La Gorda lo interpretó como un experimento para sacarla de su modorra, o una reacción natural, por parte de ellos, a lo que ella consideraba su detestable personalidad.

A medida que revisábamos el mundo de don Juan, nos íbamos dando cuenta de que éste era una réplica del mundo de su benefactor. Se podía ver que consistía o de grupos o de casas. Había un grupo de cuatro pares independientes de mujeres que parecían hermanas y que trabajaban y vivían juntas; otro grupo estaba compuesto por don Juan y tres hombres de la edad de don Juan, y muy allegados a él; un par de mujeres del Sur, más jóvenes que las demás, que parecían tener lazos de parentesco entre ellas, Marta y Teresa; y finalmente un par de hombres menores que don Juan, los propios Emilito y Juan Tuma. Pero también parecían consistir en cuatro casas aparte, localizadas muy lejos la una de la otra en distintas zonas de México. Una se hallaba compuesta por las dos mujeres del Oeste, Zuleica y Zoila, Silvio Manuel y Marta. La siguiente estaba formada por las dos mujeres del Sur, Cecilia y Delia; Emilito, que era el propio de don Juan, y Teresa. Otra casa estaba hecha por Carmela y Hermelinda, las mujeres del Oeste, Vicente, y el propio Juan Tuma; y, por último, la de las mujeres del Norte, Nélida y Florinda, y don Genaro.

Según don Juan, su mundo no tenía ni la armonía ni el equilibrio del de su benefactor. Las dos únicas mujeres que se equilibraban completamente la una a la otra, y que parecían gemelas idénticas, eran las guerreras del Norte, Nélida y Florinda. Una vez, Nélida me dijo que las dos eran tan parecidas que incluso tenían el mismo tipo sanguíneo.

Para mí, una de las sorpresas más agradables fue la transformación de Zuleica y Zoila, quienes habían sido tan repugnantes. Resultaron ser, como había dicho don

Juan, las guerreras más sobrias que se pudiera imaginar. No lo podía creer cuando las vi por segunda vez. El ataque de locura había pasado y ahora asemejaban dos señoras bien vestidas, altas, morenas y musculosas, con brillantes ojos oscuros como pedazos de resplandeciente obsidiana negra. Rieron y bromearon conmigo por lo que ocurrió la noche de nuestro primer encuentro, como si otras personas y no ellas hubieran tomado parte en él. Puede comprenderse fácilmente el tumulto emocional de don Juan causado por las guerreras del Oeste del grupo de su benefactor. Para mí también era imposible aceptar que Zuleica y Zoila pudiesen transformarse en criaturas repugnantes y detestables. Me tocó la oportunidad de presenciar esa metamorfosis en varias ocasiones; felizmente nunca pude juzgarlas tan ásperamente como lo hice en el primer encuentro. Más que nada, sus excesos me causaban tristeza.

Pero la sorpresa más grande me la deparó Silvio Manuel. En la oscuridad de nuestro primer encuentro lo imaginé como un hombre imponente, un gigante avasallador. En realidad era pequeño, pero no frágilmente pequeño. Su cuerpo era como el de un jinete de carreras, un jockey pequeño pero perfectamente proporcionado. Me pareció que hubiera podido ser un gimnasta. Su control físico era tan notable que podía inflarse, como si fuera un sapo, hasta casi el doble de su tamaño, expandiendo todos los músculos del cuerpo. Daba asombrosas demostraciones de cómo podía descoyuntar sus miembros y reacomodarlos nuevamente sin ninguna manifestación de dolor. Al mirar a Silvio Manuel, siempre experimenté un profundo, desconocido sentimiento de temor. Para mí, era como un visitante de otro tiempo. Era moreno pálido, como estatua de bronce. Sus rasgos eran afilados. Su nariz aguileña; sus labios gruesos y sus ojos oblicuos ampliamente separados, lo hacían parecer una figura estilizada de un fresco maya. Durante el día era amigable y simpático, pero tan pronto oscurecía se volvía insondable. Su voz se transformaba. Tomaba asiento en una esquina oscura y se dejaba devorar por la oscuridad. Todo lo que quedaba visible de él era su ojo izquierdo, que permanecía abierto y adquiría un fulgor extraño, como ojos de felino.

Una cuestión secundaria que emergió en el transcurso de nuestro trato con los guerreros de don Juan fue el tema del *desatino controlado*. Don Juan me dio una explicación sucinta de una vez que se hallaba exponiendo las dos categorías en las que obligatoriamente se dividen las mujeres guerreras: *ensoñadoras* y *acechadoras*. Me dijo que todos los miembros de su grupo hacían *ensoñar* y *acechar* como parte de sus vidas diarias, pero que las mujeres que componían el planeta de las *ensoñadoras* y el planeta de las *acechadoras* eran las máximas autoridades de sus actividades respectivas.

Las *acechadoras* son las que enfrentan los embates del mundo cotidiano. Son las administradoras de negocios, las que tratan con la gente. Todo lo que tiene que ver con el mundo de los asuntos ordinarios pasa por sus manos. Las *acechadoras* son las practicantes del *desatino controlado*, así como las *ensoñadoras* son las practicantes del *ensueño*. En otras palabras, el *desatino controlado* es la base del *acechar*, y los *ensueños* son las bases del *ensoñar*. Don Juan decía que, hablando en términos generales, el logro más importante de un guerrero en la segunda atención es *ensoñar*, y en la primera atención el logro más grande es *acechar*.

Yo malentendí lo que los guerreros de don Juan hicieron conmigo en nuestros primeros encuentros. Tomé sus actos como ejemplos de engaño y falsedad, y ésa sería mi impresión hasta la fecha, de no haber sido por la idea del *desatino controlado*. Don Juan me dijo que los actos de esos guerreros fueron lecciones maestras de *acechar*. Me dijo que su benefactor le había enseñado el arte de *acechar* antes que otra cosa. Para poder sobrevivir entre los guerreros de su benefactor tuvo que aprender ese arte a toda prisa. En mi caso, dijo don Juan, puesto que no tenía que vérmelas con sus guerreros, tuve que aprender primero a *ensoñar*. Pero cuando el momento fuese apropiado, Florinda aparecería para guiarme a través de las complejidades del *acechar*. Nadie más que ella podía hablar conmigo detalladamente del *acecho*; los otros tan sólo podían ofrecerme demostraciones directas, como ya lo habían hecho en nuestros primeros encuentros.

Don Juan me explicó detalladamente que Florinda era una de las máximas practicantes del *acecho*, ya que su benefactor y sus cuatro guerreras, que eran *acechadoras*, la habían entrenado en los aspectos más intrincados de este arte. Florinda fue la primera guerrera que llegó al mundo de don Juan, y por esa razón ella iba a ser mi guía personal: no sólo en el arte de *acechar* sino también en el misterio de la tercera atención, si es que yo llegaba a ese nivel. Don Juan no me explicó nada más acerca de ese punto. Me dijo que eso tendría que esperar a que yo estuviera listo, primero para aprender a *acechar*, y después a entrar en la tercera atención.

Don Juan decía que su benefactor había sido muy meticuloso con cada uno de sus guerreros al adiestrarlos en el arte de *acechar*. Utilizó toda clase de estratagemas a fin de crear un contrapunto entre los dictados de la regla y la conducta de los guerreros en el mundo cotidiano. Creía que ésa era la mejor forma de convencerlos de que la única manera que disponen para tratar con el medio social es en términos del *desatino controlado*.

A medida que desarrollaba sus estratagemas, el benefactor de don Juan ponía a la gente y a los guerreros frente a los mandatos de la regla, y dejaba que el drama natural se desenvolviese por sí mismo. La insensatez de la gente tomaba la delantera y por un momento arrastraba con ella a los guerreros, como parece ser lo natural, pero siempre será vencida por los designios más abarcantes de la regla.

Don Juan nos dijo que en un principio se sintió profundamente agraviado por el control que su benefactor ejercía sobre sus guerreros. Incluso se lo echó en cara. Su benefactor no se inmutó. Sostuvo que su control era tan sólo una ilusión que el Águila creaba. Él solamente era un guerrero impecable, y sus actos representaban un humilde intento de reflejar al Águila.

Don Juan decía que el impulso con el cual su benefactor llevaba a cabo sus estratagemas se originaba en su certeza de que el Águila era real y final, y en su certeza de que lo que la gente hace es un desatino absoluto. Esas dos convicciones daban origen al *desatino controlado*, que el benefactor de don Juan describía como el único puente que existe entre la insensatez de la gente y la finalidad de los dictados del Águila.

## 11

## La mujer nagual

Don Juan me dijo que cuando fue puesto bajo el cuidado
de las mujeres del Oeste, para ser purificado, también lo
pusieron bajo la tutela de la mujer del Norte, que era el
equivalente de Florinda, para que ésta le enseñara los principios del arte de *acechar*. Ella y su benefactor le dieron
los medios concretos para adquirir a los tres guerreros, al
propio y a las cuatro *acechadoras* que compondrían su
grupo.

Las ocho mujeres videntes del grupo de su benefactor
habían buscado las configuraciones distintivas de luminosidad, y no tuvieron dificultad alguna en hallar los tipos
apropiados de guerreros masculinos y femeninos para el
grupo de don Juan. Sin embargo, su benefactor no permitió que esos videntes hicieran ningún intento por congregar a los guerreros que habían encontrado. Le correspondió a don Juan aplicar los principios del *acecho* para obte-
nerlos.

El primer guerrero que apareció fue Vicente. Don
Juan aún no dominaba el arte de *acechar* para poder enro-
larlo. Su benefactor y la *acechadora* del Norte tuvieron
que hacer casi todo el trabajo. Después vino Silvio Manuel, más tarde don Genaro y, por último, Emilito, el propio.

Florinda fue la primera guerrera. Fue seguida por Zoila, después por Delia y luego por Carmela. Don Juan decía
que su benefactor inexorablemente los obligó a todos ellos
a que trataran con el mundo en términos de *desatino con-*

*trolado*. El resultado fue un estupendo equipo de practicantes, quienes concebían y ejecutaban las más intrincadas estratagemas.

Cuando todos ellos tenían ya cierto grado de pericia en el arte de *acechar*, su benefactor consideró que era el momento adecuado de encontrar para ellos una mujer nagual. Fiel a su política de ayudarlos a que se ayudaran a sí mismos, esperó, para encontrarla, hasta que don Juan había aprendido a *ver* y todos ellos eran expertos *acechadores*. Aunque don Juan lamentaba inmensamente el tiempo que desperdició en esperar, estaba de acuerdo en que ese curso de acción creó un enorme vínculo entre todos ellos y dio nueva vida a su obligación de buscar la libertad.

Su benefactor empezó su estratagema para atraer a la mujer nagual convirtiéndose, de repente, en un católico devoto. Exigió que don Juan, siendo el heredero de su conocimiento, se comportara como un hijo y fuera a la iglesia con él. Día tras día lo empujaba a oír misa. Don Juan decía que su benefactor, quien en su trato con la gente era un hombre encantador y elocuente, lo presentaba a todos como su hijo, el algebrista.

Don Juan, que según sus propias palabras era en aquel entonces un salvaje, se sentía desolado en situaciones sociales en las que debía hablar y dar una relación de sí mismo. Lo único que lo tranquilizaba era la idea de que su benefactor tenía razones ulteriores. Trató de deducir a través de sus observaciones cuáles podían ser esas razones, pero no pudo hacerlo. Los actos de su benefactor parecían estar abiertos a la vista de todos. Como católico ejemplar, ganó la confianza de muchísima gente, especialmente del párroco, quien lo tenía en alta estima y lo consideraba amigo y confidente. Le pasó por la mente la idea de que su benefactor sinceramente podía haberse convertido al catolicismo, si no es que se había vuelto loco de remate. Aún no había comprendido que un guerrero jamás pierde la cabeza bajo ninguna circunstancia.

Las quejas de don Juan por tener que ir a la iglesia se desvanecieron cuando su benefactor empezó a presentarlo con las hijas de la gente que conocía. Eso le gustó, aunque también lo incomodaba. Don Juan creyó que su benefactor estaba ayudándolo a soltar la lengua. Él no era ni elocuente ni encantador, y su benefactor le había dicho que un nagual por fuerza tiene que ser ambas cosas.

Un domingo, durante la misa, después de casi un año de oírla prácticamente todos los días, don Juan descubrió cuál era la verdadera razón por la que iban a la iglesia. Se hallaba arrodillado junto a una muchacha llamada Olinda, hija de uno de los conocidos de su benefactor. Don Juan se volvió para entrecruzar miradas con ella, como ya era su costumbre después de meses de contacto diario. Sus ojos se encontraron, y súbitamente don Juan la *vio* como un ser luminoso y luego *vio* que Olinda era una mujer doble. Su benefactor lo sabía desde el principio, y había elegido el camino más difícil para que don Juan se pusiera en contacto con ella. Don Juan me confesó que ese momento fue avasallador para él.

Su benefactor supo que don Juan había *visto*. Su misión de reunir a los seres dobles había sido lograda impecablemente. Se puso en pie y sus ojos barrieron todas las esquinas de la iglesia; caminó luego hacia afuera sin volver la cabeza una sola vez. Ya no tenía nada que hacer allí.

Don Juan me dijo que cuando su benefactor se puso en pie y salió de la misa, todos se volvieron a verlo. Don Juan quiso seguirlo, pero Olinda audazmente le tomó la mano y lo detuvo. En ese momento supo que el poder de *ver* no había sido suyo solamente. Algo los había traspasado a los dos. Don Juan advirtió de repente que la misa no sólo había concluido, sino que ambos estaban ya fuera de la iglesia. Su benefactor trataba de calmar a la madre de Olinda, que se hallaba encolerizada y avergonzada por la inesperada e inadmisible muestra de afecto que tuvo lugar entre Olinda y don Juan.

Don Juan me dijo que se halló completamente desorientado. Sabía que a él le correspondía concebir un plan de acción. Tenía los recursos, pero la importancia del evento lo hizo perder la confianza en su habilidad. Dejó a un lado su pericia como *acechador* y se perdió en el dilema intelectual de si debía o no tratar a Olinda como *desatino controlado*.

Su benefactor le dijo que no podía ayudarlo. Su deber

había sido reunirlos, y allí cesaba su responsabilidad. A don Juan le correspondía tomar los pasos apropiados. Sugirió incluso que don Juan considerara casarse con ella, si eso era lo que se requería. Sólo cuando Olinda fuera a él por su propia voluntad él podría ayudar a don Juan interviniendo directamente como nagual.

Don Juan intentó un cortejo formal. No fue bien recibido por los padres, quienes no podían concebir que alguien de una clase social tan distinta fuese pretendiente de su hija. Olinda no era india; su familia era de clase media, dueña de un pequeño negocio. El padre tenía otros planes para su hija.

Amenazó con enviarla a la capital si don Juan insistía en casarse con ella.

Don Juan me dijo que los seres dobles, las mujeres en especial, son extraordinariamente moderados, incluso tímidos. Olinda no era una excepción. Después de la exaltación inicial en la iglesia, fue dominada por la prudencia, y después por el miedo. Sus propias reacciones la asustaban.

Como maniobra estratégica, su benefactor hizo que don Juan se retirara, para dar la idea de que condescendía con él, quien no había aprobado a la muchacha: ésa fue la suposición de todos los que presenciaron el incidente de la iglesia. La gente chismeó que el espectáculo de los dos agarrados de la mano había desagradado tan intensamente "al padre" de don Juan, un católico tan devoto, que éste ya no volvió más a la iglesia.

Su benefactor le dijo a don Juan que un guerrero no puede ser sitiado. Estar bajo sitio implica que uno tiene posesiones personales que defender. Un guerrero no tiene nada en el mundo salvo su impecabilidad, y la impecabilidad no puede ser sitiada. No obstante, en una batalla de vida o muerte, como era la que don Juan enfrentaba para obtener a la mujer nagual, un guerrero debe usar estratégicamente todos los medios posibles.

Don Juan resolvió, de acuerdo con ello, usar cualquier parte de su conocimiento de *acechador* que fuera pertinente. Para ese fin, encomendó a Silvio Manuel que usara sus artes de brujo, que aun en aquella época de principiante ya eran formidables, para secuestrar a la muchacha. Silvio Manuel y Genaro, quien era verdaderamente temerario, entraron furtivamente en la casa de la muchacha disfrazados de lavanderas. Era mediodía, y todos en la casa estaban ocupados preparando comida para los parientes y amigos que habían invitado a cenar. Se trataba de una fiesta de despedida para Olinda. Silvio Manuel contaba con la posibilidad de que los que vieran a dos extrañas lavanderas entrando con unos atados de ropa creyesen que tenían que ver con la fiesta de Olinda, y que de esa forma no sospecharían nada. Don Juan había proporcionado a Silvio Manuel y a Genaro, de antemano, toda la información necesaria acerca de las rutinas de los miembros de la casa. Les dijo que las lavanderas por lo general llevaban sus atados de ropa lavada a la casa y los dejaban en el cuarto de planchar. Silvio Manuel y Genaro, cargados de enormes atados de ropa, fueron directamente a ese cuarto, pues sabían que Olinda estaría allí.

Don Juan me contó que Silvio Manuel se acercó a Olinda y utilizó sus poderes mesmerizantes para desmayarla. La pusieron dentro de un costal, envolvieron éste con sábanas y se fueron, dejando tras de sí los atados que habían llevado. Se toparon con el padre de Olinda en la puerta, y él ni siquiera los miró.

Al benefactor de don Juan no le gustó en lo mínimo la maniobra. Ordenó a don Juan que llevase inmediatamente a la muchacha de vuelta a su casa. Era imperativo, dijo, que la mujer doble llegase a la casa del benefactor por su propia voluntad, quizá no con la idea de unírseles sino, cuando menos, porque ellos le interesaban.

Don Juan creyó que todo estaba perdido —las posibilidades de que pudiera regresarla a su casa sin que nadie se diera cuenta eran mínimas—, pero a Silvio Manuel se le ocurrió una solución. Propuso que las cuatro mujeres del grupo de don Juan llevaran a la joven a un camino desierto, donde don Juan la rescataría.

Silvio Manuel quería que las mujeres actuaran un drama. En ese drama ellas eran las que estaban secuestrándola. En algún lugar del camino alguien las descubría y se lanzaba a la persecución. El perseguidor las alcanzaba y ellas dejaban caer el costal, con la suficiente fuerza para

218

ser convincentes. Por supuesto, el perseguidor sería don Juan, quien milagrosamente había estado en el camino.

Silvio Manuel exigió una actuación bien realista. Ordenó a las mujeres que amordazaran a la muchacha, quien para entonces estaba despierta, gritando en el interior del costal. Las hizo luego que corrieran kilómetros con todo y carga. Durante la jornada les indicó cuándo se debían ocultar del perseguidor y cuándo debían correr. Por último, después de una ordalía verdaderamente agotadora, las hizo tirar el costal de la manera más adecuada para que la joven pudiese presenciar una pelea de lo más terrible entre don Juan y las cuatro mujeres. Silvio Manuel había propuesto a las mujeres que la pelea tendría que ser absolutamente real. Las armó con palos y las instruyó a que golpearan a don Juan sin misericordia.

De las mujeres, Zoila era la que más fácilmente se dejaba llevar por la histeria; tan pronto como empezaron a aporrear a don Juan, Zoila se dejó poseer por el papel y ofreció una actuación escalofriante; golpeó tan fuerte a don Juan que le arrancó pedazos de carne de la espalda y de los hombros. Durante un momento pareció que las secuestradoras iban a ganar. Silvio Manuel tuvo que salir de su escondite y, fingiendo ser un transeúnte, les recordó que sólo se trataba de una estratagema y que era hora de que huyeran.

Don Juan se convirtió de esa manera en el salvador y protector de Olinda. Le dijo que él mismo no podría llevarla a casa porque estaba herido, pero que la enviaría de regreso con su piadoso padre.

Ella le ayudó a caminar a casa de su benefactor. Don Juan me dijo que no tuvo que fingir estar herido: sangraba profusamente y a duras penas pudo llegar a la puerta. Cuando Olinda le narró a su benefactor lo que había ocurrido, éste tuvo que disfrazar de llanto su agonizante deseo de reír.

Le vendaron las heridas a don Juan y después se acostó. Olinda empezó a explicarle por qué no podía casarse con él, pero no pudo terminar. El benefactor de don Juan entró en el cuarto y le dijo a Olinda que le era evidente, al verla caminar, que las secuestradoras le habían lesionado

219

la espalda. Se ofreció a alinearla antes de que se transformase en algo crítico.

Olinda titubeó. El benefactor de don Juan le recordó que las secuestradoras no estaban jugando; después de todo, casi habían matado a su hijo. Olinda fue al lado del benefactor y permitió que éste le propinara un golpe en el omóplato. Se oyó un chasquido y Olinda entró en un estado de conciencia acrecentada. El benefactor le reveló la regla y, al igual que don Juan, ella la aceptó de lleno. No hubo duda ni titubeos.

La mujer nagual y don Juan encontraron plenitud, unidad y silencio en su compañía mutua. Don Juan me dijo que lo que sentían el uno por el otro no tenía nada que ver con el afecto o la necesidad; era más bien como una sensación física que ambos compartían; la sensación de que una barrera que había existido dentro de cada uno de ellos se había roto y que eran uno y el mismo ser.

Don Juan y la mujer nagual, como prescribía la regla, trabajaron años, el uno al lado del otro, para hallar cuatro *ensoñadoras*, que vinieron a ser Nélida, Zuleica, Cecilia y Hermelinda, y los tres propios, Juan Tuma, Teresa y Marta. Encontrarlos fue en una ocasión en que la naturaleza pragmática de la regla le fue una vez más revelada a don Juan. Todos ellos eran exactamente lo que la regla decía. Su advenimiento produjo un nuevo ciclo para todos, incluyendo al benefactor de don Juan y su grupo. Para don Juan y sus guerreros significó el ciclo de *ensoñar*, y para su benefactor y su grupo significó un período de impecabilidad insuperable.

Su benefactor explicó a don Juan que cuando él era joven y se le presentó por primera vez la idea de la regla como un instrumento de libertad, quedó exaltado de gozo. Para él la libertad era una realidad que estaba al alcance de la mano. Cuando llegó a comprender la naturaleza de la regla en calidad de mapa, sus esperanzas y optimismo se redoblaron. Más tarde, la sobriedad entró a formar parte de su vida; mientras más envejecía, menos oportunidad veía de que él y su grupo tuvieran éxito. Finalmente se convenció de que, hicieran lo que hicieren, su tenue conciencia humana jamás llegaría a volar libre. Entró en paz consigo mismo y con su destino, y se resignó al fracaso. Le dijo al Águila desde lo más profundo de su ser que estaba contento y orgulloso de haber engrandecido su conciencia. El Águila podía disponer de ella.

Don Juan me dijo que todos los miembros del grupo de su benefactor compartieron el mismo estado de ánimo. La libertad que la regla proponía era algo que todos consideraban inalcanzable. En el curso de sus vidas habían vislumbrado la fuerza aniquilante que es el Águila, y creían que no tenían ninguna posibilidad ante ella. Sin embargo, todos estaban de acuerdo que vivirían sus vidas impecablemente sin más razón que la impecabilidad misma.

Don Juan decía que su benefactor y su grupo, a pesar de saberse inadecuados, o quizás a causa de esto, sí encontraron la libertad. Entraron en la tercera atención, pero no como grupo sino uno a uno. El hecho de que hallaran el acceso fue la corroboración total de la verdad contenida en la regla. El último en dejar el mundo de la conciencia de todos los días fue su benefactor. Éste cumplió con la regla y se llevó consigo a la mujer nagual de don Juan. Cuando los dos se disolvían en la conciencia total, don Juan y todos sus guerreros fueron obligados a explosionar desde adentro de sí mismos: don Juan no hallaba otra manera de describir la sensación de ser forzado a olvidar todo lo que ellos habían presenciado del mundo de su benefactor.

El que nunca olvidó fue Silvio Manuel. Fue él quien impulsó a don Juan en el esfuerzo agotador de volver a reunir a los miembros del grupo, quienes se habían esparcido por todo el país. Después, don Juan los hundió a todos ellos en la tarea de encontrar la totalidad de sí mismos. Les llevó años completar ambas tareas.

Don Juan había discutido extensamente conmigo la cuestión del olvido, pero sólo en conexión con la gran dificultad que tuvo en volver a congregar a todos y empezar sin su benefactor. Nunca nos dijo con exactitud lo que implicaba olvidar o ganar la totalidad de uno mismo. En ese aspecto fue fiel a las enseñanzas de su benefactor: solamente nos ayudó a ayudarnos a nosotros mismos.

Para esto, don Juan entrenó a la Gorda y a mí a *ver juntos* y pudo mostrarnos que, aunque los seres humanos

221

aparecen ante los videntes como huevos luminosos, la forma oval es un capullo externo, un cascarón de luminosidad que alberga un núcleo que es a la vez obsesionante y mesmérico, compuesto de círculos concéntricos de luminosidad amarilla, del color de la llama de una vela. Durante nuestra sesión final hizo que *viéramos* a la gente que se congregaba en las afueras de una iglesia. Ya era tarde, casi había oscurecido, y sin embargo, las criaturas en el interior de sus rígidos capullos luminosos irradiaban suficiente luz como para iluminar claramente todo nuestro entorno. La visión fue maravillosa.

Don Juan nos explicó que los cascarones que parecían ser tan brillantes, en realidad eran opacos. La luminosidad emanaba del centro brillante; de hecho, el capullo opacaba su resplandor. Don Juan nos reveló que hay que romperlo para liberar a ese ser brillante. El capullo debe romperse desde el interior en el momento exacto, justo como los pollos que al nacer rompen el cascarón. Si no logran hacerlo, se sofocan y mueren. Al igual que las criaturas que nacen de huevos, un guerrero no puede romper el cascarón de su luminosidad hasta que sea el momento dado.

Don Juan nos dijo que perder la forma humana era el único medio de romper ese cascarón, la única manera de liberar ese obsesionante centro luminoso, el centro de la conciencia que viene a ser el alimento del Águila. Romper el cascarón significa recordar el otro yo y llegar a la totalidad de uno mismo.

Después que don Juan y sus guerreros llegaron a la totalidad de sí mismos, encararon su última tarea: encontrar un nuevo par de seres dobles. Don Juan decía que ellos creyeron que esto sería un asunto simple: todo lo que habían hecho hasta ese entonces les había sido relativamente fácil. No tenían idea de que la aparente facilidad de sus logros como guerreros era consecuencia de la maestría y el poder personal de su benefactor.

La búsqueda de un nuevo par de seres dobles resultó una tarea sin fruto. En todas sus búsquedas jamás encontraron a una mujer doble. Encontraron varios hombres dobles, pero todos estaban bien situados, atareados, prolíficos, y tan satisfechos con sus vidas que habría sido inútil aproximárseles. No necesitaban hallar un propósito en la vida. Creían haberlo encontrado ya.

Don Juan decía que un día se dio cuenta de que él y su grupo estaban envejeciendo, y que no parecía haber esperanzas de llegar a cumplir con su tarea. Esa fue la primera vez que sintieron el aguijonazo de la desesperación y la impotencia.

Silvio Manuel insistió en que todos debían resignarse y vivir impecablemente sin esperanzas de encontrar la libertad. A don Juan le era plausible que esto en verdad pudiese ser la clave de todo. En este aspecto, se descubrió siguiendo los pasos de su benefactor. Llegó a aceptar que un invencible pesimismo domina al guerrero en cierto punto de su camino. Una sensación de derrota, o quizá más exactamente, una sensación de inutilidad, le llega casi sin que se dé cuenta. Don Juan decía que, antes, él se reía de las dudas de su benefactor y no podía llegar a creer que éste se preocupara en serio. A pesar de las protestas y las amonestaciones de Silvio Manuel, don Juan creyó siempre que ésta era una gigantesca estratagema destinada a enseñarles algo.

Puesto que don Juan no podía creer que las dudas de su benefactor fuesen reales, tampoco podía creer que fuese genuina la resolución de su benefactor de vivir sin esperanza de libertad. Cuando finalmente comprendió que su benefactor, con toda seriedad, se había resignado a la derrota, también comprendió que la resolución de un guerrero de vivir impecablemente a pesar de todo no puede ser concebida como una estrategia para asegurar el triunfo. Don Juan y su grupo se demostraron esta verdad a sí mismos cuando se dieron cuenta cabal de que no tenían ventaja contra las fuerzas de lo desconocido. Don Juan decía que en tales momentos el entrenamiento de toda una vida es lo que sale a mano, y el guerrero entra en un estado de humildad insuperable; cuando se vuelve innegable la pobreza de los recursos humanos, el guerrero no tiene otra alternativa que retroceder y agachar la cabeza.

Don Juan se maravillaba de que dichas circunstancias no parecen tener efecto en las guerreras de un grupo; el desorden las deja imperturbables. Nos dijo que ya había advertido esto en el grupo de su benefactor; las mujeres nunca se mostraron tan preocupadas ni tan abatidas como los hombres. Parecía que simplemente le llevaban la corriente a su benefactor y lo seguían sin mostrar signos de desgaste emocional. Si estaban de algún modo confundidas, parecían ser indiferentes a esto. Estar atareadas era todo lo que contaba para ellas. Era como si solamente los hombres hubieran hecho una oferta por la libertad y sintieran el impacto de una oferta contraria.

Don Juan observó el mismo contraste en su propio grupo. Las mujeres estuvieron inmediatamente de acuerdo cuando él se convenció de que sus recursos eran insuficientes. Don Juan sólo pudo concluir que las mujeres, aunque jamás lo decían, nunca habían creído tener recurso alguno. En consecuencia, no había manera de que se sintieran frustradas o desalentadas al toparse con su impotencia: desde un principio ya sabían que eran así.

Don Juan nos dijo que la razón por la que el Águila exigía un número doble de guerreras era precisamente debido a que las mujeres tienen un equilibrio innato que no existe en los hombres. En un momento crucial, son los hombres los que se ponen histéricos y se suicidan si es que consideran que todo está perdido. Una mujer podrá matarse por falta de dirección y de propósitos, pero no debido al fracaso de un sistema al cual pertenece.

Después de que don Juan y su grupo de guerreros perdieron toda esperanza —o, más bien, como decía don Juan, después de que él y los hombres tocaron fondo y las mujeres hallaron maneras apropiadas de llevarles la cuerda—, don Juan finalmente encontró un hombre doble al cual se podía aproximar. Yo era ese hombre doble. Me dijo que como nadie en su sano juicio se ofrece de voluntario para algo tan absurdo como la lucha por la libertad, tuvo que seguir las enseñanzas de su benefactor y, en fiel estilo de *acechador*, me encarriló como había encarrilado a los miembros de su propio grupo. Necesitaba estar a solas conmigo en un lugar donde pudiera aplicar presión física en mi cuerpo, y era necesario que yo fuese allí por mi propia cuenta. Me atrajo a su casa con gran facilidad: como decía, obtener a un hombre doble no es gran problema. La dificultad estriba en hallar uno que esté disponible.

La primera visita a su casa fue, desde el punto de vista de mi conciencia de todos los días, una sesión sin acontecimientos. Don Juan se comportó de una manera encantadora conmigo. Condujo la conversación hacia la fatiga que experimenta el cuerpo después de largos viajes en automóvil. A mí, que era estudiante de antropología, este tema me pareció absolutamente fuera de propósito. Después, don Juan comentó que mi espalda parecía desalineada, y sin decir más me puso una mano en el pecho, me irguió la barbilla y me dio una fuerte palmada en la espalda. Me tomó tan desprevenido que perdí el conocimiento. Cuando volví a abrir los ojos sentí un dolor agudísimo, como si me hubieran partido la espina dorsal, pero también sentí que yo era diferente. Era otro, y no el yo que siempre había sido. A partir de ese momento, cada vez que veía a don Juan, éste me hacía cambiar niveles de conciencia y después procedía a revelarme la regla.

Casi inmediatamente después de encontrarme, don Juan descubrió a una mujer doble. No la puso en contacto conmigo siguiendo una estratagema tal como su benefactor había hecho con él, pero concibió un ardid, tan efectivo y elaborado como los de su benefactor, mediante el cual él mismo atrajo y obtuvo a la mujer doble. Don Juan asumió esa carga porque creía que el deber del benefactor es obtener a los dos seres dobles tan pronto como se les encuentra, y luego, ponerlos juntos como socios de una empresa inconcebible.

Me dijo que un día, cuando vivía en Arizona, había ido a una oficina gubernamental para llenar una solicitud. La recepcionista le dijo que fuera con una empleada de la sección adyacente, y, sin levantar la cabeza, señaló hacia su izquierda. Don Juan siguió la dirección del brazo extendido y *vio* a una mujer doble sentada a un escritorio. Cuando le llevó la solicitud se dio cuenta de que en realidad era una jovencita, quien le informó que ella no tenía nada que ver con las solicitudes. No obstante, compadecida ante el pobre viejecillo indio, le ofreció ayudarlo.

Se requerían algunos documentos legales, que don Juan llevaba en su bolsillo, pero él fingió total ignorancia y desamparo. Se comportó como si la organización burocrática fuese un enigma para él. Don Juan decía que no le fue nada difícil imitar un estado de completa insensatez; todo lo que tuvo que hacer fue volver a lo que una vez había sido su estado normal de conciencia. Su intención era prolongar el trato con la muchacha el mayor tiempo posible. Su benefactor le había dicho, y él mismo lo había verificado durante su búsqueda, que las mujeres dobles son sumamente escasas. Su benefactor también le había prevenido que tienen recursos internos que las vuelven sumamente volátiles. Don Juan temía que si no manejaba sus cartas expertamente iba a perderla. Para ganar tiempo, se apoyó en la compasión que ella mostraba. Creó mayores dilaciones fingiendo haber perdido los documentos. Casi todos los días le llevaba uno diferente. Ella lo leía y se lamentaba de que no fuera el adecuado. La muchacha se conmovió tanto por la deplorable condición de don Juan que se ofreció a pagarle un abogado que le prepararía una declaración jurada que supliera los documentos.

Después de tres meses, don Juan pensó que era ya el momento de mostrar los documentos. Para entonces la muchacha se había acostumbrado a él y casi esperaba verlo todos los días. Don Juan fue por última vez a expresarle su agradecimiento y a decirle adiós. Le dijo que le habría gustado llevarle un regalo para mostrarle su gratitud, pero no tenía dinero ni para comer. Ella se conmovió ante este candor y lo invitó a almorzar. Cuando comían, don Juan reflexionó en voz alta que un regalo no tiene que ser, por fuerza, un objeto que se compra. También podía ser algo que fuera únicamente para la vista del testigo. Algo hecho para recordar y no para poseer.

A ella la intrigaron estas palabras. Don Juan le recordó que ella había expresado compasión hacia los indios y su condición miserable. Le preguntó si no le gustaría ver a los indios bajo otra luz: no como seres miserables sino como artistas. Le dijo que conocía a un viejo que era el último descendiente de una línea de bailarines de poder. Le aseguró que ese hombre bailaría para ella si él se lo pedía: y, aún más, le juró que ella jamás en su vida había visto algo semejante y que jamás lo volvería a ver. Se trataba de algo que sólo los indios presenciaban.

A ella le fascinó la idea. Fue por él después de su trabajo en su automóvil y don Juan la guió hacia las colinas donde estaba su propia casa. Hizo que estacionara el auto a una considerable distancia y siguieron a pie el resto del camino. Antes de llegar a la casa, don Juan se detuvo y trazó una raya con el pie en la tierra seca y arenosa. Le dijo que esa raya era un lindero, y la instó a que lo cruzara.

La mujer nagual me contó que hasta ese momento ella se hallaba intrigadísima ante la posibilidad de ver un genuino bailarín indio, pero que cuando el viejo hizo una raya en el suelo y la llamó un lindero, ella empezó a titubear. Después se alarmó absolutamente cuando él añadió que ese lindero era sólo para ella, y que una vez que lo cruzara ya no habría cómo regresar.

El indio aparentemente vio la consternación de la muchacha y quiso tranquilizarla. Cortésmente le palmeó el hombro y le dio su garantía de que no le ocurriría ningún daño mientras él estuviera allí. Le dijo que el lindero podía explicarse como una forma de pago simbólico al bailarín, quien nunca aceptaba dinero. El ritual reemplazaba al dinero, y el ritual requería que ella cruzara el lindero por su propia cuenta.

El viejo, al parecer lleno de júbilo, dio un paso por encima de la línea y le dijo que para él todo lo que estaban haciendo eran puras necedades indias, pero que había que seguirle la corriente al bailarín, quien se hallaba mirándolos desde el interior de la casa, si es que ella quería verlo bailar.

La mujer nagual me contó que repentinamente tuvo tanto miedo que no podía moverse para cruzar la línea. El viejo hizo un esfuerzo por persuadirla, diciendo que cruzar ese lindero era benéfico para todo el cuerpo. Él, al cruzarlo, no sólo se había sentido más joven, sino que en realidad se había vuelto más joven, pues tal era el poder que tenía ese lindero. Para demostrar lo que decía, volvió a cruzar la raya en retroceso y en el acto sus hombros se desplomaron, las esquinas de su boca se inclinaron hacia abajo, sus ojos perdieron el brillo. A la mujer nagual le era imposible negar las diferencias que generaba el cruce.

Don Juan volvió a cruzar la raya por tercera vez. Respiró ondamente, expandiendo el pecho; se movía con energía y seguridad. La mujer nagual dijo que le pasó por la mente la idea de que si don Juan se sentía tan joven hasta le llegaría a hacer proposiciones sexuales. Su automóvil se hallaba demasiado lejos para correr a él. Lo único que le quedaba era decirse a sí misma que era estúpido tenerle miedo a ese viejecillo.

Después el viejo trató de hacerle ver el chiste que todo aquello tenía. En un tono de conspirador, como si renuentemente le revelara un secreto, le dijo que solamente se hallaba fingiendo ser más joven para satisfacer al bailarín, y que si ella no lo ayudaba cruzando la raya se iba a desmayar en cualquier momento debido al esfuerzo de caminar con la espalda derecha. Volvió a cruzar de un lado al otro de la línea para mostrarle el inmenso esfuerzo que implicaba su pantomima.

La mujer nagual me dijo que los ojos suplicantes de don Juan revelaban los dolores que su cuerpo estaba pasando al fingir juventud. Cruzó la línea para ayudarlo y para terminar el espectáculo; quería irse a casa.

En el momento en que cruzó la línea, don Juan dio un salto prodigioso y planeó por encima del techo de la casa. La mujer nagual me dijo que don Juan voló como si fuera un inmenso bumerán. Cuando aterrizó a su lado, ella se cayó de espaldas. Su espanto era el más grande que había experimentado en su vida, pero lo mismo ocurría con su emoción de haber presenciado semejante maravilla. Sus sentimientos eran tan confusos que ni siquiera le preguntó cómo había llevado a cabo esa extraordinaria proeza. Quería regresar corriendo a su auto e irse a su casa.

El viejo la ayudó a incorporarse y se disculpó por haberla engatusado. Le dijo que él era en realidad el bailarín y su vuelo por encima de la casa había sido su baile. Le preguntó si se había fijado en la dirección del vuelo. La mujer nagual hizo un círculo con su mano de derecha a izquierda. Don Juan le palmeó la cabeza paternalmente y dijo que había sido muy propicio que ella hubiese estado atenta. Después añadió que quizá ella se había lastimado al caer, y que de ninguna manera podía dejarla ir sin asegurarse de que estaba bien. Sin más ni más, don Juan le irguió los hombros y le alzó la barbilla, como si la dirigiera a que estirara la espina dorsal. Después le dio un fuerte golpe entre los omóplatos, y literalmente le sacó todo el aire de los pulmones. Durante unos instantes ella no pudo respirar y se desmayó.

Cuando volvió en sí, se hallaba dentro de la casa. Su nariz sangraba, sus oídos zumbaban, su respiración estaba acelerada y no podía enfocar la vista. Don Juan le indicó que hiciera inhalaciones profundas mientras contaba hasta ocho. Mientras más respiraba, más se aclaraba todo. Me contó ella que en un momento dado, el cuarto se volvió incandescente; todo destellaba con una luz ámbar. Quedó estupefacta y ya no pudo seguir respirando profundamente. Para entonces la luz ámbar era tan densa que parecía neblina. Después la niebla se convirtió en telarañas de color ámbar. Por último, se disipó pero el mundo continuó uniformemente ámbar durante un largo rato.

Don Juan le empezó a hablar. La condujo afuera de la casa y le mostró que el mundo se hallaba dividido en dos mitades. La parte izquierda se hallaba clara, pero la derecha estaba velada por una niebla amarilla. Le dijo que es monstruoso pensar que el mundo es comprensible o que nosotros mismos somos comprensibles. Le dijo que lo que se encontraba percibiendo era un enigma, un misterio que sólo se puede aceptar con asombro y humildad.

Después le reveló la regla. Su claridad mental era tan intensa que ella comprendió todo lo que él le decía. La regla le pareció apropiada y evidente.

Don Juan le explicó que los dos lados de un ser humano están totalmente separados y que se requiere una gran disciplina y determinación para romper ese sello e ir de un lado al otro. Los seres dobles tienen una gran ventaja: la condición de ser doble les permite un movimiento relativamente fácil entre los compartimientos del lado derecho. La gran desventaja de los seres dobles consiste en que por virtud de tener dos compartimientos son sedentarios, conservadores, temerosos del cambio.

Don Juan le dijo que su intención había sido desplazarla del compartimiento del extremo derecho a su más lúcido y definido lado derecho-izquierdo, pero, en vez de eso, a causa de un giro inexplicable, el golpe la había enviado, a través de todo su doblez, de la extrema derecha cotidiana a la extrema izquierda. Cuatro veces la golpeó en los omóplatos a fin de reubicarla en el estado normal de conciencia, pero sin éxito. Los golpes la ayudaron, sin embargo, a hacer que su percepción de la pared de niebla obedeciera a su voluntad. Aunque no había sido su intención, don Juan había estado en lo cierto al decir que cruzar la línea era un viaje sin retorno. Una vez que ella lo cruzó, al igual que Silvio Manuel, ya nunca regresó.

Cuando don Juan nos puso cara a cara a la mujer nagual y a mí, ninguno de los dos sabía nada de la existencia del otro, y sin embargo, al instante sentimos una intensa familiaridad. Don Juan sabía, a través de su propia experiencia, que el alivio que los seres dobles experimentan el uno en el otro es indescriptible, y demasiado breve. Nos dijo que fuerzas incomprensibles a nuestra razón nos habían colocado juntos y que lo único que no teníamos era tiempo. Cada minuto podía ser el último; por tanto, tenía que ser vivido con el espíritu.

Una vez que don Juan nos reunió, todo lo que le restó a él y a sus guerreros fue encontrar cuatro *acechadoras*, tres guerreros y un propio para completar nuestro grupo. Para ese fin, don Juan encontró a Lidia, Josefina, la Gorda, Rosa, Benigno, Néstor, Pablito y Eligio. Cada uno de ellos era una réplica incipiente de los miembros del grupo de don Juan.

230

# 12

## Los no-haceres de Silvio Manuel

Don Juan y sus guerreros hicieron una pausa a fin de dar campo a que la mujer nagual y yo pudiéramos cumplir con la regla: esto es, mantener, engrandecer y conducir a los ocho guerreros a la libertad. También parecía perfecto, y sin embargo, algo estaba mal. Las primeras cuatro guerreras que don Juan había encontrado eran *ensoñadoras*, cuando debían haber sido *acechadoras*. Don Juan no sabía cómo explicar esta anomalía. Sólo podía concluir que el poder había puesto a esas mujeres en su camino de tal manera que fue imposible rehusarlas.

Había otra patente irregularidad que era aún más sorprendente para don Juan y su grupo; tres de las mujeres y los tres guerreros no podían entrar en un estado de conciencia acrecentada, a pesar de los esfuerzos titánicos de don Juan. Estaban como atontados, vacilantes, al parecer no podían romper el sello, la membrana que separa los dos lados. Los apodaban los borrachos, porque se tambaleaban por doquier sin coordinación muscular. Eligio y la Gorda eran los únicos que disponían de un grado extraordinario de conciencia, especialmente Eligio, quien se hallaba a la par de la misma gente de don Juan.

Las tres muchachas formaron una unidad inquebrantable. Lo mismo hicieron los tres hombres. Grupos de tres, cuando la regla prescribe de cuatro, era algo nefasto. El número tres es símbolo de dinamismo, cambio, movimiento, y sobre todo, símbolo de revitalización.

La regla ya no servía como mapa. Y sin embargo, era

inconcebible la posibilidad de un error. Don Juan y sus guerreros arguyeron que el poder no comete errores. Examinaron el asunto como *ensoñadores* y videntes. Se preguntaron si quizá no se habrían apresurado en exceso, y simplemente no habían *visto* que las tres mujeres y los tres hombres eran ineptos.

Don Juan me confió que para él había dos cuestiones pertinentes. Una era el problema pragmático de nuestra presencia entre ellos. La otra era la cuestión de la validez de la regla. Su benefactor los había guiado a la certeza de que la regla abarcaba todo lo que concernía a un guerrero. No los había preparado para la eventualidad de que la regla pudiera resultar inaplicable.

La Gorda decía que las mujeres del grupo de don Juan nunca tuvieron problemas con nosotros; eran sólo los hombres los que no sabían qué hacer. Los hombres hallaban incomprensible e inaceptable que la regla fuera incongruente en nuestro caso. Las mujeres, sin embargo, tenían confianza en que tarde o temprano se aclararía la razón de nuestra presencia entre ellos. Yo mismo había observado cómo las mujeres se mantenían alejadas de la turbulencia emocional al parecer completamente ajenas al resultado. Parecían saber, sin ninguna duda, que nuestro caso se hallaba incluido de alguna manera en la regla. Después de todo, definitivamente yo les había ayudado al aceptar mi papel. Gracias a la mujer nagual y a mí, don Juan y su grupo habían completado su ciclo y casi se hallaban libres.

Finalmente la respuesta les llegó a través de Silvio Manuel. Él *vio* que las tres hermanitas y los tres Genaros no eran ineptos; más bien se trataba de que yo no era el nagual adecuado para ellos. Yo no podía guiarlos porque tenía una configuración insospechada que no encajaba con el patrón establecido por la regla, una configuración que a don Juan, como vidente, le había pasado inadvertida. Mi cuerpo luminoso daba la apariencia de tener cuatro compartimientos cuando en realidad sólo había tres. Había otra regla para lo que llamaban "el nagual de tres puntas". Yo pertenecía a esa regla. Silvio Manuel dijo que yo era como un pájaro incubado por el calor y el cuidado de pájaros de otras especies. Todos ellos aún se hallaban obligados a ayudarme, así como yo mismo estaba obligado a hacer todo por ellos, pero aun así, yo no pertenecía a su grupo.

Don Juan asumió toda responsabilidad, puesto que él me había encontrado; sin embargo, mi presencia en el grupo obligó a que todos dieran de sí hasta el máximo, buscando dos cosas: una explicación de qué era lo que yo hacía entre ellos, y la solución del problema de qué hacer conmigo.

Con gran rapidez, Silvio Manuel encontró los medios por los cuales se podían deshacer de mí. Tomó la dirección del proyecto, pero como no tenía ni la energía ni la paciencia para tratar conmigo, comisionó a don Juan para que hiciera lo necesario en calidad de suplente suyo. La meta de Silvio Manuel consistía en prepararme para el momento en que un mensajero me trajese la regla pertinente al nagual de tres puntas.

Dijo que no le correspondía a él personalmente revelar esa porción de la regla. Yo debía, como todos los demás, esperar a que llegara el momento adecuado.

Aún había otro serio problema que añadía más confusión. Tenía que ver con la Gorda, y, a la larga, conmigo. La Gorda había sido aceptada en mi grupo como mujer del Sur. Don Juan y el resto de sus videntes lo habían confirmado. Parecía hallarse en la misma categoría de Cecilia, Delia, Marta y Teresa. Las similitudes eran innegables. Pero luego la Gorda perdió el peso superfluo y adelgazó hasta la mitad de su tamaño anterior. El cambio fue tan radical y profundo que se convirtió en otra persona.

Pasó inadvertida durante mucho tiempo, simplemente porque los demás guerreros se hallaban tan preocupados con mis dificultades que no le prestaron atención. Después, cuando ocurrió su drástico cambio, todos tuvieron que concentrarse en ella, y *vieron* que no era una mujer del Sur. Lo abultado de su cuerpo los había hecho *verla* inadecuadamente. Entonces recordaron que desde el momento en que llegó, la Gorda en realidad no podía llevarse bien con Cecilia, Delia y las otras mujeres del Sur. Por otra parte, se hallaba fascinada con Nélida y Florinda, porque en realidad siempre había sido como ellas. Lo cual significaba que había dos *ensoñadoras* del Norte en mi grupo: la Gorda y Rosa, una estridente discrepancia con la regla.

Don Juan y sus guerreros experimentaron una tremenda confusión. Interpretaron todo lo que les ocurría como un augurio, una indicación de que las cosas habían tomado un curso imprevisible. Puesto que no podían aceptar la idea de que un error humano supeditara a la regla, asumieron que un designio superior los había hecho errar por razones difíciles de discernir, pero que no por eso dejaban de ser reales.

Estudiaron el asunto de cómo remediar todo esto, pero antes de que alguno de ellos llegara a una respuesta, una verdadera mujer del Sur, doña Soledad, entró en escena con tal fuerza, que les fue imposible rechazarla. De acuerdo con la regla, ella era *acechadora*.

Su presencia nos distrajo. Durante un tiempo pareció como si ella fuera a empujarnos hacia otro nivel. Creó un movimiento vigoroso. Florinda la tomó bajo su mando para instruirla en el arte de *acechar*. Pero todo el beneficio que ella trajo consigo no fue suficiente para remediar una extraña pérdida de energía que yo experimentaba, una languidez que parecía aumentar día a día.

Finalmente, Silvio Manuel dijo que en su *ensoñar* había recibido un plan maestro. Estaba rebosante de alegría y se apresuró a discutir los detalles con don Juan y con los demás guerreros. La mujer nagual fue invitada a las discusiones, pero yo no. Esto me hizo sospechar que no querían que yo me enterara de lo que Silvio Manuel había descubierto acerca de mí.

Les hablé a cada uno de ellos de mis sospechas. Todos lo negaron y se rieron de mí, salvo la mujer nagual, quien me dijo que yo estaba en lo cierto. El *ensueño* de Silvio Manuel le había revelado la nefasta razón de mi presencia entre ellos. Yo tenía, sin embargo, la obligación de aceptar mi destino, que consistía en no saber la naturaleza de mi tarea hasta el momento en que me hallara listo para saberlo.

Habló con tanta seriedad que no tuve más recurso que aceptar sin preguntas todo lo que me decía. Creo que si don Juan o Silvio Manuel me hubieran dicho lo mismo, yo no me habría rendido tan fácilmente. La mujer nagual también me dijo que ella había persistido en que don Juan y los demás me informaran el propósito general de sus acciones, aunque sólo fuera para evitar fricciones y rebeldías innecesarias.

Me dijeron que lo que Silvio Manuel se proponía hacer era prepararme para mi tarea llevándome directamente a la segunda atención. Para ello planeaba llevar a cabo maniobras que galvanizarían mi conciencia.

En presencia de todos los demás me dijo que estaba tomándome a su cargo, y por tanto me llevaría a la zona de su poder.

Nos explicó que en sus *ensueños* se le habían presentado una serie de *no-haceres* diseñados para un equipo compuesto por la Gorda y por mí como actores, y por la mujer nagual como vigilantes.

Silvio Manuel sólo tenía palabras de admiración cuando se refería a la mujer nagual. Decía que ella era de una clase exclusiva, y que podía desempeñarse de igual a igual con él o con cualquier otro de los guerreros del grupo. No tenía experiencia pero podía manejar su atención como quiera que lo necesitara. Silvio Manuel me confesó que, para él, la destreza de la mujer nagual era un misterio tan grande como lo era mi presencia entre ellos, y que la fuerza de la mujer nagual era tan intensa que yo era un principiante junto a ella. A tal extremo que le pidió a la Gorda que me auxiliara en especial, para que yo pudiese resistir el contacto de la mujer nagual.

Para nuestro primer *no-hacer*, Silvio Manuel construyó una enorme caja de madera donde cabíamos la Gorda y yo, si nos sentábamos espalda contra espalda con las rodillas hacia arriba. La caja tenía una tapa de enrejado para permitir la ventilación. La Gorda y yo teníamos que entrar en ella y sentarnos en total oscuridad y silencio, sin quedarnos dormidos. Silvio Manuel empezó dejándonos entrar en la caja por breves períodos; después los aumentó, conforme nos acostumbrábamos al procedimiento, hasta que pudimos pasar la noche entera dentro de ella sin movernos ni dormitar.

La mujer nagual se quedaba con nosotros para asegurarse de que no cambiásemos de niveles de conciencia a causa de la fatiga. Silvio Manuel decía que la tendencia natural, bajo condiciones de esfuerzo y tensión desacostumbrados, es cambiar del estado de conciencia acrecentada al normal, y viceversa.

El efecto general de este *no-hacer*, cada vez que lo llevábamos a cabo, era una sensación inigualable de tranquilidad, de descanso, lo cual era un completo enigma para mí, ya que jamás nos quedamos dormidos durante esas vigilias de toda la noche. Atribuí esa sensación de tranquilidad al hecho de que nos hallábamos en un estado de conciencia acrecentada, pero Silvio Manuel dijo que una cosa nada tenía que ver con la otra, y que la sensación de descanso se debía a que nos sentábamos con las rodillas arriba.

En el segundo *no-hacer*, Silvio Manuel nos hacía tender en el suelo en nuestro lado izquierdo, como perros hechos ovillo, casi en una posición fetal, con las frentes sobre los brazos doblados. Silvio Manuel insistió en que conserváramos los ojos cerrados lo más que pudiéramos, abriéndolos tan sólo cuando nos indicaba que cambiáramos de posición y que nos tendiéramos en el lado derecho. Nos explicó que el propósito de este *no-hacer* era separar a nuestro sentido del oído del de la vista. Como antes, Silvio Manuel gradualmente incrementó la duración de las sesiones hasta que pudimos pasar toda la noche en una vigilia auditiva. Silvio Manuel nos dijo que estábamos para entonces listos para entrar a otra área de actividad. Nos explicó que en los dos primeros *no-haceres* habíamos roto cierta barrera perceptual mientras estábamos pegados al suelo. A manera de analogía, comparaba a los seres humanos con árboles. Somos árboles móviles. De alguna manera nos hallamos arraigados a la tierra; nuestras raíces son transportables, pero eso no nos libera del suelo. Dijo que para establecer el equilibrio teníamos que llevar a cabo el tercer *no-hacer* suspendidos en el aire. Si lográbamos canalizar nuestro *intento* mientras permanecíamos colgados de un árbol dentro de un arnés de cuero, podríamos hacer un triángulo con nuestro *intento*; la base de este

236

triángulo se hallaba en el suelo y el vértice, en el aire. Silvio Manuel creía que con los dos primeros *no-haceres* habíamos almacenado nuestra atención a tal punto, que podríamos ejecutar el tercero perfectamente desde el comienzo.

Una noche, Silvio Manuel nos puso a la Gorda y a mí en dos arneses separados que eran como sillas de correas; nos sentamos en ellos y él nos suspendió con una polea hasta la rama más alta y gruesa de un árbol muy grande. Quería que prestáramos atención a la conciencia del árbol, que, según él, nos daría señales, ya que éramos sus huéspedes. Hizo que la mujer nagual se quedara en el suelo y nos llamara en voz alta, una y otra vez, durante toda la noche.

Mientras nos hallábamos suspendidos del árbol, en las innumerables veces en que llevamos a cabo este *no-hacer*, experimentábamos un glorioso diluvio de sensaciones físicas, como tibias cargas de impulsos eléctricos. Durante los tres primeros de los cuatro intentos que realizamos, era como si el árbol protestara por nuestra intrusión; después de eso, los impulsos se convirtieron en señales de paz y equilibrio. Silvio Manuel nos dijo que la conciencia de un árbol atrae su alimento de las profundidades de la tierra, en tanto que la conciencia de las criaturas móviles la atrae de la superficie. No hay sensación de contienda o rivalidad en un árbol, mientras que en los seres móviles esa sensación los llena por completo.

Silvio Manuel planteaba que la percepción sufre una profunda sacudida cuando nos colocamos en estados de quietud en la oscuridad. Nuestros oídos toman entonces la delantera y pueden percibirse las señales de todas las entidades vivientes y existentes en torno a nosotros: no sólo con los oídos, sino con una combinación de los sentidos auditivo y visual, en ese orden. Decía que en la oscuridad, especialmente mientras uno se halla suspendido, los ojos se vuelven subsidiarios de los oídos.

La Gorda y yo descubrimos que Silvio Manuel tenía absoluta razón. A través del tercer *no-hacer*, Silvio Manuel dio una nueva dimensión a nuestra percepción del mundo que nos rodea.

Después nos dijo a la Gorda y a mí que el siguiente grupo de tres *no-haceres* sería intrínsecamente distinto y más complejo. Éstos tenían que ver con el aprendizaje de cómo manipular el otro mundo. Era obligatorio incrementar su efecto cambiando la hora de acción al crepúsculo matutino o vespertino. Nos dijo que el primer *no-hacer* del segundo grupo tenía dos fases. En la primera debíamos llegar al más profundo estado de conciencia acrecentada a fin de percibir la pared de niebla. Una vez que esto se lograba, la segunda fase consistía en hacer que la pared dejara de girar para así poder uno aventurarse en el mundo que se hallaba entre las líneas paralelas.

Nos advirtió que su meta era colocarnos directamente en la segunda atención, sin ninguna preparación intelectual. Quería que aprendiéramos lo sutil y compleja que es, sin comprender racionalmente lo que estábamos haciendo. Su tema era que un venado mágico o un coyote mágico maneja la segunda atención sin intelecto. A través de la práctica forzada de viajar al otro lado de la pared de niebla íbamos a sufrir, tarde o temprano, una alteración permanente de nuestro ser total, y esa alteración nos haría aceptar que el mundo que se halla entre las líneas paralelas es real, porque forma parte de la totalidad del mundo, así como nuestro cuerpo luminoso es parte de la totalidad de nuestro ser.

Silvio Manuel también dijo que nos usaba a la Gorda y a mí para explorar la posibilidad de que algún día pudiéramos ayudar a los otros aprendices introduciéndolos en el otro mundo, en cuyo caso ellos acompañarían al nagual Juan Matus y a su grupo en el viaje definitivo. Razonaba que puesto que la mujer nagual debía abandonar este mundo con el nagual Juan Matus y sus guerreros, los aprendices tenían que seguirla porque ella era su única guía en ausencia de un hombre nagual. Nos aseguró que la mujer nagual confiaba en nosotros, y que por esa razón supervisaba nuestro trabajo.

Silvio Manuel hizo que la Gorda y yo tomáramos asiento en el suelo del área trasera de su casa, donde habíamos llevado a cabo los otros *no-haceres*. No necesitamos la ayuda de don Juan para entrar en nuestro más profundo estado de conciencia acrecentada. Casi en el acto *vi* la pared de niebla. La Gorda la *vio* también, pero, por más que tratábamos, no podíamos detener la rotación de ésta. Cada vez que movía mi cabeza, la pared se desplazaba con ella.

La mujer nagual pudo detenerla y atravesarla sin ayuda de nadie, pero por más esfuerzos que hizo no logró transportarnos a nosotros dos con ella. Por último, don Juan y Silvio Manuel tuvieron que detener la pared y empujarnos físicamente a través de ella. La sensación que tuve al entrar en esa pared de niebla fue que a mi cuerpo lo torcían como las trenzas de una cuerda.

En el otro lado se hallaba el horrible valle desolado, con pequeñas dunas redondas de arena. Había unas nubes amarillas muy bajas en torno a nosotros, pero ningún cielo, ningún horizonte; bancos de pálido vapor amarillo impedían la visibilidad. Caminar era muy difícil. La presión parecía mucho mayor que aquella a la que mi cuerpo está acostumbrado. La Gorda y yo caminamos sin rumbo, pero la mujer nagual parecía saber hacia dónde se dirigía. Mientras más lejos nos íbamos de la pared, más oscuro era todo y más difícil resultaba avanzar. La Gorda y yo no pudimos ya seguir caminando erectos. Tuvimos que gatear. Perdí mi fuerza, y a la Gorda le pasó lo mismo; la mujer nagual tuvo que arrastrarnos para que pudiéramos regresar a la pared y salir de ella.

Repetimos ese viaje incontables veces. Las primeras veces don Juan y Silvio Manuel nos auxiliaban a detener la pared de niebla, pero después la Gorda y yo nos volvimos tan expertos como la mujer nagual. Aprendimos a detener la rotación de la pared. Esto ocurrió de una forma muy natural. En mi caso, en una ocasión advertí que mi *intento* era la clave: un aspecto especial de mi *intento*, porque no se trataba de mi voluntad tal como la conozco. Era un deseo intenso que se concentraba en la parte media de mi cuerpo. Se trataba de una nerviosidad peculiar que me hacía estremecerme y que después se convertía en una fuerza que en realidad no detenía a la pared, pero que hacía que cierta parte de mi cuerpo involuntariamente se volviera noventa grados a la derecha. El resultado era que por un instante tenía dos puntos de vista. Miraba al mundo dividido en dos por la pared de niebla y al mismo tiempo contemplaba directamente un banco de vapor amarillento. Esta última visión ganaba predominancia y algo me jalaba hacia la niebla y más allá de ella.

Otra cosa que aprendimos fue a considerar ese lugar como algo real; nuestros viajes se transformaron para nosotros en algo tan concreto como una excursión a las montañas, o un viaje por mar en un bote de vela. El valle desierto con promontorios que semejaban dunas de arena, para nosotros era tan real como cualquier parte del mundo.

La Gorda y yo teníamos la sensación de que los tres pasábamos una eternidad en ese mundo que se halla entre las líneas paralelas, y sin embargo, no podíamos recordar qué era lo que realmente acontecía allí. Sólo podíamos recordar lo aterradores que eran los momentos cuando teníamos que salir de ese mundo para retornar al de la vida de todos los días. Siempre eran momentos de tremenda angustia e inseguridad.

Don Juan y todos sus guerreros siguieron nuestros empeños con gran curiosidad; solamente Eligio siempre se hallaba extrañamente ausente de todas nuestras actividades. Aunque era un guerrero insuperable, que sólo se podía comparar con los guerreros del grupo de don Juan, nunca tomó parte en nuestras luchas ni nos auxilió de ninguna manera.

La Gorda decía que Eligio había logrado adherirse a Emilito y, así, directamente al nagual Juan Matus. Nunca fue parte de nuestro problema porque él podía trasladarse a la segunda atención en un abrir y cerrar de ojos. Para él, viajar a los confines de la segunda atención era tan fácil como sacudir los dedos.

La Gorda me hizo recordar el día en que los insólitos talentos de Eligio le permitieron descubrir que yo no era el hombre indicado para ellos, mucho antes de que cualquier otro tuviera la menor sospecha de la verdad.

Me hallaba sentado bajo una ramada atrás de la casa de Vicente cuando Emilito y Eligio repentinamente aparecieron. Todos estaban acostumbrados a que Emilito se ausentara durante largos períodos de tiempo; cuando volvía a aparecer, todos daban por cierto que había vuelto de un viaje. Nadie le formulaba preguntas. Él hacía una relación de sus descubrimientos primero a don Juan y después a todo aquel que quisiera escucharlo.

En ese día era como si Emilito y Eligio simplemente hubieran entrado en la casa por la puerta trasera. Emilito se hallaba tan efervescente como siempre. Eligio, en su acostumbrada condición silenciosa y sombría. Yo siempre pensé, cuando los dos se encontraban juntos, que la exquisita personalidad de Emilito abrumaba a Eligio y lo hacía aún más taciturno.

Emilito entró en la casa a buscar a don Juan, y Eligio me abrazó sonriente. Fue a mi lado, puso su brazo sobre mis hombros y colocó su boca junto a mi oído para susurrarme que había roto el sello de las líneas paralelas y había entrado en algo que Emilito llamaba la gloria.

Eligio continuó explicándome ciertas cosas acerca de la gloria, que yo no pude comprender. Era como si mi mente sólo se pudiera concentrar en la periferia de ese evento. Después de explicármelo, Eligio me tomó de la mano y me hizo ponerme en pie a la mitad del patio, mirando al cielo con mi barbilla levemente alzada. Se hallaba a mi derecha, de pie junto a mí en la misma posición. Me dijo que aflojara todos los músculos y que me dejara caer atrás, jalado por la pesadez de la tapa de mi cabeza. Algo me atrapó por detrás y me jaló hacia abajo. Había un abismo y me caí dentro de él. Súbitamente me hallaba en el valle desolado con promontorios que semejaban dunas.

Eligio me urgió a seguirlo. Me dijo que el borde de la gloria se hallaba al otro lado de las colinas. Caminé con él hasta que ya no pude moverme más. Él corría delante de mí sin ningún esfuerzo, como si estuviera hecho de aire. Se detuvo en la cumbre de un gran promontorio y señaló más allá. Corrió hacia mí y me suplicó que me arrastrara hasta la cima de esa colina, que era, según dijo, el borde de la gloria. La colina se hallaba quizás a sólo treinta metros de mí, pero ya no pude moverme un centímetro más.

Trató de arrastrarme, no pudo hacerlo. Mi peso parecía haber aumentado cien veces. Finalmente, Eligio tuvo que traer a don Juan y a su grupo. Cecilia me alzó en sus hombros y me llevó de regreso.

La Gorda añadió que Emilito había mandado a Eligio que hiciera todo eso. Emilito procedía de acuerdo con la regla. Mi propio había viajado a la gloria. Le era obligatorio mostrármela.

Pude recordar el anhelo en el rostro de Eligio y el fervor con el que me urgía a hacer un último esfuerzo para que presenciara la gloria. También pude recordar su tristeza y desilusión cuando fracasé. Nunca volvió a hablarme.

La Gorda y yo nos hallábamos tan inmersos en nuestros viajes al otro lado de la pared de niebla, que habíamos olvidado que era tiempo de emprender el siguiente *no-hacer* de la serie. Silvio Manuel nos dijo que éste podría ser devastador, y que consistía en cruzar las líneas paralelas con las tres hermanitas y los tres Genaros, directamente hacia la entrada del mundo de la conciencia total. No incluyó a doña Soledad porque sus *no-haceres* eran sólo para *ensoñadores* y ella era *acechadora*.

Silvio Manuel agregó que su interés era que nosotros nos fuéramos acostumbrando a la tercera atención, colocándonos al pie del Águila una y otra vez. Nos preparó para esa sacudida; nos explicó que los viajes de un guerrero hacia las desoladas dunas de arena son un paso preparatorio para el verdadero cruce de linderos. Aventurarse tras la pared de niebla cuando uno se halla en un estado de conciencia acrecentada o cuando se está *ensoñando*, emplea solamente una pequeña porción de nuestra conciencia total, en tanto que cruzar corporalmente al otro mundo emplea la totalidad de nuestro ser.

Silvio Manuel había concebido la idea de usar el puente como símbolo del verdadero cruce. Razonó que el puente era adyacente a un sitio de poder; y los sitios de poder son grietas, pasajes hacia el otro mundo. Creía que era posible que la Gorda y yo hubiéramos adquirido la fuerza suficiente para resistir un vislumbre del Águila.

Anunció que era mi deber personal acorralar a las tres mujeres y a los tres hombres, y ayudarlos a entrar en el nivel más profundo de conciencia acrecentada. Era lo menos que yo podía hacer por ellos, puesto que quizás yo había sido el instrumento que destruiría sus posibilidades de libertad.

Movió nuestro período de acción a la hora justa antes del alba. Obedientemente traté de hacerlos desplazar su conciencia, como don Juan había hecho conmigo. Puesto que yo no tenía la menor idea de cómo manejar sus cuerpos o de qué hacer con ellos, acabé golpeándolos en la espalda. Después de varios truculentos intentos de mi parte, don Juan intervino finalmente. Los alistó lo mejor que pudo y me los pasó a que los empujara como una manada de ganado en el puente. Mi tarea consistía en llevarlos, uno a uno, al otro lado del puente. El sitio de poder se hallaba en el lado sur, lo cual era un augurio muy favorable. Silvio Manuel planeó cruzar él primero, esperarme a que se los llevara y después conducirnos como grupo hacia lo desconocido.

Silvio Manuel cruzó el puente, seguido por Eligio, quien ni siquiera me miró. Junté a los seis aprendices en un grupo compacto en el lado norte del puente. Todos estaban aterrorizados; se desprendieron de mí y empezaron a correr en distintas direcciones. Atrapé a las tres mujeres una a una y logré entregárselas a Silvio Manuel. Él las detuvo a la entrada de la hendidura entre los mundos. Los tres hombres fueron demasiado rápidos para mí. Estaba muy cansado para perseguirlos.

Miré a don Juan, al otro lado del puente, en busca de guía.

Él y el resto de sus guerreros y la mujer nagual formaban un grupo compacto y me instaban con gestos a que corriera tras las mujeres y los hombres, riendo de mis torpes intentos. Don Juan hizo un gesto con la cabeza para indicarme que no hiciera caso de los tres hombres y cruzara con la Gorda hacia Silvio Manuel.

Cruzamos. Silvio Manuel y Eligio parecían sostener los lados de una grieta vertical del tamaño de un hombre. Las mujeres corrieron y se ocultaron tras la Gorda. Silvio Manuel nos urgió a todos a que entráramos por la apertura. Lo obedecía. Las mujeres, no. Más allá de la entrada no había nada. Y sin embargo, ésta se hallaba repleta hasta los bordes de algo que no era nada. Mis ojos estaban abiertos, todos mis sentidos se hallaban alertas. Me esforcé tratando de ver enfrente de mí. Pero no había nada frente a mí. O, si había algo allí, yo no podía comprender lo que era. Mis sentidos no estaban divididos en los compartimientos que les dan significado. Todo me llegó de golpe, o más bien la nada llegó a mí. Sentí que mi cuerpo era despedazado. Una fuerza desde mi interior empujaba hacia afuera. Yo me hallaba explotando, y no de una manera figurada. De súbito sentí que una mano humana me sacaba de allí antes de ser desintegrado.

La mujer nagual había cruzado para salvarme. Eligio no había podido moverse porque estaba sosteniendo la apertura, y Silvio Manuel tenía sujetas a las cuatro mujeres del cabello, dos en cada mano, listo para echarlas dentro.

Supongo que todo el evento debió de transcurrir cuanto menos en un cuarto de hora, pero en ese momento nunca se me ocurrió preocuparme por la gente que pudiera estar cerca del puente. De alguna manera, el tiempo parecía haberse suspendido, de la misma forma como pareció suspenderse cuando regresamos al puente en nuestro viaje a la Ciudad de México.

Silvio Manuel dijo que aunque el atentado de cruzar pareció ser un fracaso, fue un éxito absoluto. Las cuatro mujeres sí vieron la apertura y, a través de ella, el otro mundo; y lo que yo experimenté allí fue una verdadera sensación de la muerte.

—No hay nada primoroso o pacífico en la muerte —dijo—. Porque el verdadero terror comienza al morir. Con esa incalculable fuerza que sentiste allí, el Águila te exprimirá todos y cada uno de los aleteos de conciencia que has llegado a tener. Después, Silvio Manuel nos preparó a la Gorda y a mí para otro intento. Nos explicó que los sitios de poder en realidad eran agujeros en una especie de palio que evita que el mundo pierda su forma. Un sitio de poder es utilizado cuando uno ha congregado suficiente fuerza en la segunda atención. Nos dijo que la clave para resistir la presencia del Águila era la potencia del *intento* de uno. Sin *intento* no había nada. Me dijo que yo debía entender, puesto que yo era el único que había puesto el pie en el otro mundo, que lo que casi me había matado era mi incapacidad para cambiar mi *intento*. Sin embargo, él estaba confiado en que con una práctica forzada, todos nosotros llegaríamos a alargar nuestro *intento*. Pero no podía explicar lo que era el *intento*. Bromeó diciendo que sólo el nagual Juan Matus podría explicarlo..., pero no andaba por allí.

Por desgracia, el siguiente cruce no tuvo lugar, pues yo agoté mi energía. Fue una rápida y devastadora pérdida de vitalidad. De repente me encontré tan débil que me desmayé en casa de Silvio Manuel.

Le pregunté a la Gorda si acaso ella sabía lo que ocurrió después. Yo no tenía ni idea. La Gorda dijo que Silvio Manuel le dijo a todos que el Águila me había echado del grupo, y que finalmente me hallaba listo para que ellos me prepararan a llevar a cabo los designios de mi destino. Su plan era llevarme al mundo que se halla entre las líneas paralelas mientras yo estuviera sin sentido, y dejar que ese mundo me extrajera toda la energía restante e inútil de mi cuerpo. Su idea era correcta a juicio de todos sus compañeros ya que la regla indica que sólo se puede entrar allí consciente de uno mismo. Entrar sin conciencia trae la muerte, puesto que sin ella la fuerza se agota a causa de la presión física de ese mundo.

La Gorda añadió que a ella no la llevaron conmigo. Pero el nagual Juan Matus le había contado que al momento que me hallé vacío de energía vital, prácticamente muerto, todos ellos se turnaron a soplar nueva energía a mi cuerpo. En ese mundo, cualquiera que tiene fuerza puede dársela a los otros soplándosela. Siguiendo la regla me dieron su aliento en todos los lugares donde hay un punto de almacenamiento. Silvio Manuel sopló primero, después, la mujer nagual. El resto de mí fue compuesto por todos los miembros del grupo del nagual Juan Matus.

Después de que todos me soplaron su energía, la mujer nagual me sacó de la niebla en casa de Silvio Manuel. Me tendió en el suelo con la cabeza hacia el sur. La Gorda me dijo que yo parecía estar muerto. Ella y los Genaros y las tres hermanitas estaban allí. La mujer nagual les explicó que yo estaba enfermo, pero que algún día regresaría para ayudarles a encontrar la libertad, porque yo mismo no podría ser libre hasta que ellos lo hicieran. Silvio Manuel luego me dio su aliento y me hizo resucitar. Por esa razón las hermanitas y ella recordaban que él era mi amo. Silvio Manuel me llevó a mi cama y me dejó dormido, como si nada hubiera pasado. Después de que desperté me fui y no regresé. Y luego la Gorda olvidó todo porque ya nadie la volvió a empujar al lado izquierdo. Se fue a vivir al pueblo donde más tarde la encontré con los demás. El nagual Juan Matus y Genaro establecieron dos casas diferentes. Genaro se encargó de los hombres, el nagual Juan Matus cuidó a las mujeres.

Todo lo que yo recordaba era el haberme sentido deprimido y débil. Luego, perdí el conocimiento y, cuando desperté, me hallaba en perfecto control de mí mismo, efervescente, lleno de una energía extraordinaria y desacostumbrada. Mi bienestar se acabó en el momento que don Juan me dijo que tenía que dejar a la mujer nagual y a la Gorda y buscar yo solo el perfeccionamiento de mi atención, hasta el día en que pudiera regresar a ayudar a todos los aprendices. También me dijo que ni me impacientara ni me desalentara, pues el portador o la portadora de la regla se me haría presente a su debido tiempo para así revelarme mi verdadera misión.

Después ya no fui a ver a don Juan durante un largo tiempo. Cuando volví, él continuó haciéndome cambiar de la conciencia del lado derecho a la del izquierdo con dos fines: primero, para que yo pudiera continuar mi relación con sus guerreros y con la mujer nagual; y, segundo, para que él pudiera ponerme bajo el directo tutelaje de Zuleica.

Me dijo que de acuerdo con el plan maestro de Silvio Manuel, había dos tipos de instrucción para mí, uno para el lado derecho, el otro para el izquierdo. La instrucción del lado derecho pertenecía al estado de conciencia normal y su fin era conducirme a la convicción racional de que hay otro tipo de conciencia oculta en los seres humanos. Don Juan se hallaba a cargo de esta instrucción. La del lado izquierdo había sido asignada a Zuleica, estaba relacionada con el estado de conciencia acrecentada y tenía que ver exclusivamente con el manejo de la segunda atención a través del *ensueño*. De esa manera, cada vez que iba a México pasaba la mitad del tiempo con Zuleica, y la otra mitad con don Juan.

## 13

## La complejidad del ensueño

# 13

# La complejidad del ensueño

Don Juan, al comenzar la tarea de introducirme en la segunda atención, dijo que ya tenía bastante experiencia en entrar en ella. Silvio Manuel me había llevado justo hasta la entrada. La falla había residido en que no se me dieron los raciocinios apropiados. A los guerreros se les debe dar serias razones antes de que puedan aventurarse sin peligros en lo desconocido. Las guerreras no están sujetas a esto y pueden entrar en ello sin ningún titubeo, siempre y cuando tengan confianza total en quien las guía.

Me dijo que yo tenía que empezar primero por aprender la complejidad del *ensueño*. Me puso entonces bajo la supervisión de Zuleica. Me exhortó a que fuera impecable y practicara con meticulosidad todo lo que hubiera aprendido, y, sobre todo, me pidió que fuese cuidadoso y deliberado en mis acciones para que no agotara en vano mi fuerza viviente. Dijo que el prerrequisito de entrada a cualquiera de las tres fases de la atención es poseer fuerza viviente, porque sin ella los guerreros no pueden tener dirección ni propósito. Me explicó que al morir, nuestra conciencia también entra en la tercera atención, pero sólo por un instante, como una acción catártica, justo antes de que el Águila la devore.

La Gorda decía que el nagual Juan Matus hizo que cada uno de los aprendices aprendiera a *ensoñar*. Ella creía que a todos ellos se les había dado esta tarea al mismo tiempo que a mí. La instrucción que se les dio fue dividida también en derecha e izquierda. Dijo que el nagual y Genaro les proporcionaron instrucción del lado derecho, para el estado de conciencia normal. Cuando juzgaron que los aprendices estaban listos, el nagual los hizo cambiar a un estado de conciencia acrecentada y los dejó con sus respectivas contrapartes. Vicente le enseñó a Néstor, Silvio Manuel fue el maestro de Benigno, Genaro instruyó a Pablito, Lidia tuvo como maestra a Hermelinda, y Rosa, a Nélida. La Gorda agregó que Josefina y ella fueron puestas al cuidado de Zuleica para que juntas aprendieran los aspectos más delicados del *ensoñar* y así pudieran llegar a ayudarme algún día.

Además, la Gorda dedujo por su propia cuenta que los tres Genaros también fueron llevados con Florinda para aprender el *acecho*. La prueba de esto era su drástico cambio de conducta. La Gorda me dijo que ella sabía, aun desde antes de recordar nada, que alguien le enseñó los principios de *acechar*, pero de una manera muy superficial; no se le hizo practicar, mientras que a los hombres se les dieron conocimientos prácticos y tareas. El cambio de conducta de ellos era la prueba. Se volvieron más alegres y joviales. Disfrutaban sus vidas, en tanto que ella y las demás mujeres, a causa de su *ensoñar*, se volvieron cada vez más sombrías y malhumoradas.

La Gorda creía que los Genaros no pudieron recordar su instrucción, cuando yo les pedí que me revelaran sus conocimientos del arte de *acechar*, porque lo practicaban sin saber que lo estaban haciendo. Sin embargo, su destreza salía a la luz en sus tratos con la gente. Eran artistas consumados en torcer la voluntad de quien fuera y de salirse siempre con la suya. A través de las prácticas de *acechar*, los Genaros hasta habían aprendido el *desatino controlado*. Por ejemplo, se comportaban como si Soledad fuera la madre de Pablito. Para cualquier observador, parecía que eran madre e hijo incitándose a pelear el uno contra el otro, cuando en realidad los dos estaban representando un papel. Convencían a cualquiera. En ocasiones Pablito daba tales representaciones que hasta se convencía a sí mismo.

La Gorda me confió que todos ellos se hallaban más que asombrados ante mi conducta. No sabían si yo estaba loco o si era un maestro del *desatino controlado*. Yo daba todas las indicaciones externas de tomar en serio sus dramatizaciones. Soledad les dijo que no se engañaran, porque en verdad yo estaba loco. Parecía estar en control, pero me hallaba tan completamente aberrado que no podía comportarme como nagual. Ella encomendó a cada una de las mujeres que me propinara un golpe mortal. Les dijo que yo mismo lo había pedido en un momento en que me hallaba en control de mis facultades.

La Gorda me contó que le costó varios años, bajo la guía de Zuleica, para aprender a *ensoñar*. Cuando el nagual Juan Matus juzgó que ella era ya una experta, finalmente la llevó con su verdadera contraparte, Nélida. Fue Nélida quien le enseñó cómo comportarse en el mundo. La preparó no sólo para que supiera cómo vestirse bien, sino también para que tuviera donaire.

De esa manera, cuando se puso su ropa nueva en Oaxaca y me dejó azorado con su encanto y elegancia, ya tenía experiencia en esa transformación.

En mi caso, Zuleica fue muy efectiva como guía hacia la segunda atención. Insistió en que nuestra tarea tuviera lugar solamente en la noche, y en la oscuridad absoluta. Para mí, Zuleica sólo era una voz en las tinieblas, una voz que iniciaba todos los contactos que tuvimos, diciéndome que concentrara mi atención en sus palabras y nada más. Su voz era la voz femenina que la Gorda creía haber oído en *ensueños*.

Zuleica me dijo que si se va a *ensoñar* dentro de la casa, lo mejor es hacerlo en la oscuridad total, estando uno acostado o sentado en una cama estrecha, o, mejor aún, sentado dentro de una cuna con forma de ataúd. En el campo abierto, el *ensueño* debería hacerse en la protección de una caverna, en las áreas arenosas de manantiales secos, o sentado con la espalda contra una roca en las montañas; jamás en el suelo plano de un valle, ni junto a ríos o lagos o el mar, ya que las zonas planas, al igual que el agua, eran antitéticas a la segunda atención.

Cada una de mis sesiones con ella estuvo empapada de misterio. Me explicó que la manera más segura de acertar un golpe directo en la segunda atención es a través de actos rituales: cantos monótonos e intrincados movimientos repetitivos.

Sus enseñanzas no fueron acerca de los principios del arte de *ensoñar*, que ya me habían sido revelados por don Juan. Zuleica decía que para tenerla a ella como maestra uno tenía que saber cómo *ensoñar*, para así dejarla libre a que tratara exclusivamente con las cuestiones esotéricas de la conciencia del lado izquierdo.

Las instrucciones de Zuleica se iniciaron un día en que don Juan me llevó a su casa. Llegamos a mediados de la tarde. El sitio parecía desierto, aunque la puerta de enfrente se abrió cuando nos acercamos a ella. Yo esperaba que Zoila o Marta aparecieran, pero no había nadie en la entrada. Sentí que quien fuera el que abrió la puerta se alejó con gran rapidez. Don Juan me llevó adentro del patio y me hizo sentar en una caja de madera que tenía un cojín y que había sido convertida en banca. El asiento de la caja era duro y muy incómodo. Desplacé mi mano por debajo del delgadísimo cojín y encontré un puñado de piedras filosas. Don Juan me dijo que mi situación era poco convencional porque yo tenía que aprender las cuestiones más delicadas del *ensoñar* a toda prisa. Sentarme en una superficie dura era una manera de evitar que mi cuerpo sintiera que se hallaba en una situación normal. Unos cuantos minutos antes de llegar a la casa, don Juan me hizo cambiar de niveles de conciencia. Me dijo que la instrucción de Zuleica tenía que ser conducida en un estado de conciencia acrecentada para que yo pudiera tener la rapidez que se requería. Me ordenó que me quedara tranquilo y que confiara implícitamente en Zuleica. Después me mandó que fijara mi atención, con toda la fuerza de que fuera capaz, y que memorizara todos los detalles del patio que se hallaban dentro de mi campo de visión. Insistió en que yo tenía que memorizar cada detalle al igual que la sensación de estar sentado allí. Me repitió sus instrucciones para estar seguro de que yo había entendido. Después se fue.

Rápidamente se hizo oscuro y empecé a enfadarme, sentado allí. No tuve tiempo suficiente para concentrarme en los detalles del patio. De repente escuché un crujido justo a mis espaldas y después la voz de Zuleica me sobresaltó. Con un vigoroso susurro me dijo que me pusiera en pie y la siguiera. Automáticamente la obedecí. No podía ver su rostro, ella sólo era una forma oscura que caminaba dos pasos delante de mí. Me llevó a un rincón del pasillo más oscuro de su casa. Aunque mis ojos estaban habituados a la oscuridad aún no podía ver nada. Tropecé con algo y ella me ordenó que me sentara dentro de una estrecha cuna y que reclinara la parte inferior de mi espalda en un cojín duro.

Después sentí que ella había retrocedido unos cuantos pasos detrás de mí, lo cual me desconcertó por completo, pues pensé que mi espalda se hallaba a unos cuantos centímetros de la pared. Hablando desde allí, me ordenó con una voz suave que enfocara mi atención en sus palabras para que éstas me pudieran guiar. Me dijo que mantuviera los ojos abiertos y fijos en un punto que se hallaba frente a mí, a la altura de mis ojos, y que ese punto se transformaría de negrura a un agradable y brillante color rojo-naranja.

Zuleica hablaba muy suavemente, con entonación uniforme. Escuché cada una de sus palabras. La oscuridad que me envolvía parecía haber cortado eficazmente cualquier estímulo externo que me distrajera. Oí las palabras de Zuleica en un vacío, y después advertí que el silencio de ese pasillo era comparable al silencio dentro de mí.

Zuleica me explicó que un *ensoñador* debe partir desde un punto de color; la luz intensa o las completas tinieblas son inútiles para un *ensoñador* en su asalto inicial. Colores como el púrpura o verde claro o amarillo profundo son, por otra parte, excelentes puntos de arranque. Zuleica me aseguró que una vez que hubiese logrado yo entrar en el color rojo-naranja, habría congregado mi segunda atención permanentemente, si es que era capaz de estar consciente de las sensaciones físicas que uno experimenta al entrar en ese color.

Necesité varias sesiones con la voz de Zuleica para darme cuenta con mi cuerpo de lo que ella trataba de hacer. La ventaja de estar en un estado de conciencia acrecentada era que yo podía seguir mi transición de un estado de vigilia a un estado de *ensueño*. Bajo condiciones normales esa transición es borrosa, pero en esas circunstancias especiales de hecho sentí, en el transcurso de una de mis sesiones, cómo mi segunda atención tomaba los controles. El primer paso fue una inusitada dificultad en respirar. No era una dificultad para inhalar o exhalar, ni tampoco me faltaba el aire; más bien, mi respiración cambió de ritmo súbitamente. Mi diafragma empezó a contraerse y forzó a la parte media de mi cuerpo a moverse como un fuelle, con gran celeridad. Respiraba con la parte inferior de mis pulmones y sentí una gran presión en los intestinos. Sin éxito traté de romper los espasmos de mi diafragma. Mientras más trataba, más doloroso se volvía.

Zuleica me ordenó que dejara que mi cuerpo hiciera todo lo que fuese necesario y que no pensara en dirigirlo o controlarlo. Yo quería obedecerla, pero ignoraba cómo. Los espasmos, que deben de haber durado de diez a quince minutos, se desvanecieron tan súbitamente como habían aparecido y fueron seguidos por otra sensación extraña y conmocionante. En un principio la sentí como una picazón de lo más peculiar, un sentimiento físico que no era ni agradable ni desagradable; era algo parecido a un temblor nervioso. Se volvió muy intenso, hasta el punto de forzarme a concentrar mi atención en él a fin de determinar en qué parte de mi cuerpo estaba ocurriendo. Quedé pasmado al darme cuenta de que no tenía lugar en ninguna parte de mi cuerpo físico, sino fuera de él, y sin embargo aún lo sentía.

No hice caso a la orden de Zuleica de entrar en una mancha de coloración que empezaba a formarse a la altura de mis ojos, y me entregué enteramente a la exploración de esa extraña sensación que ocurría fuera de mí. Zuleica debió de haber *visto* lo que me estaba sucediendo; repentinamente empezó a explicarme que la segunda atención pertenece al cuerpo luminoso, así como la primera atención pertenece al cuerpo físico. Dijo que el punto donde la segunda atención se arma está situado en el lugar que Juan Tuma me había descrito la primera vez que nos conocimos: aproximadamente a un metro de distancia enfrente de la parte media del cuerpo, justo entre el estómago y el ombligo, y a quince centímetros a la derecha.

Zuleica me ordenó que pusiera las manos en ese punto y lo masajeara moviendo los dedos de mis dos manos, exactamente como si estuviera tocando un arpa. Me aseguró que si persistía en el ejercicio, tarde o temprano terminaría sintiendo que mis dedos pasaban por algo que eran tan denso como el agua, y que finalmente sentiría mi cascarón luminoso.

A medida que seguía moviendo mis dedos, el aire se puso progresivamente denso hasta que sentí una especie de masa. Un indefinido placer físico se esparció por todo mi cuerpo. Pensé que me hallaba tocando un nervio y me sentí ridículo por lo absurdo de todo eso. Me detuve.

Zuleica me advirtió que si no movía mis dedos iba a darme un coscorrón en la cabeza. Mientras más continuaba yo ese movimiento oscilante, más cercana sentía la picazón. Finalmente, ésta llegó a estar a unos diez centímetros de mi cuerpo. Era como si algo dentro de mí se hubiera encogido. En verdad creí que podía sentir una concavidad, una abolladura donde sentía la comezón. Después tuve otra sensación sobrecogedora. Me estaba quedando dormido y, a la vez, estaba consciente. Había una vibración en mis orejas, que me recordaba el sonido de un zumbador; después sentí una fuerza que me enrollaba sobre mi lado izquierdo sin despertarme. Fui enrollado muy apretadamente, como un puro, y se me colocó en la concavidad donde sentía la picazón. Mi conciencia quedó suspendida allí, incapaz de despertar, pero tan apretadamente enrollada en sí misma, que tampoco podía quedarse dormida.

Oí la voz de Zuleica que me decía que viese a mi alrededor. No pude abrir los ojos, pero mi sentido del tacto me reveló que me hallaba en una zanja, acostado boca arriba. Me sentí cómodo, seguro. Mi cuerpo estaba tan compacto y apretado que yo no tenía el más leve deseo de incorporarme. La voz de Zuleica me ordenó que me pusiera en pie y abriera los ojos. No pude hacerlo. Me dijo que tenía que desear mis movimientos, porque no se trataba de un asunto de contraer mis músculos para levantarme.

Pensé que mi lentitud la había molestado. Comprendí entonces que me hallaba plenamente consciente, quizá más consciente de lo que había estado en toda mi vida. Podía pensar racionalmente y a la vez parecía estar completamente dormido. Se me ocurrió la idea de que Zuleica me había puesto en un estado de hipnosis profunda. Esto me molestó un instante, pero después ya no tuvo importancia. Cedí a la sensación de hallarme suspendido, y floté libremente.

Ya no pude oír lo que ella me decía. O ella había dejado de hablar o yo había cortado el sonido de su voz. No quería abandonar ese refugio. Nunca me había sentido tan en paz y tan completo. Me quedé allí inmóvil sin querer levantarme ni cambiar nada. Podía sentir el ritmo de mi respiración. Repentinamente, desperté.

En la siguiente sesión, Zuleica me dijo que yo había logrado hacer una concavidad en mi luminosidad sin ayuda de nadie, y que hacer esa concavidad significaba que yo había movido un punto distante de mi cascarón luminoso más cerca de mi cuerpo físico, y por tanto, más cercano al control. Sostuvo repetidas veces que a partir del momento en que el cuerpo aprende a hacer esa concavidad, es más fácil entrar en el *ensueño*. Estuve de acuerdo con ella. Yo había adquirido un extraño impulso, una sensación que mi cuerpo había aprendido a reproducir instantáneamente. Era una muestra de sentirme en reposo, seguro, adormilado, suspendido sin el sentido del tacto, y al mismo tiempo completamente despierto, consciente de todo.

La Gorda me dijo que el nagual Juan Matus había luchado durante años por crear esa concavidad en ella, en las tres hermanitas y también en los Genaros, para darles habilidad permanente de concentrar su segunda atención. Le dijo que por lo general el *ensoñador* la crea en el momento mismo en que la necesita. Después, el corazón luminoso vuelve a recobrar su forma original. Pero en el caso de los aprendices, puesto que no tenían un nagual que los dirigiera, la concavidad fue creada desde afuera y llegó a ser un rasgo permanente de sus cuerpos luminosos; una gran ayuda pero también una obstrucción. A todos los hacía vulnerables y taciturnos.

Recordé que una vez yo había *visto* y golpeado con mi pie una hendidura en los cascarones luminosos de Li-

dia y de Rosa. Pensé que la hendidura se hallaba paralela a la porción superior del muslo derecho, o quizás junto en la cresta del hueso de la cadera. La Gorda me explicó que yo les había propinado el puntapié en la concavidad de su segunda atención y que casi las maté.

La Gorda me dijo que, durante su instrucción, Josefina y ella vivieron en la casa de Zuleica durante varios meses. El nagual Juan Matus las llevó con ella un día, después de hacerlas cambiar niveles de conciencia. No les dijo qué iban a hacer allí ni qué era lo que debían esperar, simplemente las dejó solas en un pasillo de la casa y se marchó. Ellas se sentaron allí hasta que oscureció, fue entonces que Zuleica llegó a donde ellas estaban. Nunca la vieron, sólo escucharon su voz como si les hablara desde un sitio en la pared.

Zuleica fue muy exigente a partir del momento en que tomó cargo. Las hizo desvestirse en el acto y les ordenó que se metieran dentro de unas gruesas y esponjosas bolsas de algodón, una especie de ponchos. Se cubrieron de la cabeza a los pies con ellos. Zuleica les ordenó luego que se sentaran espalda con espalda, sobre un petate, en el mismo rincón del pasillo donde yo solía sentarme. Les dije que su tarea consistía en contemplar la oscuridad hasta que ésta empezara a adquirir un tinte. Después de varias sesiones, ellas en verdad comenzaron a ver colores en las tinieblas, entonces fue cuando Zuleica las hizo sentarse lado a lado y ver el mismo punto.

La Gorda decía que Josefina aprendió con gran rapidez, y que una noche entró dramáticamente, de un tirón, en la mancha de rojo-naranja, desprendiéndose físicamente de la bolsa. La Gorda creía que o Josefina se estiró hasta alcanzar la mancha de color, o ésta se estiró hasta alcanzarla a ella. El resultado fue que en un instante Josefina se salió del interior de la bolsa. A partir de ese momento, Zuleica las separó, y la Gorda inició su lento y largo aprendizaje.

La narración de la Gorda me hizo recordar que Zuleica también me había hecho meterme en la bolsa esponjosa. Por cierto, el tenor de las órdenes que me dio me revelaron la razón de su uso. Zuleica me dirigió a que sintiera la esponjosidad con mi piel desnuda, especialmente con la piel de mis pantorrillas. Me repitió una y otra vez que los seres humanos tenemos un excelente centro de percepción en el exterior de las pantorrillas, y que si la piel de esa área era puesta en calma y masajeada, el alcance de nuestra percepción aumentaría de maneras imposibles de concebir racionalmente. La bolsa era muy suave y caliente, e inducía en mis piernas una extraordinaria sensación de calma y paz. Los nervios de mis pantorrillas experimentaron una placentera estimulación.

La Gorda me dio una relación de un placer físico igual al mío. Aún más, ella dijo que el poder de esa bolsa la había guiado a encontrar la mancha de color rojo-naranja. Sentía tal respeto y admiración por la bolsa, que se hizo una, copiando la original. Pero, según ella, su efecto no era el mismo, aunque también le proporcionaba paz y bienestar. Dijo que Josefina y ella solían pasar todo el sobretiempo de que disponían dentro de las bolsas que ella había cosido para las dos.

Lidia y Rosa también fueron colocadas dentro de la bolsa, pero a ninguna de ellas le gustó. Les era indiferente. Lo mismo me pasaba a mí.

La Gorda explicó el apego de Josefina y de ella como una consecuencia directa del hecho de haber sido guiadas a descubrir su *color de ensueño* cuando se hallaban dentro de la bolsa. Decía que mi indiferencia se debía a que yo no entré en la zona de coloración; más bien, el tinte vino a mí. Tenía razón. Algo más que la voz de Zuleica fue responsable del desarrollo de esa fase preparatoria. Evidentemente, Zuleica me hizo seguir los mismos pasos por los que condujo a la Gorda y a Josefina. Yo había conservado los ojos fijos en la oscuridad a través de muchas sesiones y me hallaba listo para visualizar la zona de la coloración. Por cierto, presencié toda su metamorfosis comenzando con la pura oscuridad y terminando en una mancha de intensa brillantez. A esa altura quedé absorto en la sesión de una picazón externa, hasta el punto de terminar entrando en un estado de *vigilia en reposo*. Fue entonces cuando quedé inmerso por primera vez en una coloración rojo-naranja.

257

Después de que aprendí a permanecer suspendido en el sueño y la vigilia, Zuleica pareció aflojar el paso. Incluso llegué a creer que había cambiado de táctica y que no tenía prisa de sacarme de ese estado. Me dejó permanecer en él sin interferir, y nunca me hizo preguntas acerca de lo que estaba experimentando, quizá porque su voz sólo era para dar órdenes y no para hacer preguntas. Realmente nunca hablamos durante su instrucción, al menos no como lo hacía con don Juan.

Mientras me hallaba en el estado de *vigilia en reposo*, me di cuenta de una vez que era inútil permanecer allí, porque a pesar de lo agradable que pudiera ser, las limitaciones de esa experiencia eran evidentes. Sentí en mi cuerpo un temblor y abrí los ojos, o más bien mis ojos se abrieron solos. Zuleica me observaba. Mi asombro fue total. Pensé que había despertado, y el enfrentarme a Zuleica en carne y hueso fue algo completamente inesperado. Me había acostumbrado a oír tan sólo su voz. También me sorprendió que ya no fuera de noche. Miré en torno. Ya no estábamos en la casa de Zuleica. Tuve entonces la instantánea certeza de que me hallaba *ensoñando* y desperté.

Zuleica empezó después otra faceta de sus enseñanzas. Me enseñó cómo moverme. Inició su instrucción ordenándome que fijara mi atención en el punto medio de mi cuerpo. En mi caso ese punto se hallaba abajo del borde inferior de mi ombligo. Me dijo que barriera el suelo con él; esto es, que hiciera oscilar mi vientre como si tuviera pegada una escoba allí. A través de incontables sesiones intenté hacer lo que la voz me ordenaba. Zuleica no me permitió entrar en un estado de *vigilia en reposo*. Su intención era llevarme a percibir la acción de barrer el suelo con el punto medio de mi cuerpo, mientras seguía despierto. Me dijo que estar en la conciencia del lado izquierdo era una ventaja suficiente para cumplir bien con el ejercicio.

Un día, por ninguna razón que pudiera yo concebir, logré tener una vaga sensación en el área de mi estómago. No era algo definido, y cuando enfoqué en él mi atención comprendí que era como una comezón dentro de la cavidad de mi cuerpo. Y no exactamente en el área del estómago sino más arriba. Conforme la examinaba, advertía mayores detalles. Lo vago de la sensación pronto se convirtió en una certeza. Había una extraña conexión de nerviosidad o una sensación cosquilleante entre mi plexo solar y mi pantorrilla derecha.

La sensación se agudizó, y yo involuntariamente elevé mi muslo derecho hasta el pecho. Así los dos puntos quedaron tan próximos el uno al otro como mi anatomía lo permitía. Me estremecí durante un momento con una nerviosidad inusitada y después sentí con claridad que barría el piso con el punto medio de mi cuerpo, era una sensación táctil que ocurría cada vez que oscilaba mi cuerpo estando sentado.

En la siguiente sesión, Zuleica me permitió entrar en un estado de *vigilia en reposo*. Sin embargo, no sentí en él lo que acostumbraba. Parecía haber una especie de control en mí que reducía la posibilidad de disfrutarlo libremente, como siempre lo había hecho; ese control también me hizo concentrar mi atención en la manera como se desarrolla la *vigilia en reposo*. Primero advertí la comezón en el área de la segunda atención, en mi cascarón luminoso. Masajeé ese punto moviendo mis dedos sobre él como si tocara un arpa: el punto se hundió hacia mi estómago. Lo sentí casi en mi piel. Experimenté aguijoneo en el exterior de mi pantorrilla derecha. Era una mezcla de placer y dolor. La sensación se esparció por toda mi pierna y después por la parte inferior de la espalda. Sentí que mis glúteos se sacudían. Todo mi cuerpo fue traspasado por una onda nerviosa. Sentí como si mi cuerpo hubiera sido atrapado, con los pies hacia arriba, en una red. Mi frente y mis dedos de los pies parecían tocarse. Me hallaba en una forma de U cerrada. Después sentí como si me doblaran en dos y me enrollaran en una sábana. Mis espasmos nerviosos eran los que hacían que la sábana se enrollara conmigo en el centro. Cuando acabó de enrollarse ya no pude sentir mi cuerpo. Yo sólo era una conciencia amorfa, un espasmo nervioso enrollado en sí mismo. Esa conciencia fue a descansar dentro de una zanja, dentro de una depresión de sí misma.

Comprendí entonces la imposibilidad de describir lo

que ocurre al *ensoñar*. Zuleica decía que la conciencia del lado derecho y la del lado izquierdo se envuelven juntas. Ambas llegan a descansar hechas un solo montón en la concavidad de la segunda atención. Para *ensoñar*, uno necesita manejar tanto el cuerpo luminoso como el cuerpo físico. Primero, el centro de la segunda atención en el cascarón luminoso es forzado a ser accesible: o alguien lo empuja desde afuera, o el *ensoñador* lo succiona desde adentro. Segundo, para dislocar la primera atención, los centros del cuerpo físico localizados en el punto medio del cuerpo y en las pantorrillas, especialmente la derecha, tienen que ser estimulados y colocados lo más cerca posible el uno del otro hasta que parezcan unirse. Esto se logra colocando al muslo derecho contra el pecho. Después tiene lugar la sensación de ser enrollado y automáticamente la segunda atención toma el control.

La explicación de Zuleica, dada a través de órdenes, era la manera más conveniente de describir lo que sucede, pues ninguna de las experiencias sensoriales implicadas en *ensoñar* son parte de nuestro inventario cotidiano. Primeramente la sensación de un cosquilleo fuera de mí era local, y a causa de eso era mínima la turbación de mi cuerpo al experimentarla. La sensación de ser enrollado en mí mismo, por otra parte, era mucho más inquietante. Incluía una serie de sensaciones que dejaban a mi cuerpo en un estado de emoción. Por ejemplo, yo estaba convencido de que en un momento los dedos de mis pies tocaban mi frente. Para mí, ésa es una posición imposible de alcanzar; y sin embargo, yo sabía, más allá de cualquier posibilidad de duda, que me hallaba dentro de una red, colgado con los pies hacia arriba, con forma de pera, y con los dedos de los pies bien pegados a mi frente. En un plano físico me encontraba sentado con mis muslos replegados contra el pecho.

Zuleica también me dijo que la sensación de ser enrollado como si fuera un puro y colocado dentro de la concavidad de la segunda atención era el resultado de haber fusionado la conciencia del lado derecho y la del lado izquierdo hasta formar una sola, en la cual el orden de preponderancia había sido cambiado y el lado izquierdo tenía la supremacía. Zuleica me urgió a que agudizara mi atención lo suficientemente como para presenciar el movimiento opuesto, esto es, las dos atenciones nuevamente convirtiéndose en lo que normalmente son, con el lado derecho llevando las riendas.

Nunca llegué a hacer lo que me pedía, pero me obsesioné hasta el punto de quedar atrapado en mortales titubeos causados por mi empeño por observar todo. Zuleica tuvo que cambiar de idea ordenándome que cesara mis escrutinios, puesto que tenía otras cosas que hacer.

Zuleica me dijo que primero que nada yo tenía que perfeccionar mi control a fin de poder moverme a voluntad. Empezó su instrucción cuando me encontraba en un estado de *vigilia en reposo*, ordenándome repetidas veces abrir los ojos. Me costó muchísimo esfuerzo poder hacerlo, pero de repente mis ojos se abrieron y vi a Zuleica sobre mí. Yo estaba acostado. No pude determinar dónde. La luz era extraordinariamente brillante, como si me hallara exactamente abajo de un poderoso foco eléctrico, pero la luz ni brillaba directamente sobre mis ojos. Podía ver a Zuleica sin ningún esfuerzo.

Me ordenó que me pusiera en pie mediante un acto de voluntad. Me dijo que tenía que empujarme a mí mismo con mi parte media, que yo tenía allí tres gruesos tentáculos que podía usar como muletas para elevar todo mi cuerpo.

Traté innumerables veces de ponerme en pie. Fracasé. Tuve una sensación de desesperación y de angustia física que me recordaban las pesadillas que tenía de niño, en las que no podía despertar y sin embargo me hallaba completamente despierto tratando de gritar.

Zuleica finalmente me habló. Me dijo que tenía que seguir cierto orden, y que era una inútil y estúpida maniobra de mi parte el impacientarme y agitarme como si tratara con el mundo de la vida diaria. Impacientarse era correcto sólo en la primera atención; la segunda atención era la calma misma. Zuleica quería que yo repitiera la sensación que tuve de barrer el suelo con la parte media. Pensé que para poder repetirla tenía que estar sentado. Sin ninguna premeditación de mi parte, me senté y adopté la misma postura que usé la primera vez que tuve esa sensación. Algo en mí se meció y de súbito yo estaba en pie. No podía discernir qué había hecho para moverme. Pensé que si volvía a empezar podía estar consciente del procedimiento. Tan pronto como tuve ese pensamiento me descubrí de nuevo tendido. Al ponerme en pie una vez más me di cuenta de que no había ningún procedimiento, que para moverme tenía que intentar moverme desde un nivel muy profundo. En otras palabras, tenía que estar absolutamente convencido de que quería moverme, o quizá sería más exacto plantear qué tenía que estar convencido de que necesitaba moverme.

Una vez que hube comprendido este principio, Zuleica me hizo practicar todos los aspectos concebibles del movimiento volitivo. Mientras más practicaba, más claro se volvía para mí que *ensoñar* en realidad era un estado racional. Zuleica me explicó. Dijo que al *ensoñar*, el lado derecho, la conciencia racional, queda envuelta dentro de la conciencia del lado izquierdo a fin de dar al *ensoñador* un sentido de sobriedad y racionalidad, pero que la influencia de la racionalidad tiene que ser mínima y debe usarse sólo como un mecanismo inhibitorio que protege al *ensoñador* de excesos y empresas grotescas.

La siguiente faceta de la instrucción consistió en dirigir mi *cuerpo de ensueño*. Don Juan había propuesto, desde la primera vez que conocí a Zuleica, la tarea de contemplar el patio cuando me hallaba sentado en la caja de madera. Meticulosamente me puse a contemplarlo, a veces durante horas. Siempre estaba yo solo en la casa de Zuleica. Parecía que los días que yo iba a allí todos se iban o se escondían. El silencio y la soledad me auxiliaron y logré memorizar los detalles del patio.

Zuleica, por consiguiente, me propuso la tarea de abrir los ojos mientras me hallaba en un estado de *vigilia en reposo* para ver el patio. Lograrlo me tomó muchas sesiones. En un principio yo abría los ojos y la veía a ella, y ella, con una sacudida del cuerpo, me hacía rebotar, como si fuera pelota, al estado de *vigilancia en reposo*. En uno de esos rebotes sentí un temblor intenso; algo que se hallaba localizado en mis pies cascabeleó hacia arriba y llegó a mi pecho, y lo tosí; la escena del patio de noche salió de mí como si hubiera emergido desde mis tubos bronquiales. Era algo semejante al rugido de un animal.

Escuché la voz de Zuleica que me llegaba como si fuera un tenue murmullo. No pude comprender qué decía. Vagamente advertí que me hallabá sentado en la caja de madera. Quise ponerme en pie pero advertí que yo no era sólido. Era como si el viento me llevara. Escuché entonces muy clara la voz de Zuleica diciéndome que no me moviera. Traté de permanecer inmóvil pero alguna fuerza me jaló y desperté en el pasillo. Silvio Manuel se hallaba frente a mí.

Después de cada sesión de *ensoñar* en la casa de Zuleica, don Juan siempre me esperaba en el oscurísimo pasillo. Me llevaba fuera de la casa y me hacía cambiar niveles de conciencia. Pero esa vez Silvio Manuel se hallaba allí. Sin decirme una sola palabra, me puso dentro de un arnés y me izó contra las vigas del techo. Allí me dejó hasta el mediodía, cuando vino don Juan y me hizo bajar. Me explicó que el cuerpo se afina al estar suspendido, sin tocar el suelo, durante un período de tiempo, y que es esencial hacerlo antes de un viaje peligroso como el que yo iba a emprender.

Tuvieron que pasar muchas sesiones más de *ensueño* hasta que aprendí al fin a abrir los ojos y ver ya fuese a Zuleica o el patio oscuro. Comprendí entonces que ella misma había estado *ensoñando* todo el tiempo. Nunca había estado en persona tras de mí en el pasillo. Estaba yo en lo cierto la primera noche cuando creí que mi espalda estaba junto a la pared. Zuleica era una voz de *ensueño*.

Durante una de las sesiones, cuando abrí los ojos deliberadamente para ver a Zuleica, me dejó estupefacto encontrar a la Gorda al igual que a Josefina asomándose sobre mí junto con Zuleica. La faceta final de su enseñanza comenzó entonces. Zuleica nos enseñó a los tres a viajar con ella. Nos dijo que nuestra primera atención se hallaba enganchada en las emanaciones de la Tierra, y que la segunda atención estaba enganchada en las emanaciones del universo. Lo que quería decir con eso es que un *ensoñador*, por definición, está afuera de los linderos de las preocupaciones de la vida cotidiana. Como viajera del *ensue-ño*, la última tarea de Zuleica con la Gorda, Josefina y conmigo consistía en templar nuestra segunda atención para poder seguirla en sus viajes por lo desconocido.

En sesiones sucesivas, la voz de Zuleica me dijo que su "obsesión" me guiaría a un lugar de cita, que en asuntos de la segunda atención la obsesión del *ensoñador* sirve como guía, y que la suya se hallaba concentrada en un lugar real más allá de esta tierra. Desde allí me llamaría y yo tendría que usar su voz como si fuera una cuerda con la cual jalarme.

Nada ocurrió en dos sesiones; la voz de Zuleica resultaba más tenue conforme hablaba, y a mí me preocupaba no poder seguirla. No me había dicho lo que debía hacer. También experimenté una pesadez desacostumbrada. No podía romper una estridente fuerza a mi alrededor que me sujetaba y que me impedía salir del estado de *vigilia en reposo*.

Durante la tercera sesión, de repente abrí los ojos sin haberlo siquiera intentado. Zuleica, la Gorda y Josefina me observaban. Yo estaba de pie, con ellas. Inmediatamente me di cuenta de que nos hallábamos en algún lugar desconocido para mí. El rasgo más obvio era una brillante luz directa. Toda la escena estaba iluminada de una poderosa luz blanca, como de neón. Zuleica sonreía como invitándome a ver en torno a mí. La Gorda y Josefina parecían tan cautelosas como yo. Zuleica nos indicó que nos moviéramos. Nos hallábamos a campo abierto, de pie en el centro de un círculo deslumbrador. El suelo parecía ser roca dura, oscura, y sin embargo reflejaba mucho de la cegadora luz blanca que venía de arriba. Lo extraño era que aunque yo sabía que la luz era excesivamente intensa para mis ojos, no me lastimé en lo mínimo cuando alcé la cabeza y descubrí su fuente. Era el Sol. Yo estaba mirando directamente al Sol, el cual, quizá a causa de que yo estaba *ensoñando*, era intensamente blanco.

La Gorda y Josefina también miraban directamente al Sol, aparentemente sin ningún efecto dañino. De repente, me sentí ausentado. La luz era demasiado extraña. Era una luz implacable; parecía estancarme creando un viento que yo podía sentir. Pero no podía sentir nada de calor. Creía que la luz era maligna. Al unísono, la Gorda, Josefina y yo nos acurrucamos como niños asustados, en torno a Zuleica. Ella nos agrupó. Después la deslumbrante luz blanca empezó a disminuir gradualmente hasta que desapareció por completo. En su lugar quedó una apacible luz amarillenta.

Me di total cuenta entonces de que no nos hallábamos en la Tierra. El suelo era de color terracota mojada. No había montañas, pero donde nos encontrábamos tampoco era tierra plana. Era un suelo asolanado, lleno de grietas y manchas. Parecía un enfurecido mar seco de terracota. Lo podía ver a todo alrededor, como si me hallara en medio del océano. Miré arriba: el cielo había perdido su estridente resplandor. Era oscuro, pero no azul. Una estrella brillante, incandescente, se encontraba cerca del horizonte. Tuve la certeza entonces de que estábamos en un mundo con dos soles, dos estrellas. Una era enorme y se había ya ocultado; la otra era más pequeña o quizás más distante.

Quise hacer preguntas, caminar por ahí y ver cosas. Con una seña, Zuleica nos ordenó que nos quedáramos quietos. Pero algo parecía jalarnos. De repente, la Gorda y Josefina no estuvieron más; y yo me desperté.

Desde esa vez no regresé más a casa de Zuleica. Don Juan me hacía cambiar de niveles de conciencia en su propia casa o donde estuviéramos, y yo empezaba a *ensoñar*. Zuleica, la Gorda y Josefina siempre me esperaban. Regresamos a la misma escena una y otra vez, hasta que nos fuera completamente conocida. Cada vez que podíamos, evitábamos el resplandor, la luz del día, y llegábamos cuando era noche, justo a tiempo para presenciar la salida de un astro colosal: algo de tal magnitud que cuando erupcionaba sobre la dentada línea del horizonte, cubría más de la mitad del plano de ciento ochenta grados frente a nosotros. El astro era hermosísimo, y su ascenso sobre el horizonte era algo tan inaudito que yo hubiera podido quedarme allí una eternidad sólo para presenciar esa vista.

El astro llenaba casi todo el firmamento cuando llegaba al cenit. Invariablemente nosotros nos tendíamos de espaldas para contemplarlo. Tenía configuraciones consistentes, que Zuleica nos enseñó a reconocer. Advertí que no era una estrella. Reflejaba la luz; tenía que haber sido un cuerpo opaco porque la luz que reflejaba era débil en relación con el monumental tamaño. Había enormes manchas marrón, que eran permanentes en su superficie de color amarillo-azafrán.

Zuleica nos llevó sistemáticamente a viajes que rebasaban las palabras. La Gorda decía que Zuleica llevó a Josefina aún más lejos, más profundo en lo desconocido, porque Josefina, al igual que Zuleica, estaba loca; ninguna de las dos poseía ese centro de racionalidad que proporciona sobriedad al *ensoñador*; por lo tanto, no tenían barreras ni interés en buscar causas racionales para ninguna cosa.

Lo único que Zuleica me dijo acerca de nuestros viajes, que parecía una explicación, era que el poder que los *ensoñadores* tienen de concentrarse en su segunda atención los convertía en bandas vivientes de goma elástica. Mientras más fuertes e impecables eran los *ensoñadores* más lejos podían proyectar su segunda atención en lo desconocido y más tiempo podían mantener esta proyección.

Don Juan decía que mis viajes con Zuleica no eran ilusión, y que cada cosa que yo había hecho con ella era un paso hacia el control de la segunda atención; en otras palabras, Zuleica me estaba enseñando la predisposición perceptual de ese otro dominio. Sin embargo, él no podía explicar la naturaleza exacta de esos viajes. O quizá no quería hacerlo. Me dijo que si él se aventuraba a explicar la predisposición perceptual de la segunda atención en términos de la primera atención, quedaría irremediablemente atrapado en palabras. Quería que yo encontrara mi propia explicación, y mientras más pensaba yo en ello más claro se volvía para mí que era imposible hacerlo. La renuncia de don Juan era funcional.

Bajo la guía de Zuleica llevé a cabo verdaderas visitas a misterios que ciertamente se hallan más allá del marco de mi razón, pero obviamente dentro de las posibilidades de mi conciencia normal. Aprendí a viajar hacia algo incomprensible y terminé, como Emilito y Juan Tuma, compilando mis propios cuentos de la eternidad.

# 14

## *Florinda*

La Gorda y yo estábamos totalmente de acuerdo en que al mismo tiempo en que Zuleica nos había enseñado la complejidad del *ensueño*, nosotros habíamos aceptado tres hechos innegables: que la regla es un mapa, que oculta en nosotros yace otra conciencia y que es posible penetrar en esa conciencia. Don Juan había logrado lo que la regla prescribía.

La regla determinaba que el siguiente paso de don Juan consistía en presentarme a Florinda, la única de su grupo que yo no había conocido. Don Juan me dijo que debía ir a casa de Florinda yo solo, porque lo que aconteciera entre Florinda y yo no tenía nada que ver con otros. Me dijo que Florinda sería mi guía personal, exactamente como si yo fuera un nagual como él. Él había tenido ese tipo de relación con la guerrera del grupo de su benefactor comparable a Florinda.

Don Juan me dejó un día a la puerta de la casa de Nélida. Me dijo que entrara, que Florinda me esperaba en el interior.

—Es un honor conocerla —le dije a la mujer que me esperaba en el corredor.

—Yo soy Florinda —dijo.

Nos miramos en silencio. Quedé estupefacto. Mi estado de conciencia era más agudo que nunca. Y jamás he vuelto a experimentar una sensación comparable.

—Qué nombre tan bello —pude decir, pero quería decir mucho más que eso.

267

El nombre no me era raro, simplemente no había conocido a nadie, hasta ese día, que fuera la esencia de ese nombre.

A la mujer que se hallaba frente a mí le quedaba como si lo hubieran hecho para ella, o quizás era como si ella hubiese hecho que su persona encajara en el nombre.

Físicamente era idéntica a Nélida, a excepción de que Florinda parecía tener más confianza en sí misma, y más autoridad. Era bien alta y esbelta. Tenía la piel clara de la gente del Mediterráneo; de ascendencia española, o quizá francesa. Era ya de edad, y sin embargo no era débil ni avejentada. Su cuerpo era ágil, flexible y delgado. Piernas largas, rasgos angulares, boca pequeña, una nariz bellamente esculpida, ojos oscuros, cabello trenzado y completamente blanco. Ni papada ni piel colgante en el rostro y cuello. Era vieja como si la hubieran arreglado para parecer vieja.

Al recordar, retrospectivamente, mi primer encuentro con ella, me viene a la mente algo completamente sin relación pero a propósito. Una vez vi en una revista una fotografía tomada veinte años atrás de una actriz de Hollywood entonces joven, que había tenido que caracterizarse para representar el papel de una mujer que envejecía. Junto a la fotografía, la revista había publicado una foto de la misma actriz tal como se veía después de veinte verdaderos años de vida ardua. Florinda, en mi juicio subjetivo, era como la primera imagen de la actriz de cine, una muchacha maquillada para verse vieja.

—¿Qué es lo que tenemos aquí? —me dijo, pellizcándome—. No pareces gran cosa. Flojo. Lleno de pecadillos chiquitos y unos cuantos grandes, ¿eh?

Su franqueza me recordó la de don Juan, al igual que la fuerza interna de su mirada. Se me había ocurrido, revisando mi vida con don Juan, que sus ojos siempre estaban en reposo. Era imposible ver agitación en ellos. No era que los ojos de don Juan fueran bellos. He visto ojos deslumbrantes, pero nunca he descubierto que digan algo. Los ojos de Florinda, como los de don Juan, me daban la sensación de que habían visto todo lo que se puede ver; eran serenos, pero no dulces. La excitación en esos ojos se había hundido hacia dentro y se había convertido en algo que sólo puedo describir como vida interna.

Florinda me llevó a través de la sala hasta un patio techado. Nos sentamos en unos cómodos sillones. Sus ojos parecían buscar algo en mi cara.

—¿Sabes quién soy yo y lo que se supone que debo hacer contigo? —preguntó.

Le dije que todo lo que sabía acerca de ella, y su relación conmigo, era lo que don Juan había bosquejado. En el curso de mi explicación la llamé doña Florinda.

—No me llames doña Florinda —me pidió con un gesto infantil de irritación y embarazo—. Todavía no estoy tan vieja, y ni siquiera tan respetable.

Le pregunté cómo quería que la tratase.

—Tan sólo Florinda —dijo—. En cuanto a quién soy, te puedo decir inmediatamente que soy una guerrera que conoce los secretos del *acechar*. Y en cuanto a lo que se supone que debo hacer contigo, te puedo decir que voy a enseñarte los primeros siete principios del *acecho*, los tres primeros principios de la regla para los *acechadores*, y las tres primeras maniobras del *acecho*.

Agregó que para cada guerrero lo normal era olvidar lo que acontece cuando las acciones ocurren en el lado izquierdo, y que me llevaría años llegar a comprender lo que iba a enseñarme. Dijo que su instrucción era apenas el principio, y que algún día terminaría sus enseñanzas pero bajo condiciones diferentes.

Le pregunté si le molestaba que le hiciera preguntas.

—Pregunta lo que quieras —dijo—. Todo lo que necesito de ti es que te comprometas a practicar. Después de todo, de una manera u otra ya sabes muy bien lo que vamos a tratar. Tus defectos consisten en que no tienes confianza en ti mismo y en que estás dispuesto a reclamar tu conocimiento como poder. El nagual, siendo hombre, te hipnotizó. No puedes actuar por tu propia cuenta. Sólo una mujer te puede liberar de eso.

"Empezaré contándote la historia de mi vida, y, al hacerlo, las cosas se te van a aclarar. Tengo que contártela en pedacitos, así es que tendrás que venir seguido aquí.

Su aparente disposición a hablar de su vida me sorprendió porque era lo contrario a la reticencia que los demás mostraban por revelar cualquier cosa personal. Después de años de estar con ellos, yo había aceptado sus maneras de ser tan indisputablemente que ese intento voluntario de revelarme su vida personal me fue inquietante. La aseveración me puso inmediatamente en guardia.

—Perdón —dijo—, ¿dijo usted que piensa revelarme su vida personal?

—¿Por qué no? —preguntó.

Le respondí con una larga explicación de lo que don Juan me había dicho acerca de la abrumadora fuerza de la historia personal, y de la necesidad que tienen los guerreros de borrarla. Concluí todo diciéndole que don Juan me había prohibido terminantemente hablar de mi vida.

Se rió con una voz muy aguda. Parecía estar encantada.

—Eso sólo se aplica a los hombres —dijo—. Por ejemplo, el *no-hacer* de tu vida personal consiste en contar cuentos interminables pero ninguno de ellos sobre tu verdadera identidad. Como ves, ser hombre significa que tienes una sólida historia tras de ti. Tienes familia, amigos, conocidos, y cada uno de ellos tiene una idea definida de ti. Ser hombre significa que eres responsable. No puedes desaparecer tan fácilmente. Para poder borrar tu historia necesitas mucho trabajo.

"Mi caso es distinto. Ser mujer me da una espléndida ventaja. No tengo que rendir cuentas. ¿Sabías tú que las mujeres no tienen que dar cuentas?

—No sé qué quiera decir con rendir cuentas —dije.

—Quiero decir que una mujer puede desaparecer fácilmente —respondió—. Una mujer puede, si no hay más, casarse. La mujer pertenece al marido. En una familia con muchos hijos, las hijas se descartan con facilidad. Nadie cuenta con ellas y hasta es posible que ellas un día desaparezcan sin dejar rastro. Su desaparición se acepta con facilidad.

"Un hijo, por otra parte, es algo en lo que uno invierte. A un hijo no le es tan fácil escabullirse y desaparecer. Y aun si lo hace, deja huellas tras de sí. Un hijo se siente culpable por desaparecer. Una hija, no.

"Cuando el nagual te entrenó a no decir una palabra

acerca de tu vida personal, lo que él trataba era de ayudarte a vencer esa idea que tienes de que le hiciste mal a tu familia y a tus amigos, que contaban contigo de una forma u otra.

"Después de luchar toda una vida, el guerrero termina, por supuesto, borrándose, pero esa lucha deja mellas en el hombre. Se vuelve reservado, siempre en guardia contra sí mismo. Una mujer no tiene que lidiar con esas privaciones. La mujer ya está preparada a esfumarse en pleno aire. Y por cierto, eso es lo que se espera que haga tarde o temprano.

"Siendo mujer, los secretos no me importan un pepino. No me siento obligada a guardarlos. La obsesión por los secretos es la manera como pagan ustedes los hombres por ser importantes en la sociedad. La contienda es sólo para los hombres, porque los agravia el tener que borrarse y encuentran maneras curiosas de reaparecer, como sea, de vez en cuando. Mira lo que te pasa a ti, por ejemplo; ahí andas dando clases y hablando con todo el mundo.

Florinda me ponía nervioso de una manera muy peculiar. Me sentía extrañamente inquieto en su presencia. Yo admitía sin vacilación que don Juan y Silvio Manuel también me hacían sentir nervioso y aprensivo, pero de una manera muy distinta. En realidad les tenía miedo, especialmente a Silvio Manuel. Me aterrorizaba y, sin embargo, había aprendido a vivir con mi terror. Florinda no me asustaba. Mi nerviosidad era más bien una especie de fastidio; me sentía incómodo con su franqueza y donaire.

Ella no fijaba su mirada en mí de la manera como don Juan y Silvio Manuel lo hacían. Ellos siempre me escudriñaban fijamente hasta que yo movía la cara en un gesto de sumisión. Florinda sólo me miraba por un instante. Sus ojos iban continuamente de una cosa a la otra. Parecía examinar no sólo mis ojos, sino cada centímetro de mi cara y de mi cuerpo. Conforme hablaba, sus ojos se movían, con miradas rápidas, de mi rostro a mis manos, o a sus pies, o al techo.

—No te sientes muy bien conmigo ¿verdad? —me preguntó.

Su pregunta definitivamente me tomó por sorpresa.

Reí. Su tono no era belicoso en lo mas mínimo.

—Sí —dije.

—Ah, es perfectamente comprensible —prosiguió—. Estás acostumbrado a ser hombre. Para ti la mujer se hizo sólo para tu uso. Tú crees que la mujer es estúpida por naturaleza. Y el hecho de que eres hombre y nagual te hace las cosas todavía más difíciles.

Me sentí obligado a defenderme. Pensé que era una dama obstinada y quería decírselo en la cara. Empecé muy bien, pero me desinflé casi al instante al oír su risa. Era una risa gozosa y juvenil. Don Juan y don Genaro solían reírse de mí a menudo de esa manera. Pero la risa de Florinda tenía una vibración distinta. No había ninguna premura, ninguna presión en ella.

—Mejor vámonos adentro —dijo—. No debe haber nada que te distraiga. El nagual Juan Matus ya te ha distraído lo suficiente, te ha mostrado el mundo; eso era importante para lo que te tenía que decir. Yo tengo otras cosas que decirte, que requieren otro ambiente.

Nos sentamos en un sofá con asientos de cuero, en una habitación con puerta al patio. Me sentí muy a gusto allí. Ella de inmediato comenzó con la historia de su vida.

Me dijo que había nacido en la República Mexicana, en una ciudad bastante grande. Su familia era acomodada. Como era hija única, sus padres la consintieron desde el momento en que nació. Sin ningún rasgo de falsa modestia, Florinda admitió que siempre supo que era hermosa. Dijo que la belleza es un demonio que se engendra y prolifera cuando se le admira. Me aseguró que podía decir sin la menor duda que ese demonio es el más difícil de vencer, y que si yo examinaba a la gente hermosa encontraría a los seres más infelices que se puedan imaginar.

No quería discutir con ella, pero tenía un deseo sumamente intenso de decirle que era bastante dogmática. Debió de darse cuenta de mis sentimientos. Me guiñó un ojo.

—Son seres desdichados, créemelo —continuó—. Aguijonéalos. Dales a saber que no estás de acuerdo con su idea de que son hermosos y por eso importantes. Vas a ver lo que pasa.

272

Florinda continuó con su historia. Dijo que no era posible culpar totalmente a sus padres o culparse ella misma por su presunción. Todos los que la rodeaban desde su infancia habían conspirado para hacerla sentir importante y única.

—Cuando tenía quince años —prosiguió—, yo estaba segura de ser lo más exquisito que pisó la Tierra. Todo el mundo me lo decía, especialmente los hombres.

Confesó que durante los años de su adolescencia disfrutó del cortejo y la adulación de numerosos admiradores. A los dieciocho, juiciosamente decidió casarse con el mejor candidato entre no menos de once serios pretendientes. Se casó con Celestino, un hombre de recursos, quince años mayor que ella.

Florinda describía su vida de casada como el paraíso terrenal. A su enorme círculo de amigos añadió los de Celestino. El efecto total era una vacación perenne.

Su éxtasis, sin embargo, sólo duró seis meses, que pasaron casi sin advertirse. Todo llegó a un final de lo más abrupto y brutal cuando contrajo una enfermedad misteriosa y paralizante. El pie, tobillo y pantorrilla de su pierna izquierda empezaron a hincharse. Su hermosísima figura se arruinó. La hinchazón fue tan intensa que no pudo caminar más. Los tejidos cutáneos empezaron a ampollarse y a supurar. Toda la parte inferior de su pierna izquierda, de la rodilla hacia abajo, se llenó de costras y de una secreción pestilente. La piel se endureció. Y la enfermedad fue diagnosticada como elefantiasis. Los intentos que hicieron los médicos por curarla fueron torpes y dolorosos, y la conclusión final fue que sólo en Europa había centros médicos lo suficientemente avanzados para emprender una cura.

En cuestión de tres meses el paraíso de Florinda se había convertido en un infierno en la Tierra. Desesperada y en verdadera agonía quería morir antes que seguir así. Su sufrimiento era tan práctico que un día una criada, que ya no pudo soportar más verla así, le confesó que la antigua amante de Celestino la había sobornado para que echara cierta mezcla en su comida: un veneno manufacturado por brujos. La criada, como acto de contrición, prometió llevarla con una curandera, una mujer que se decía era la única que podía contrarrestar ese veneno.

Florinda rió al recordar su dilema. Era una devota católica. No creía en brujerías ni en curanderos indios. Pero sus dolores eran tan intensos, y su condición tan seria, que estaba dispuesta a probar cualquier cosa. Celestino se opuso decididamente. Quería enviar a la criada a la cárcel. Florinda intercedió, no tanto por compasión sino por temor a que no pudiera encontrar a la curandera ella sola.

Florinda se puso en pie repentinamente. Me dijo que tenía que irme. Me tomó del brazo y me condujo a la puerta como si yo fuera su más antiguo y querido amigo. Me explicó que me hallaba agotado, ya que estar en la conciencia del lado izquierdo es una condición frágil y especial que debe usarse parsimoniosamente; y, por cierto, no es un estado de poder. La prueba residía en que yo casi había muerto cuando Silvio Manuel trató de agrupar mi segunda atención forzándome a entrar en ella. Florinda me dijo que no hay manera como uno puede ordenar a alguien, o a uno mismo, a hacer lo que los guerreros llaman "replegar" el conocimiento. Eso más bien es un asunto lento; el cuerpo, en el momento adecuado y bajo las apropiadas circunstancias de impecabilidad, agrupa su conocimiento sin la intervención de la volición.

Nos quedamos en la puerta principal durante un rato, intercambiando comentarios agradables y trivialidades. Repentinamente dijo que el nagual Juan Matus me había llevado con ella ese día porque él sabía que estaba a punto de concluir su estada en la Tierra. Las dos formas de instrucción que yo había recibido, de acuerdo con el plan de Silvio Manuel, ya se habían llevado a cabo. Todo lo que quedaba pendiente era lo que ella me tenía que decir. Subrayó que la suya no era una instrucción propiamente hablando, sino más bien el acto de establecer un vínculo con ella.

La próxima vez que don Juan me llevó donde Florinda, un momento antes de dejarme en la puerta me repitió que ella ya me había dicho que se estaba aproximando el momento en que él y su grupo iban a entrar en la tercera atención. Antes de que pudiera hacerle preguntas, me empujó al interior de la casa. Su empellón no sólo me envió adentro de la casa, sino también adentro del estado de conciencia más agudo. Vi la pared de niebla.

Florinda se hallaba en el vestíbulo. Me tomó del brazo y calladamente me llevó a la sala. Tomamos asiento. Quise iniciar una conversación pero no pude hablar. Ella me explicó que un empellón dado por un guerrero impecable, como el nagual Juan Matus, puede causar el desplazamiento de una a otra área de la conciencia. Dijo que siempre mi error había consistido en creer que los procedimientos son importantes. El procedimiento de empujar a un guerrero a otro estado de conciencia es utilizable si ambos participantes, en especial el que empuja, son impecables y se hallan imbuidos de poder personal.

El hecho de estar viendo la pared de niebla me hacía sentir terriblemente nervioso. Mi cuerpo temblaba incontrolablemente. Florinda dijo que yo temblaba porque había aprendido a saborear el movimiento, la actividad cuando me hallaba en ese estado de conciencia, y que yo también podía aprender a saborear las palabras, lo que alguien me estuviera diciendo.

Me dio luego la razón por la cual era conveniente ser colocado en la conciencia del lado izquierdo. Dijo que al forzarme a entrar en un estado de conciencia acrecentada y al permitirme tratar con sus guerreros sólo cuando me hallaba en ese estado, el nagual Juan Matus se estaba asegurando de que yo tendría un punto de apoyo. Su estrategia consistía en cultivar una pequeña parte del otro yo llenándolo premeditadamente de recuerdos personales. Esos recuerdos se olvidan sólo para que algún día resurjan y sirvan como cuartel de avanzada desde el cual partir hacia la inconmensurable vastedad del otro yo.

Como yo estaba tan nervioso, Florinda propuso calmarme prosiguiendo con la historia de su vida, que, me clarificó, no se trataba de la historia de su vida como mujer, sino que era la historia de cómo una mujer deplorable se había convertido en guerrera.

Me dijo que una vez que se resolvió a ver a la curandera, ya no hubo cómo detenerla. Inició el viaje, llevada en una camilla por la criada y cuatro hombres; fue un viaje de dos días que cambió el curso de su vida. No había caminos. El terreno era montañoso y a veces los hombres tuvieron que cargarla en sus espaldas.

Llegaron al anochecer a casa de la curandera. El sitio se hallaba bien iluminado y había mucha gente allí. Florinda me dijo que un señor anciano muy simpático la informó que la curandera había salido todo el día a tratar a un paciente. El hombre parecía estar muy bien informado de las actividades de la curandera y Florinda encontró que le era muy fácil hablar con él. Era muy solícito y le confió que él también estaba enfermo. Describió su enfermedad como una condición incurable que lo hacía olvidarse del mundo. Conversaron amigablemente hasta que se hizo tarde. El señor era tan caballeroso que incluso le cedió su cama para que ella pudiera descansar y esperar hasta el día siguiente, cuando regresaría la curandera.

En la mañana, Florinda dijo que de repente la despertó un dolor agudo en la pierna. Una mujer le movía la pierna, presionándola con un trozo de madera lustrosa.

—La curandera era una mujer bonita —prosiguió Florinda—. Miró mi pierna y meneó la cabeza. "Ya sé quién te hizo esto", me dijo. "O le han debido de pagar muy bien, o te miró y se dio cuenta de que eres una pinche pendeja que vale madre. ¿Cómo crees que fue?"

Florinda rió. Me dijo que lo único que se le ocurrió fue que la curandera o estaba loca o era una mujer grosera. No podía concebir que alguien en el mundo pudiese creer que ella era un ser que no valía nada. Incluso, a pesar de que se hallaba en medio de dolores agudísimos, le hizo saber a la mujer, sin escatimar palabras, que ella era una persona rica y honorable, y que nadie la podía tomar por tonta.

Florinda dijo que la curandera cambió de actitud al instante. Pareció haberse asustado. Respetuosamente se dirigió a ella diciéndole "señorita", se levantó de la silla donde estaba sentada y ordenó que todos salieran del cuarto. Cuando estuvieron solas, la curandera se abalanzó sobre Florinda, se sentó en el lecho y le empujó la cabeza hacia atrás sobre el borde de la cama. Florinda resistió con toda su fuerza. Creyó que la iba a matar. Quiso gritar, poner en guardia a sus sirvientes, pero la curandera rápidamente le cubrió la cabeza con una cobija y le tapó la nariz. Florinda se ahogaba y tuvo que respirar con la boca abierta. Mientras más le presionaba el pecho la curandera y mientras más le apretaba la nariz, Florinda abría más y más la boca. Cuando advirtió lo que la curandera realmente estaba haciendo, ya había bebido todo el asqueroso líquido que contenía una gran botella que la curandera le había colocado en la boca. Florinda comentó que la curandera la había manejado tan bien, que ella ni siquiera se atragantó a pesar de que su cabeza colgaba a un lado de la cama.

—Bebí tanto líquido que estuve a punto de vomitar —continuó Florinda—. La curandera me hizo sentar y me miró fijamente a los ojos, sin parpadear. Yo quería meterme el dedo en la garganta y vomitar. Me dio sendas bofetadas hasta que me sangraron los labios. ¡Una india dándome de bofetadas! ¡Sacándome sangre de los labios! Ni siquiera mi padre o mi madre me habían puesto las manos encima. Mi sorpresa fue tan enorme que me olvidé de la náusea.

"Llamó a mi gente y les dijo que me llevaran a casa. Después se inclinó sobre mí y me puso la boca en el oído para que nadie más pudiese oírla. "Si no regresas en nueve días, pendeja", me susurró, "te vas a hinchar como sapo y que Dios te proteja de lo que te espera".

Florinda me contó que el líquido le había irritado la garganta y las cuerdas vocales. No podía emitir una sola palabra. Esta era, sin embargo, la menor de sus preocupaciones. Cuando llegó a su casa, Celestino la esperaba, frenético, vociferando lleno de rabia. Como no podía hablar, Florinda tuvo la posibilidad de observarlo. Advirtió que su ira no se debía a una preocupación por el estado de salud de ella, era más bien un desasosiego debido al temor de que sus amigos se burlaran de él. Siendo hombre pudiente y de posición social, no podía tolerar que lo consideraran como alguien que recurre a curanderas indias. A gritos, Celestino le dijo que se quejaría al comandante del ejército y que haría que los soldados capturasen a la curandera y la trajeran al pueblo para azotarla y meterla en la cárcel. Estas no fueron amenazas vanas; de hecho, Celestino obligó al comandante para que enviase una patrulla a capturar a la curandera. Los soldados regresaron unos días después con la noticia de que la mujer había huido.

La criada tranquilizó a Florinda asegurándole que la curandera la estaría esperando si ella se aventuraba a regresar. Aunque la inflamación de la garganta persistió al punto de que no podía ingerir comida sólida y apenas podía tomar líquidos, Florinda no veía la hora de volver a la curandera. La medicina había mitigado el dolor de su pierna.

Cuando hizo conocer sus intenciones a Celestino, éste se puso tan furioso que contrató a ciertas personas para que lo ayudasen a poner fin por sí mismo a toda esa insensatez. Él y tres de sus hombres de confianza salieron a caballo antes que ella.

Cuando Florinda llegó a casa de la curandera, esperaba encontrarla quizá muerta, pero en vez de eso encontró a Celestino sentado, solo. Había enviado a sus hombres a tres distintos lugares del rumbo con órdenes de traer a la curandera, por medio de la fuerza si eso era necesario. Florinda reconoció al anciano que había conocido la vez anterior, lo vio cómo trataba de calmar a Celestino, asegurándole que quizás alguno de los hombres regresaría pronto con la mujer.

Tan pronto como Florinda fue colocada en una cama en la entrada de la casa, la curandera salió de un cuarto. Empezó a insultar a Celestino, gritándole obscenidades hasta que él se indignó tanto que se lanzó a golpearla. El anciano lo contuvo y le suplicó que no le pegara. Se lo imploró de rodillas, haciéndole ver que la curandera era ya una mujer de edad. Celestino no se conmovió. Dijo que aunque fuera vieja, él la iba a azotar con las riendas de su caballo. Avanzó para agarrarlo, pero se detuvo en seco. Seis hombres de apariencia temible salieron de tras las matas blandiendo machetes. Florinda me dijo que el terror paralizó a Celestino en el lugar donde se hallaba. Se quedó mortalmente pálido. La curandera fue a él y le dijo que o dócilmente se dejaba que ella le diera de azotes en el trasero, o sus ayudantes lo harían pedazos. En un momento, la curandera lo redujo a nada. Se rió de él en su cara. Sabía que lo tenía dominado y lo dejó hundirse. Él mismo se metió en la trampa —prosiguió Florinda—, como buen tonto imprudente que era, embriagado con sus ideas bonachonas de ser hombre pudiente y de posición social. Con todo lo orgulloso que era, Celestino se encorvó dócilmente para que lo azotaran.

Florinda me miró y sonrió. Guardó silencio durante unos momentos.

—El primer principio del arte de *acechar* es que los guerreros eligen su campo de batalla —me dijo—. Un guerrero sólo entra en batalla cuando sabe todo lo que puede acerca del campo de lucha. En la batalla con Celestino, la curandera me enseñó el primer principio de *acechar*.

"Después, ella se acercó a donde me habían acostado. Yo lloraba porque era lo único que podía hacer. Ella parecía preocupada. Me arropó los hombros con mi cobija y sonrió y me guiñó un ojo.

"Aún sigue el trato, vieja pendeja", dijo. "Regresa tan pronto como puedas si es que quieres seguir viviendo. Pero no traigas a tu patrón contigo, vieja reputa. Trae nada más a los que sean absolutamente necesarios."

Florinda fijó sus ojos en mí durante un momento. De su silencio concluí que esperaba comentarios.

—Eliminar todo lo innecesario es el segundo principio del arte de *acechar* —dijo, sin darme tiempo de decir nada.

Estaba yo tan absorto en su narración que no me había dado cuenta de que la pared de niebla había desaparecido, simplemente advertí que ya no estaba allí. Florinda se levantó de su silla y me llevó a la puerta. Allí nos quedamos un rato, como habíamos hecho al final de nuestro primer encuentro.

Florinda dijo que la ira de Celestino también había permitido a la curandera demostrarle —no a su razón, sino a su cuerpo— los primeros tres preceptos de la regla para *acechadores*. Aunque su mente estaba concentrada exclusivamente en ella misma, ya que nada existía para ella aparte de su dolor físico y de la angustia de perder la belleza, su cuerpo sí pudo reconocer todo lo que aconteció; y todo lo que necesitó más tarde fue una leve reminiscencia a fin de colocar cada cosa en su lugar.

—Los guerreros no tienen al mundo para que los proteja, como lo tienen otras personas, así es que tienen que tener la regla —prosiguió—. Sin embargo, la regla de los *acechadores* se aplica a cualquiera.

"La arrogancia de Celestino fue su ruina y el principio de mi instrucción y liberación. Su importancia personal, que también era la mía, nos forzó a los dos a creer que prácticamente estábamos por encima de todos. La curandera nos bajó a lo que en realidad somos: nada.

"El primer precepto de la regla es que todo lo que nos rodea es un misterio insondable.

"El segundo precepto de la regla es que debemos tratar de descifrar esos misterios, pero sin tener la menor esperanza de lograrlo.

"El tercero es que un guerrero, consciente del insondable misterio que lo rodea y consciente de su deber de tratar de descifrarlo, toma su legítimo lugar entre los misterios y él mismo se considera uno de ellos. Por consiguiente, para un guerrero el misterio de ser no tiene fin, aunque ser signifique ser una piedra o una hormiga o uno mismo. Esa es la humildad del guerrero. Uno es igual a todo.

Tuvo lugar un silencio largo y forzado. Florinda sonrió, jugando con la punta de su larga trenza. Me dijo luego que ya habíamos hablado lo suficiente.


La tercera vez que fui a ver a Florinda, don Juan no me dejó en la puerta, sino que entró conmigo. Todos los miembros de su grupo estaban congregados en la casa, y me saludaron como si fuese el hijo pródigo que retorna al hogar después de un largo viaje. Fue un evento exquisito, que integró a Florinda con el resto de ellos en mis sentimientos, puesto que era la primera vez que ella se les unía cuando yo estaba presente.

La siguiente vez que fui a casa de Florinda, don Juan

me empujó inesperadamente como lo había hecho antes. Mi sorpresa fue inmensa. Florinda me esperaba en el vestíbulo. Instantáneamente yo había entrado en el estado en el que es visible la pared de niebla.

—Te he contado cómo me enseñaron a mí los principios del arte de *acechar* —dijo, tan pronto como tomamos asiento en el sofá de su sala—. Ahora, tú tienes que hacer lo mismo. ¿Cómo te los enseñó a ti el nagual Juan Matus?

Le dije que no podía recordar al instante. Tenía que pensar, y no podía pensar. Mi cuerpo estaba asustado.

—No compliques las cosas —me dijo con tono autoritario—. El tiro es la simpleza. Aplica toda la concentración que tienes para decidir si entrar o no en la batalla, porque cada batalla es de vida o muerte. Este es el tercer principio del arte de *acechar*. Un guerrero debe estar dispuesto y listo para entrar en su última batalla, al momento y en cualquier lugar. Pero no así nomás a la loca. Yo no podía organizar mis pensamientos. Estiré las piernas y me tendí en el sofá. Inhalé profundamente varias veces para calmar la agitación de mi estómago, que parecía estar hecho nudos.

—Bien —dijo Florinda—, veo que estás aplicando el cuarto principio del arte de *acechar*. Descansa, olvídate de ti mismo, no tengas miedo a nada. Sólo entonces los poderes que nos guían nos abren el camino y nos auxilian. Sólo entonces.

Luché por recordar cómo don Juan me había enseñado los principios del arte de *acechar*. Por alguna razón inexplicable mi mente se rehusaba a concentrarse en experiencias pasadas. Don Juan sólo era un vago recuerdo. Me puse en pie y empecé a examinar el salón.

El cuarto en que nos hallábamos había sido arreglado exquisitamente. El piso estaba hecho con grandes baldosas de color de ante; el que lo hizo debió de ser un excelente artesano. Estaba a punto de examinar los muebles. Avancé hacia una bella mesa marrón oscuro. Florinda saltó a mi lado y me sacudió vigorosamente.

—Has aplicado correctamente el quinto principio del arte de *acechar* —dijo—. No te dejes llevar por la corriente.

—¿Cuál es el quinto principio?

—Cuando se enfrentan a una fuerza superior con la que no pueden lidiar, los guerreros se retiran por un momento —dijo—. Dejan que sus pensamientos corran libremente. Se ocupan de otras cosas. Cualquier cosa puede servir.

"Eso es lo que acabas de hacer. Pero ahora que lo has logrado, debes aplicar el sexto principio: los guerreros comprimen el tiempo, todo cuenta, aunque sea un segundo. En una batalla por tu vida, un segundo es una eternidad, una eternidad que puede decidir la victoria. Los guerreros tratan de triunfar, por tanto comprimen el tiempo. Los guerreros no desperdician ni un instante.

De repente, una enormidad de recuerdos erupcionó en mi mente. Agitadamente le dije a Florinda que ya podía recordar la primera vez que don Juan me puso en contacto con esos principios. Florinda se puso los dedos en los labios con un gesto que exigía mi silencio. Dijo que sólo había estado interesada en ponerme cara a cara con los principios, pero que no quería que le relatase esas experiencias.

Florinda continuó su historia. Me dijo que mientras la curandera la exhortaba a que regresara sin Celestino, también la hizo beber una pócima que le alivió el dolor casi instantáneamente, y le susurró al oído que ella, Florinda, por su propia cuenta, tenía que tomar una decisión importantísima. Debía, por tanto, tranquilizarse ocupando su mente en otras cosas, pero que no desperdiciara ni un momento, una vez que hubiera llegado a una decisión.

En casa, Florinda, con una convicción inquebrantable, expuso su deseo de regresar. Celestino no vio cómo oponerse.

—Casi inmediatamente regresé a ver a la curandera —continuó Florinda—. Esa vez nos fuimos a caballo. Me llevé a los sirvientes en quienes más confiaba, la muchacha que me había dado el veneno y un hombre que se encargara de los caballos. Lo pasamos muy duro en esas montañas; los caballos estaban muy nerviosos por la pestilencia de mi pierna, pero como quiera pudimos llegar. Sin saberlo había utilizado el tercer principio del arte de *acechar*. Me había jugado la vida, o lo que me quedaba de ella. Estaba dispuesta y lista para morir. No fue una gran decisión de mi parte, de cualquier manera ya me estaba muriendo. La verdad es que cuando un ser humano está medio muerto, como en mi caso, no con grandes dolores pero sí con grandes incomodidades y sufrimientos emocionales, uno tiende a ser tan indolente y débil que ningún esfuerzo es posible.

"Me quedé seis días en casa de la curandera. Para el segundo día ya me sentía mejor. Bajó la hinchazón. El rezumo de la pierna se había secado. Ya no tenía más dolor. Sólo me hallaba un tanto débil y las rodillas me temblaban cuando quería caminar.

"Durante el sexto día la curandera me llevó a su cuarto. Me trató muy ceremoniosamente y, mostrándome todas las consideraciones, me hizo sentar en su cama y me dio café. Se sentó a mis pies mirándome a los ojos. Puedo recordar exactamente sus palabras. 'Estás muy, pero muy enferma y sólo yo te puedo curar', me dijo. 'Si yo no te curo, te morirás de una manera horripilante. Puesto que eres una imbécil, vas a durar hasta lo último. Por otra parte, yo te podría curar en un solo día, pero no lo voy a hacer. Vas a tener que seguir viniendo aquí hasta que hayas comprendido lo que tengo que enseñarte. Sólo hasta entonces te curaré por completo; de otra manera, siendo tan imbécil como eres, nunca regresarías.'

Florinda me contó que la curandera, con gran paciencia, le explicó los puntos más delicados de su decisión de ayudarla. Florinda no entendió una sola palabra. La explicación la hizo creer más que nunca que la curandera estaba chiflada.

Cuando la curandera se dio cuenta de que Florinda no la entendía, se puso más seria y la hizo repetir una y otra vez, como si Florinda fuera una niña, que sin la ayuda de la curandera su vida estaba acabada, y que la curandera podía decidir en cualquier momento cancelar la cura y dejarla morir. Por último, la mujer perdió la paciencia cuando Florinda empezó a pedirle de rodillas que terminara de curarla y que la enviara a casa con su familia. La curandera tomó una botella que contenía la medicina de Florinda y la estrelló en el suelo.

Florinda decía que entonces derramó las únicas lágrimas verdaderas de su vida. Le expresó a la curandera que todo lo que quería era curarse y que estaba dispuesta a pagarle lo que pidiera. La mujer le dijo que ya era muy tarde para un pago monetario, no quería su dinero, lo que quería era que Florinda le prestara atención.

Florinda admitía que ella había aprendido, en el transcurso de su vida, a obtener todo lo que deseaba. Sabía cómo ser obstinada, le dijo a la curandera que seguramente cantidades de pacientes llegaban todos los días, medio muertos como ella, y la curandera sí aceptaba su dinero... ¿por qué su caso era distinto? La respuesta de la curandera, que para Florinda no explicó nada, era que siendo una vidente, ella había *visto* el cuerpo luminoso de Florinda, y vio que ella y la curandera eran exactamente iguales. Florinda pensó que esa mujer tenía que estar loca para no darse cuenta de que había un mundo de diferencia entre las dos. La curandera era una vulgar india primitiva sin educación, mientras que Florinda era rica, hermosa y blanca.

Florinda le preguntó a la curandera qué planeaba hacer con ella. La curandera le dijo que se le había encargado curarla y después enseñarle algo de suma importancia. Florinda quiso saber quién le había encargado todo eso. La curandera le respondió que el Águila..., esta respuesta convenció a Florinda de que la mujer estaba loca, y sin embargo tuvo que acceder. Le dijo a la mujer que estaba dispuesta a hacer lo que fuera.

La curandera cambió de actitud instantáneamente. Empaquetó un remedio para que Florinda lo llevase a casa y le dijo que regresara tan pronto como pudiera.

—Como ya sabes —prosiguió Florinda—, el maestro tiene que engatusar a su discípulo. Me embaucó con la cura. Ella tenía razón. Yo era tan idiota que si ella me hubiera curado inmediatamente, yo habría regresado a mi estúpida vida, como si nunca me hubiera sucedido nada. Pero eso es lo que todos hacemos, ¿no?

Florinda regresó a casa de la curandera la semana siguiente. Al llegar se encontró con el anciano que antes había conocido. Este la saludó como si fueran íntimos amigos. Le dijo que ya hacía varios días que la curandera había salido, pero que regresaría hasta después de algunos días y que le había encargado a él unos remedios para el dolor de su pierna. En un tono muy amistoso pero autoritario le dijo a Florinda que la ausencia de la curandera la dejaba a ella con dos posibilidades de acción; o bien se regresaba a su casa, posiblemente empeorada debido al viaje tan fatigoso, o bien podía seguir las instrucciones cuidadosamente delineadas que la curandera había dejado para ella. Añadió que si decidía quedarse e iniciar inmediatamente su tratamiento, en tres o cuatro meses estaría como nueva. Sin embargo, había una estipulación: si decidía quedarse tenía que permanecer en casa de la curandera ocho días consecutivos y, por consiguiente, tenía que deshacerse de sus sirvientes mandándolos a casa.

Florinda decía que para ella no había decisión alguna: tenía que quedarse. El viejo inmediatamente le hizo beber la poción que la curandera al parecer le había dejado. Se quedó conversando con ella la mayor parte de la noche. Su presencia le inspiraba confianza, su amena conversación encendió el optimismo y la fe de Florinda.

Los dos sirvientes se fueron al día siguiente, después de desayunar. Florinda no tenía el menor miedo. Confiaba en el hombre implícitamente. Éste le dijo que tenía que construir una caja para su tratamiento, de acuerdo con las instrucciones de la curandera. La hizo sentar en una silla baja, que había sido colocada en el centro de un área circular desprovista de vegetación. El anciano le presentó a tres jóvenes y dijo que eran sus ayudantes. Dos eran indios y el tercero, blanco.

Los cuatro empezaron a trabajar y en menos de una hora construyeron una caja en torno a la silla donde Florinda estaba sentada. Cuando terminaron, Florinda quedó compactamente encajonada. La caja tenía un enrejado en la parte superior para permitir la ventilación. Uno de los lados tenía bisagras para que sirviera de puerta.

El anciano abrió la puerta y ayudó a Florinda a salir de la caja, y la llevó a la casa a que le ayudara a preparar su propia medicina. Dijo que quería tener la medicina lista para cuando llegara la curandera.

A Florinda le fascinó la manera como trabajaba el viejo. Éste hizo una mezcla con plantas de olor fétido y le preparó una cubeta con líquido caliente. Sugirió que si introducía la pierna en la cubeta, el calor del líquido le haría mucho bien, y si quería hasta podría beber la mezcla que le había preparado, antes de que ésta perdiera potencia. Florinda obedeció sin hacer preguntas. El alivio que sintió fue maravilloso.

El viejo después le asignó una habitación e hizo que los jóvenes metieran la caja dentro del cuarto. Le dijo que podrían pasar varios días sin que regresara la curandera; en tanto, ella debía seguir meticulosamente todas las instrucciones que la mujer había dado. Florinda estuvo de acuerdo, y él sacó una lista con tareas. Éstas incluían largas caminatas a fin de recoger las plantas medicinales requeridas para su tratamiento, y su asistencia en prepararlas.

Florinda me contó que pasó doce días allí en vez de ocho, porque sus sirvientes se demoraron en regresar a causa de unas lluvias torrenciales. No fue sino hasta el décimo día que se dio cuenta de que la curandera había estado en casa todos esos días y que el viejo en realidad era el verdadero curandero.

Florinda rió al describir su sorpresa. El señor le había jugado un ardid a fin de hacerla participar activamente en su propia curación. Más aún, bajo el pretexto de que la curandera así lo exigía, la metió en la caja cuando menos seis horas diarias a fin de que cumpliera una tarea específica que llamó la "recapitulación".

En ese punto de su narración, Florinda me miró fijamente y concluyó que era hora de que me fuera.

En nuestro siguiente encuentro, Florinda me explicó que el anciano era su benefactor, y que ella era la primera *acechadora* que las mujeres del grupo de su benefactor habían encontrado para el nagual Juan Matus. Pero nada de esto sabía ella en aquel entonces, a pesar de que su benefactor la hizo cambiar de niveles de conciencia y le reveló todo eso. Ella había sido siempre hermosa; la educaron sólo para que sacara partido de ello y eso era una impenetra-

286

ble salvaguarda que la hacía invulnerable al cambio.

Su benefactor sabía todo esto y concluyó que Florinda necesitaba más tiempo para cambiar. Concibió un plan para sacarse a Celestino de encima. Poco a poco hizo ver a Florinda ciertos aspectos de la personalidad de Celestino que ella nunca tuvo el valor de enfrentar por su propia cuenta. Celestino era muy posesivo con todo lo que le pertenecía: su dinero y Florinda se hallaban en lo más alto de su jerarquía. Había sido forzado a tragarse su orgullo después de la humillación que sufrió a manos de la curandera, porque ésta cobraba muy poco y Florinda estaba evidentemente recuperándose. Celestino estaba esperando que le llegara la hora de su venganza.

Florinda me dijo que un día su benefactor le planteó que el peligro estribaba en que su recuperación completa iba a ser demasiado rápida y que Celestino decidiría, ya que él tomaba todas las decisiones de la casa, que ya no había ninguna necesidad de que Florinda viera a la curandera. Para resolver ese problema, le dio a Florinda una pomada, con instrucciones de que se le aplicara en la otra pierna. El ungüento olía muy mal y producía una irritación en la piel que semejaba la proliferación de la enfermedad. Su benefactor le recomendó que lo usara cada vez que quisiera regresar a verlo, aunque no necesitara tratamiento.

Florinda me contó que tardó un año en curarse. En el transcurso de ese tiempo, su benefactor le hizo conocer la regla y la instruyó en el arte de *acechar*. La hizo aplicar los principios del *acecho* en las cosas que hacía diariamente; las cosas pequeñas primero, hasta llegar a las cuestiones principales de su vida.

En el transcurso de ese año, su benefactor también la presentó con el nagual Juan Matus. La primera impresión que Florinda tuvo de él, fue que era un joven chistoso y al mismo tiempo muy serio. Luego, cuando lo conoció más a fondo, lo vio como el hombre más indomable y aterrador que jamás había conocido. Me dijo que el nagual Juan Matus fue quien la ayudó a escaparse de Celestino. Él y Silvio Manuel la pasaron de contrabando a través de los puestos de inspección del ejército. Celestino había presentado una demanda legal de abandono de hogar y, como era un hombre influyente, había utilizado sus recursos para tratar de impedir que ella lo abandonara.

A causa de esto, su benefactor tuvo que radicarse en otra parte de México y ella tuvo que permanecer escondida con él durante años; esta situación fue apropiada para Florinda, ya que tenía que llevar a cabo la tarea de recapitular, y para ello requería absoluta quietud y soledad.

Me explicó que la recapitulación es el fuerte de los *acechadores*, de la misma manera como el *cuerpo de ensueño* es el fuerte de los *ensoñadores*. Consistía en recordar la vida de uno hasta el detalle más insignificante. Por ello su benefactor le había dado la enorme caja de madera como símbolo y herramienta. Era una herramienta que le permitió aprender a concentrarse; tuvo que sentarse allí durante varios años, hasta que toda su vida pasó ante sus ojos. Y era un símbolo de los estrechos linderos de nuestra persona. Su benefactor le dijo que cuando hubiera terminado la recapitulación debía romper la caja para simbolizar que ya no estaba sujeta a las limitaciones de su persona.

Me dijo que los *acechadores* usan cajas o ataúdes de tierra para encerrarse adentro de ellos en tanto reviven, pues no se trata sólo de recordar cada momento de sus vidas. La razón por la que los *acechadores* deben recapitular sus vidas de forma tan meticulosa es que el don del Águila al hombre incluye la buena voluntad de aceptar un sustituto en vez de la conciencia genuina, si tal sustituto en verdad es una réplica perfecta. Florinda me explicó que ya que la conciencia es el alimento del Águila, ésta puede quedar satisfecha con una recapitulación perfecta en lugar de la conciencia misma.

Florinda me dio entonces los aspectos fundamentales de la recapitulación. Dijo que la primera etapa consiste en un breve cómputo de todos los incidentes de nuestras vidas que de una manera patente se prestan a nuestro escrutinio.

La segunda fase es un cómputo más detallado, que empieza en un punto que podría ser el momento previo a que el *acechador* tome asiento en la caja, y sistemáticamente se extiende, al menos en teoría, hasta el mismo momento del nacimiento.

Me aseguró que una recapitulación perfecta podía cambiar a un guerrero aún más que el control total del *cuerpo de ensueño*. En este aspecto, *ensoñar* y *acechar* conducen al mismo fin: el ingreso en la tercera atención. Sin embargo, para un guerrero era importante conocer y practicar ambos. Me dijo que una mujer sólo puede dominar uno de los dos, según las configuraciones en el cuerpo luminoso. Por otra parte, los hombres pueden practicar ambos con gran facilidad, pero jamás llegan a obtener el nivel de eficacia que las mujeres logran en cada arte.

Florinda me explicó que el elemento clave al recapitular era la respiración. El aliento, para ella, era mágico, porque se trataba de una función que da la vida. Dijo que recordar se vuelve fácil si uno puede reducir el área de estimación en torno al cuerpo. Por eso se debe usar la caja; después, la respiración misma fomenta recuerdos cada vez más profundos. En teoría, los *acechadores* tienen que recordar cada sentimiento que han tenido en sus vidas, y este proceso se inicia con una respiración. Florinda me advirtió que todo lo que me estaba enseñando eran sólo los preliminares, y que, algún día en el futuro y en un lugar distinto, me enseñaría lo más intrincado.

Florinda me contó que su benefactor empezó haciéndola compilar una lista de los eventos por revivir. Le dijo que el procedimiento comienza con una respiración inicial. Los *acechadores* empiezan cada sesión con la barbilla en el hombro derecho y lentamente inhalan en tanto mueven la cabeza en un arco de ciento ochenta grados. La respiración concluye sobre el hombro izquierdo. Una vez que la inhalación termina, la cabeza regresa a la posición frontal y exhalan mirando hacia delante.

Los *acechadores* entonces toman el evento que se halla a la cabeza de la lista y se quedan allí hasta que han sido recontados todos los sentimientos invertidos en él. A medida que recuerdan inhalan lentamente moviendo la cabeza del hombro derecho al izquierdo. Esta respiración cumple la función de restaurar la energía. Florinda sostenía que el cuerpo luminoso constantemente crea filamentos que semejan telarañas, y que éstos son propulsados por fuera de la masa luminosa por emociones de cualquier tipo. Por tanto, cada situación en la que hay acción social, o cada situación en que participan los sentimientos es potencialmente agotadora para el cuerpo luminoso. Al respirar de derecha a izquierda, cuando se recuerda un acontecimiento los *acechadores*, a través de la magia de la respiración, recogen los filamentos que dejaron atrás. La siguiente inmediata respiración es de izquierda a derecha, y es una exhalación. Con ella, los *acechadores* expulsan los filamentos que otros cuerpos luminosos, que tuvieron que ver en el acontecimiento que se recuerda, dejaron en ellos.

Florinda afirmó que éstos eran los preliminares obligatorios del *acecho*, por lo que todos los miembros de su grupo tuvieron que pasar como introducción a los ejercicios más exigentes de ese arte. A no ser que los *acechadores* hayan pasado por estos preliminares a fin de recobrar los filamentos que dejaron en el mundo, y particularmente a fin de descartar aquellos que otros seres luminosos dejaron en ellos, no hay posibilidad de manejar el *desatino controlado*. Esos filamentos ajenos son la base de nuestra ilimitada capacidad de sentirnos importantes. Florinda mantenía que para practicar el *desatino controlado*, puesto que no está hecho para engañar a la gente, uno tiene que ser capaz de reírse de sí mismo. Florinda me dijo que uno de los resultados de la recapitulación detallada es la capacidad de estallar en risa genuina cuando uno se encuentra cara a cara con las aburridas repeticiones que el yo personal hace acerca de su importancia.

Florinda subrayaba que la regla definía el *acecho* y el *ensueño* como artes; por tanto, eran algo que uno pone en obra, algo que uno lleva a cabo. Decía que la naturaleza intrínseca del aliento es dar vida, y que eso es lo que le da capacidad de limpiar el cuerpo luminoso. Esta capacidad es la que convierte a la recapitulación en una cuestión práctica.

En nuestro siguiente encuentro, Florinda resumió lo que llamó sus instrucciones de último minuto. Aseveró principio. Para ella, éste condensaba todo lo que me quería decir en sus instrucciones de último minuto.

—Mi benefactor era el jefe —dijo Florinda—. Y, sin embargo, al mirarlo, nadie lo hubiera creído. Siempre ponía como frente a una de sus guerreras, mientras que él, con toda libertad, se codeaba con los pacientes fingiendo ser uno de ellos; o, si no, se hacía pasar por un viejo senil que constantemente barría las hojas secas con una escoba casera.

Florinda me explicó que para aplicar el séptimo principio del arte de *acechar*, hay que aplicar los otros seis. Su benefactor vivía de ese modo. Los siete principios aplicados meticulosamente le permitían observar todo sin ser el punto de enfoque. Gracias a ello podía evitar o parar conflictos. Si había una disputa, ésta nunca tenía que ver con él, sino con la que actuaba como dirigente, la curandera.

—Espero que para estas alturas te hayas dado cuenta —continuó Florinda— de que sólo un maestro *acechador* puede ser un maestro del *desatino controlado*. El *desatino controlado* no significa embaucar a la gente. Significa, como me lo explicó mi benefactor, que los guerreros aplican los siete principios básicos del arte de *acechar* en cualquier cosa que hacen, desde los actos más triviales hasta las situaciones de vida o muerte.

"Aplicar estos principios produce tres resultados. El primero es que los *acechadores* aprenden a nunca tomarse en serio: aprenden a reírse de sí mismos. Puesto que no tienen miedo de hacer el papel de tontos, pueden hacer tonto a cualquiera. El segundo es que los *acechadores* aprenden a tener una paciencia sin fin. Los *acechadores* nunca tienen prisa, nunca se irritan. Y el tercero es que los *acechadores* aprenden a tener una capacidad infinita para improvisar.

Florinda se puso en pie. Como de costumbre, habíamos estado sentados en la sala. Al instante supuse que la conversación había concluido. Me dijo que había otro te-
~a más que debía presentarme, antes de despedirnos. Me
~ó a otro patio dentro de la casa. Nunca había estado
allí. Florinda llamó a alguien en voz muy queda y
~jer salió de su cuarto. Por un momento no la reco-

nocí. La mujer me habló y sólo entonces advertí que se trataba de doña Soledad. Su cambio era estupendo. Se veía increíblemente más joven, más fuerte.

Florinda me dijo que Soledad había estado dentro de una caja, recapitulando durante cinco años, y que el Águila había aceptado su recapitulación en vez de su conciencia y que la había dejado libre. Doña Soledad asintió con un movimiento de la cabeza. Florinda terminó el encuentro abruptamente y me dijo que era hora de que me fuera porque yo ya no tenía más energía.

Fui a casa de Florinda muchas veces más. La vi todas las veces, aunque sólo fuera un momento. Me avisó que había decidido no instruirme más porque era más ventajoso para mí que sólo tratara con doña Soledad.

Doña Soledad y yo nos encontramos muchas veces, siempre en el estado más agudo de conciencia, y lo que tuvo lugar en nuestros encuentros es algo incomprensible para mí. Cada vez que estábamos juntos me hacía sentar a la puerta de su cuarto, con la cara hacia el este. Ella se acomodaba a mi derecha, rozándome; después hacíamos que la pared de niebla dejara de girar y los dos quedábamos de repente también con la cara hacia el sur, hacia el interior de su cuarto.

Ya había aprendido con la Gorda a detener la rotación de la pared; y habíamos descubierto correctamente que sólo una porción de nosotros detenía el muro. Era como si de repente yo quedara dividido en dos. Una porción de mi ser total miraba hacia delante y veía una pared que se movía con el movimiento lateral de mi cabeza, mientras que la otra porción, más grande, de mi ser total, se había vuelto noventa grados a la derecha y encaraba una pared inmóvil.

Cada vez que dona Soledad y yo deteníamos la pared, nos quedábamos mirándola fijamente; nunca entrábamos en el área que se halla entre las líneas paralelas, como la mujer nagual, la Gorda y yo lo habíamos hecho incontables veces. Doña Soledad siempre me hacía contemplar la niebla como si esta fuera un cristal reflejante. Experimentaba entonces la disociación más extravagante. Era como si yo corriera a una velocidad desquiciada. Veía pedazos de paisaje que se formaban en la niebla, y repentinamente me hallaba en otra realidad física; era un área montañosa, rugosa e inhóspita. Doña Soledad siempre estaba allí en compañía de una mujer lindísima que se reía estentóreamente de mí.

Mi incapacidad para recordar lo que hacíamos después era aún más aguda que mi incapacidad de recordar lo que la mujer nagual, la Gorda y yo hicimos en el área que se halla entre las líneas paralelas. Parecía que doña Soledad y yo entrábamos en otra zona de conciencia que me era desconocida. Yo, por cierto, estaba ya en lo que creía ser mi estado de conciencia más agudo y, sin embargo, había algo aún más sutil. El aspecto de la segunda atención que doña Soledad obviamente me estaba ayudando a verificar era más complejo y más inaccesible que todo lo que he presenciado hasta la fecha. Lo que puedo recordar es la sensación de haberme movido mucho, una sensación física comparable a la de haber caminado kilómetros. También tenía la clara certeza corporal, aunque no puedo concebir por qué, de que doña Soledad, la otra mujer y yo intercambiábamos palabras, pensamientos, sentimientos. Pero no podría especificarlos.

Después de cada encuentro con doña Soledad, Florinda me hacía irme inmediatamente. Doña Soledad me daba mínimas explicaciones. Parecía que sólo hallarse en el estado de conciencia acrecentada la afectaba tan profundamente que difícilmente podía hablar. Por otra parte, había algo que veíamos en esa áspera campiña, además de la lindísima mujer, o algo que hacíamos juntos nos dejaba sin aliento. Ella no podía recordar nada, a pesar de tratarlo desesperadamente.

Le pedí a Florinda que me clarificara la naturaleza de mis viajes con doña Soledad. Ella me dijo que una parte de sus instrucciones de último minuto era hacerme entrar en la segunda atención como lo hacen los *acechadores*, y que doña Soledad era aún más competente que ella para introducirme en la dimensión del *acechador*.

En la sesión que vendría a ser la última, Florinda, como había hecho al principio de nuestra instrucción, me esperaba en el vestíbulo. Me tomó del brazo y me llevó a la sala. Tomamos asiento. Me advirtió que no tratara aún de hallarle sentido a mis viajes con doña Soledad. Me explicó que los *acechadores* son innatamente distintos a los *ensoñadores* en la manera como utilizan el mundo, y que lo que doña Soledad hacía conmigo era tratar de ayudarme a voltear la cabeza.

Cuando don Juan me describió el concepto de voltear la cabeza del guerrero para enfrentar una nueva dirección, yo lo había entendido como una metáfora que señalaba un cambio de actitud. Florinda me dijo que mi idea era correcta, pero que no se trataba de una metáfora. Era verdad que los *acechadores* voltean la cabeza; sin embargo, no lo hacen para enfrentar una nueva dirección, sino para enfrentarse al tiempo de una manera distinta. Los *acechadores* encaran el tiempo que llega. Normalmente encaramos el tiempo cuando éste se va de nosotros. Sólo los *acechadores* pueden cambiar esta situación y enfrentar el tiempo cuando éste avanza hacia ellos.

Florinda me explicó que voltear la cabeza no significa que uno ve el futuro, sino que uno ve el tiempo como algo concreto, pero incomprensible. Por tanto, era superfluo tratar de clarificar lo que doña Soledad y yo hacíamos. Todo esto tendría sentido cuando yo pudiera percibir la totalidad de mí mismo y tuviese entonces la energía necesaria para descifrar ese misterio.

Florinda me dijo, en el tono de alguien que revela un secreto, que doña Soledad era una *acechadora* suprema, la llamaba la más grande de todas. Decía que doña Soledad podía cruzar las líneas paralelas en cualquier momento. Además, ninguno de los guerreros del grupo del nagual Juan Matus había podido hacer lo que ella había hecho. Doña Soledad, a través de sus técnicas impecables de *acechar*, había encontrado su ser paralelo.

Florinda me explicó que cualquiera de las experiencias que tuve con el nagual Juan Matus, con Genaro, Silvio Manuel o con Zuleica, sólo eran mínimas porciones de la segunda atención; todo lo que doña Soledad me estaba ayudando a presenciar era también una porción mínima; pero, eso sí, diferente.

Doña Soledad no sólo me había hecho enfrentar el tiempo que llega, sino que también me llevó a su ser paralelo. Florinda definía al ser paralelo como el contrapeso que todos los seres vivientes tienen por el hecho de ser entidades luminosas llenas de energía inexplicable. El ser paralelo de una persona es otra persona del mismo sexo que está unida íntima e inextricablemente a la primera. Coexisten en el mundo al mismo tiempo. Los dos seres paralelos son como las dos puntas de la misma vara.

Florinda me dijo qué a los guerreros, por lo general, les es casi imposible encontrar a su ser paralelo. Pero quienquiera que es capaz de lograrlo encontrará en su ser paralelo, tal como lo había hecho doña Soledad, una fuente infinita de juventud y de energía.

Florinda se puso en pie abruptamente, me condujo al cuarto de doña Soledad y me dejó a solas con ella. Quizá porque ya sabía que ése sería nuestro último encuentro, me invadió una extraña ansiedad. Doña Soledad sonrió cuando le referí lo que Florinda me acababa de decir. Dijo, con una verdadera humildad de guerrero, que ella no me estaba enseñando nada, que todo lo que había aspirado a hacer era llevarme donde su ser paralelo, porque allí se retiraría después que el nagual Juan Matus y sus guerreros dejaran el mundo. Dijo que en nuestro encuentro, sin embargo, había ocurrido algo que rebasaba su comprensión. Ella y yo, según Florinda le había explicado, habíamos mutuamente aumentado nuestra energía individual y que eso nos había hecho enfrentar el tiempo venidero, pero no en pequeñas dosis, como Florinda habría preferido que lo hiciéramos, sino en enormes porciones, como mi desenfrenada naturaleza lo quería.

Doña Soledad y yo entramos por última vez juntos en la segunda atención. El resultado de ese encuentro fue aún más asombroso para mí. Doña Soledad, su ser paralelo y yo permanecimos juntos en lo que yo sentí que fue un lapso extraordinariamente largo. Vi todos los rasgos del rostro de su ser paralelo. Sentí que éste trataba de decirme quién era. También parecía saber que ese era nuestro último encuentro. Había una sensación abrumadora de fragilidad en su mirada. Después, una fuerza que semejaba un viento nos arrojó adentro de algo que no tenía sentido para mí.

Florinda, de repente, me ayudó a levantarme. Me tomó del brazo y me llevó a la puerta. Doña Soledad fue con nosotros. Florinda dijo que iba a ser muy difícil recordar todo lo que había acontecido allí, porque me estaba dando totalmente a mi manía intelectual; esto era un asunto que sólo empeoraría porque ellos estaban a punto de partir del mundo y yo no tendría más a nadie que me ayudara a cambiar niveles de conciencia. Añadió que algún día doña Soledad y yo nos toparíamos de nuevo en el mundo de todos los días.

Fue entonces cuando me volví a doña Soledad y le supliqué que cuando nos viéramos de nuevo me liberara de mi prisión; le dije que si ella fracasaba debería matarme porque yo no quería vivir en la pobreza de mi racionalidad.

—Es una estupidez decir eso —dijo Florinda—. Somos guerreros, y los guerreros tienen una sola meta en la mente: ser libres. Morir y ser devorado por el Águila es el destino del hombre. Por otra parte, querer salirnos de nuestro destino, querer entrar serenos y desprendidos a la libertad, es la audacia final.

## 15

## *La serpiente emplumada*

Habiendo alcanzado cada una de las metas que especifica-
ba la regla, don Juan y su grupo de guerreros estaban listos
para la tarea final, abandonar el mundo. Lo que nos quedaba a la Gorda, a los demás aprendices y a mí era presenciar
su salida. Había un solo problema irresoluto: ¿qué hacer
con los aprendices? Don Juan decía que, propiamente, de-
berían acompañarlos incorporándose a su propio grupo;
sin embargo, no estaban listos. Las reacciones que habían
tenido al intentar cruzar el puente habían demostrado
cuáles eran sus debilidades.

Don Juan decía que la decisión de su benefactor de
esperar años para congregar el grupo de sus guerreros, había sido una decisión sensata que produjo resultados posi-
tivos, en tanto que su propia determinación de reunirme
sin pérdida de tiempo con la mujer nagual y mi propio
grupo había sido casi fatal para nosotros.

Don Juan no expresaba esto como una queja o una
acusación sino como la afirmación de la libertad del guerrero de escoger y aceptar su selección. Dijo, además, que
en un comienzo él consideró seriamente seguir el ejemplo
de su benefactor, y que de haberlo hecho habría descubierto con la suficiente anticipación que yo no era un nagual
como él, y que nadie más, a excepción mía, habría quedado enredado en su mundo. Como estaban las cosas, Lidia,
Rosa, Benigno, Néstor y Pablito tenían serias desventajas;
la Gorda y Josefina necesitaban tiempo para perfeccionar-
se; tan sólo Soledad y Eligio estaban a salvo, pues ellos

quizás eran más hábiles que los guerreros viejos de su propio grupo. Don Juan añadió que les correspondía a los nueve sopesar las circunstancias desfavorables o favorables y, sin lamentarse ni desesperarse ni darse palmaditas en la espalda, convertir su maldición o bendición en un incentivo.

Don Juan señaló que no todo en nosotros había sido un fracaso: lo poco que nos tocó ver y hacer entre sus guerreros había sido un éxito completo en el sentido de que la regla encajaba en cada uno de mi grupo, a excepción mía. Estuve completamente de acuerdo con él. Para empezar, la mujer nagual era todo lo que la regla prescribía. Tenía gracia, control; era un ser en guerra y, sin embargo, completamente en paz. Sin ninguna preparación evidente, supo tratar y guiar a todos los dotados guerreros de don Juan a pesar de que éstos tenían la suficiente edad como para ser sus abuelos. Ellos aseguraban que ella era una copia al carbón de la otra mujer nagual que habían conocido. Reflejaba a la perfección a cada una de las ocho guerreras de don Juan, y consecuentemente también podía reflejar a las cinco mujeres que él había hallado para mi grupo, pues éstas eran las réplicas de las mayores. Lidia era como Hermelinda, Josefina era como Zuleica, Rosa y la Gorda eran como Nélida, y Soledad era como Delia.

Los hombres también eran réplicas de los guerreros de don Juan: Néstor era una copia de Vicente; Pablito, de Genaro; Benigno, de Silvio Manuel, y Eligio era como Juan Tuma. La regla en verdad era el exponente de una fuerza inconcebible que había moldeado a esta gente. Sólo mediante una extraña vuelta del destino habían quedado desamparados, sin el guía que encontrara el paso hacia la otra conciencia.

Don Juan decía que los miembros de mi grupo tenían que entrar sin ayuda y por sí solos en la otra conciencia, y que ignoraba si podrían hacerlo, porque eso era algo que a cada quien le correspondía individualmente. Él los había ayudado a todos impecablemente; por lo tanto, su espíritu estaba libre de tribulaciones, y su mente, libre de especulaciones inútiles. Todo lo que le quedaba por hacer era mostrarnos pragmáticamente lo que significaba cruzar las líneas paralelas en la totalidad de uno mismo.

Don Juan me dijo que, en el mejor de los casos, yo podía ayudar a uno de los aprendices, y que él había escogido a la Gorda a causa de su agilidad en la segunda atención y porque me hallaba familiarizado con ella en extremo. Me dijo que yo no disponía de energía para los demás, debido a que tenía otros deberes que llevar a cabo, otro camino. Don Juan me explicó que cada uno de sus guerreros sabía cuál era esa tarea pero que ninguno de ellos me lo podía revelar porque yo tenía que probar que la merecía. El hecho de que se hallaran al final de su sendero, y el hecho de que yo había seguido fielmente las instrucciones hacía imperativo que la revelación tomase lugar, aunque sólo fuera en una forma parcial.

Cuando llegó el momento de partir, don Juan me dijo cuál era mi tarea. Como me hallaba en un estado de conciencia normal, perdí el verdadero sentido de lo que me dijo. Hasta el último momento don Juan trató de inducirme a unir mis dos estados de conciencia. Todo habría sido muy simple si yo hubiera podido efectuar esa fusión. Como no pude, sólo fui tocado racionalmente por sus revelaciones. Don Juan me hizo luego cambiar de niveles de conciencia a fin de permitirme apreciar el evento de su partida total en términos más abarcantes. Repetidamente me advirtió que estar en la conciencia del lado izquierdo es una ventaja sólo en cuanto se acelera nuestra comprensión. Es una desventaja porque nos permite enfocar con inconcebible lucidez sólo una cosa a la vez, y esto nos vuelve vulnerables. No se puede actuar independientemente mientras se está en la conciencia del lado izquierdo; uno tiene que ser ayudado por guerreros que han obtenido la totalidad de sí mismos y saben cómo desempeñarse en ese estado.

La Gorda me dijo que un día el nagual Juan Matus y Genaro reunieron a todos los aprendices en su casa. El nagual los hizo cambiar a la conciencia del lado izquierdo, y les dijo que su tiempo en la Tierra había llegado a su fin.

La Gorda no le creyó en un principio. Estaba convencida de que don Juan trataba de asustarlos para que actuaran como guerreros. Pero después se dio cuenta de que había un brillo en sus ojos que nunca le había visto.

Después de hacerlos cambiar de niveles de conciencia, don Juan habló con cada uno de ellos individualmente y a cada uno le hizo un resumen de todos los conceptos y procedimientos que les había enseñado. Conmigo hizo lo mismo, pero en mi caso condujo el resumen en ambos estados de conciencia, el día anterior a su viaje definitivo. Por cierto, me hizo cambiar de su lado al otro varias veces, como si quisiera estar seguro de que yo me hallaba completamente saturado en los dos.

Por mucho tiempo me fue imposible recordar lo que tuvo lugar después del resumen. Un día, la Gorda finalmente logró romper las barreras de mi memoria. Me dijo que ella había estado en mi mente, como si me leyera por dentro. Afirmó que lo que mantenía cerrada mi memoria era el miedo que yo tenía de recordar algo dolorosísimo. Lo que había ocurrido en casa de Silvio Manuel la noche previa al viaje definitivo se hallaba inseparablemente enredado con mi terror. Dijo que tenía la clarísima sensación de que ella también tuvo miedo, pero ignoraba la razón. Tampoco podía recordar exactamente qué había ocurrido en casa, específicamente en el cuarto donde tomamos asiento.

Conforme la Gorda hablaba sentí como si me estuviera cayendo dentro de un abismo. Comprendí que algo en mí trataba de establecer una conexión entre dos diferentes acontecimientos que yo había presenciado en los dos estados de conciencia. En mi lado izquierdo tenía encerrado los recuerdos de don Juan y su grupo de guerreros en su último día en la Tierra; en mi lado derecho estaba el recuerdo de haber saltado en una barranca. Al tratar de unir los dos lados experimenté una sensación total de descenso físico. Mis rodillas se doblaron y me desplomé en el suelo.

La Gorda dijo que lo que me pasaba era que había llegado a mi conciencia del lado derecho un recuerdo que surgió en ella cuando yo hablaba. Recordó que habíamos hecho un intento más de cruzar las líneas paralelas con el nagual Juan Matus y su grupo. Dijo que ella y yo juntos con el resto de los aprendices habíamos tratado una vez más de cruzar el puente.

Yo no podía enfocar ese recuerdo. Parecía haber una fuerza constrictora que me pedía organizar mis pensamientos. La Gorda dijo que Silvio Manuel le había dicho al nagual Juan Matus que me preparara a mí y a los demás aprendices para cruzar. No quería dejarme en el mundo, porque creía que yo no tenía la menor posibilidad de cumplir mi tarea. El nagual no estuvo de acuerdo con él, pero llevó a cabo las preparaciones no obstante lo que pensaba.

La Gorda me dijo que recordaba que yo había ido en mi auto a su casa para llevarla a ella y a los demás aprendices a casa de Silvio Manuel. Ellos se quedaron allí mientras yo regresaba con el nagual Juan Matus y con Genaro a fin de prepararme para el cruce.

No pude recordar nada. Ella insistió en que debía utilizarla como guía, puesto que nos hallábamos íntimamente unidos; me aseguró que yo podía leerle la mente y encontrar algo allí que podría despertar la totalidad de mi recuerdo.

Mi mente se hallaba en un estado de gran turbación. Una sensación de ansiedad me prevenía incluso concentrarme en lo que la Gorda decía. Ella siguió hablando, describiendo lo que recordaba de nuestro segundo intento por cruzar el puente. Refirió que Silvio Manuel los había arengado. Les dijo que el entrenamiento que tenían era suficiente como para tratar de cruzar nuevamente; lo que necesitaban para entrar plenamente en el otro yo era abandonar el *intento* de la primera atención. Una vez que se hallaran en la conciencia del otro yo, el poder del nagual Juan Matus y de su grupo los recogería y los elevaría a la tercera atención con gran facilidad: esto era algo que no podían hacer si los aprendices se hallaban en su conciencia normal.

De pronto, ya no escuchaba más a la Gorda. El sonido de su voz en verdad era como un vehículo para mí y trajo consigo el recuerdo de todo el evento. Me tambaleé ante el impacto. La Gorda cesó de hablar, y conforme yo le describía mi recuerdo, ella también se acordó de todo. Habíamos finalmente juntado las últimas piezas de los recuerdos separados de nuestros dos estados de conciencia.

Recordé que don Juan y don Genaro me prepararon para cruzar mientras yo me hallaba en el estado normal de conciencia. Yo pensé racionalmente que me estaban preparando para dar un salto en un abismo.

La Gorda recordó que a fin de prepararlos a cruzar, Silvio Manuel los había colgado de las vigas del techo en arneses de cuero. Había uno de éstos en cada cuarto de su casa. Los aprendices estuvieron suspendidos en ellos casi todo el día.

La Gorda comentó que tener un arnés en el cuarto de uno es algo ideal. Los Genaros, sin saber realmente lo que estaban haciendo, habían acertado al construir un arnés, tuvieron un recuerdo a medias y crearon su juego. Era un juego que combinaba las cualidades curativas y purificadoras de estar separado del suelo con la concentración que uno requiere para cambiar niveles de conciencia. El juego en realidad era un artificio que les ayudaba a recordar.

La Gorda me dijo que Silvio Manuel les hizo descender del arnés al atardecer, después de haber estado suspendidos todo el día. Todos fueron con él al puente y esperaron allí con el resto del grupo hasta que el nagual Juan Matus y Genaro llegaron conmigo. El nagual Juan Matus les explicó a todos que el prepararme había tomado más tiempo de lo que él anticipó.

Recordé que don Juan y sus guerreros cruzaron el puente antes que nosotros. Doña Soledad y Eligio automáticamente fueron con ellos. La mujer nagual fue la última que cruzó. Desde el otro lado del puente, Silvio Manuel nos indicó que empezáramos a caminar. Sin decir una sola palabra, todos nosotros empezamos. A la mitad del puente, Lidia, Rosa y Pablito parecieron no poder dar otro paso. Benigno y Néstor llegaron casi hasta el final y después se detuvieron. Solamente la Gorda, Josefina y yo llegamos a donde don Juan y los otros se encontraban.

Lo que ocurrió después fue bastante parecido a lo que sucedió la primera vez que intentamos cruzar. Silvio Manuel y Eligio habían abierto algo que yo creí que era una grieta real. Tuve la energía suficiente para concentrar mi atención en ella. No era la colina que se encontraba junto al puente, ni tampoco era una apertura en la pared de niebla, aunque podía distinguir un vapor neblinoso en torno a la grieta. Era una misteriosa y oscura apertura que se erguía por sí sola al margen de todo lo demás; era del tamaño de un hombre, pero estrecha. Don Genaro hizo una broma y la llamó "vagina cósmica", y esta observación produjo risas estentóreas de sus compañeros. La Gorda y Josefina se aferraron a mí y entramos.

Instantáneamente sentí que me trituraban. La misma fuerza incalculable que casi me hizo explotar la primera vez me había atrapado nuevamente. Podía sentir a la Gorda y Josefina fusionándose conmigo. Yo parecía ser más ancho que ellas y la fuerza me aplanó contra las dos juntas.

Cuando otra vez me di cuenta de mí mismo, yacía en el suelo con la Gorda y Josefina encima de mí. Silvio Manuel nos ayudó a ponernos en pie. Me dijo que no sería imposible unirnos a ellos en esa ocasión, pero que quizá después, cuando nos hubiéramos afinado hasta la perfección, el Águila nos dejaría pasar.

Cuando regresábamos a su casa, Silvio Manuel me dijo casi en un susurro que su camino y mi camino se habían separado esa noche y que jamás se volverían a cruzar. Me hallaba solo. Me exhortó a ser frugal y a utilizar mi energía con gran mesura sin desperdiciar ni un ápice de ella. Me aseguró que si yo llegaba a la totalidad de mí mismo sin desgastes excesivos, tendría energía suficiente para cumplir mi tarea. Pero me agotaba excesivamente antes de perder mi forma humana, estaba perdido.

Le pregunté si había una manera de evitar el desgaste. Negó con la cabeza. Dijo que mi triunfo o mi fracaso no era asunto de mi voluntad. Después me reveló los detalles de mi tarea. Pero no me dijo cómo llevarla a cabo, sólo que algún día el Águila pondría a alguien en mi camino para decirme cómo cumplirla. Y hasta no haber triunfado, no sería libre.

Cuando llegamos a la casa, nos congregamos todos en una gran habitación. Don Juan tomó asiento en el centro con la cara hacia el sureste. Las ocho guerreras lo rodearon. Se acomodaron en pares en los puntos cardinales, con la cara también hacia el sureste. Después los tres guerreros hicieron un triángulo afuera del círculo, con Silvio Manuel en el vértice que apuntaba al sureste. Las dos mujeres propios se sentaron flanqueándolo, y los dos hombres propios se acomodaron frente a él, casi contra la pared.

La mujer nagual hizo que los aprendices hombres tomaran asiento contra la pared del este, e hizo que las mujeres se sentaran contra la pared del oeste. Después me condujo a un lugar que se hallaba directamente atrás de don Juan. Allí nos sentamos juntos.

Permanecimos sentados lo que yo creí que sólo era un instante, y sin embargo sentí una oleada de extraña energía. Cuando le pregunté a la mujer nagual por qué nos habíamos levantado tan rápidamente, me contestó que habíamos estado sentados allí durante varias horas, y que algún día, antes de que entrara a la tercera atención, todo eso tendría sentido para mí.

La Gorda afirmó que ella no sólo tuvo la sensación de que estuvimos sentados sólo un instante, sino que nunca le dijeron que eso no había sido así. Lo único que el nagual le dijo después era que tenía la obligación de ayudar a los demás aprendices, especialmente a Josefina, y que un día yo regresaría para darle el empujón final para cruzar totalmente hacia el otro yo. Ella estaba atada a mí y a Josefina. En nuestro *ensoñar juntos*, bajo la supervisión de Zuleica, habíamos intercambiado enormidades de nuestra luminosidad. Por esa razón pudimos resistir juntos la presión del otro yo al entrar en él con todo y cuerpo. También le dijo que el poder de los guerreros de su grupo fue lo que hizo que el cruce fuera fácil esa vez, y que cuando ella tuviera que cruzar por sí misma tenía que hacerlo a través del *ensueño*.

Después de que nos pusimos en pie, Florinda se acercó a donde yo estaba. Me tomó del brazo y caminamos por el cuarto, mientras don Juan y sus guerreros hablaban con los otros aprendices.

Me dijo que no debía permitir que los eventos de esa noche, en el puente, me confundieran. Yo no debería creer, como creyó una vez el nagual Juan Matus, que en realidad hay una entrada física hacia el otro yo. La grieta que yo había visto simplemente era una construcción del intento de todos ellos; un intento que fue atrapado por una combinación entre la observación del nagual Juan Matus con entradas reales y el grotesco sentido del humor de Silvio Manuel: la mezcla de ambos produjo la vagina cósmica. Hasta donde ella sabía, el paso de un yo al otro no tenía características físicas. La vagina cósmica era una expresión física del poder de los hombres para mover "la rueda del tiempo".

Florinda me explicó que cuando ella o sus compañeros hablaban del tiempo, no se referían a algo que se mide con los movimientos del reloj. El tiempo es la esencia de la atención; las emanaciones del Águila están compuestas de tiempo, y, propiamente hablando, cuando uno entra en cualquier aspecto del otro yo, uno empieza a familiarizarse con el tiempo.

Florinda me aseguró que esa noche, cuando estábamos sentados en formación, ellos tuvieron su última oportunidad de ayudarnos, a mí y a los aprendices, a encarar la rueda del tiempo. Dijo que la rueda del tiempo es como un estado de conciencia acrecentada del otro yo, así como la conciencia del lado izquierdo es el estado de conciencia acrecentada del yo de todos los días. La rueda del tiempo podía describirse físicamente como un túnel de largo infinito, y hay cantidades infinitas de ellos. Las criaturas vivientes están obligadas, por la fuerza de la vida, a contemplar compulsivamente uno de esos surcos. Contemplarlo significa ser atrapado por él, vivir ese surco.

Florinda aseveró que lo que los guerreros llaman *voluntad* pertenece a la rueda del tiempo. Es algo semejante a un tentáculo intangible que todos nosotros poseemos. Dijo que el designio final del guerrero consiste en aprender a concentrarlo en la rueda del tiempo con el fin de hacerla girar. Los guerreros que han logrado hacer girar la rueda del tiempo pueden contemplar cualquier surco y extraer de él lo que deseen, como, por ejemplo, la vagina cósmica. Ser atrapado compulsivamente en cualquier surco del tiempo implica ver las imágenes de ese surco conforme se alejan. Ser libre de la fuerza fascinante de esos surcos significa que uno puede ver en cualquier dirección, ya sea cuando las imágenes se alejan o cuando se aproximan.

Florinda dejó de hablar y me abrazó. Me susurró al oído que regresaría a finalizar su instrucción algún día, cuando yo hubiese ganado la totalidad de mí mismo.

Don Juan pidió a todos que se acercaran a donde yo estaba. Me rodearon. Don Juan fue el primero en hablarme. Dijo que yo no podía ir con ellos en su viaje definitivo porque era imposible que retractara mi tarea. Bajo esas circunstancias lo único que ellos podían hacer por mí era darme sus mejores votos. Añadió que los guerreros no tienen vida propia. A partir del momento en que comprenden la naturaleza de la conciencia, dejan de ser personas y la condición humana ya no forma parte de su visión. Yo tenía un deber como guerrero y sólo eso era lo que contaba a fin de cumplir la tenebrosa tarea que me había confiado. Puesto que yo había prescindido de mi vida, ellos ya no tenían nada que decirme, salvo que debería dar lo mejor de mí. Y yo tampoco tenía nada que decirles, salvo que había comprendido y que aceptaba mi destino.

Después, Vicente vino a mi lado. Habló muy quedamente. Dijo que el reto de un guerrero consiste en llegar a un equilibrio muy sutil de fuerzas positivas y negativas. Este reto no quiere decir que un guerrero deba luchar por tener bajo su control, sino que el guerrero debe luchar por enfrentar cualquier situación concebible, lo esperado y lo inesperado, con igual eficiencia. Ser perfecto en circunstancias perfectas es ser un guerrero de papel. Mi desafío consistía en quedarme atrás. El de ellos era irrumpir en lo desconocido. Ambos desafíos eran agobiantes. Para los guerreros, la excitación de quedarse es igual a la excitación del viaje. Ambos son los mismos, porque los dos entrañan el cumplimiento de un cargo sagrado.

El siguiente que vino a hablarme fue Silvio Manuel; dijo que a él le importaba lo práctico. Me dio una fórmula, un encantamiento para las horas en que mi tarea fuese mayor que mi fuerza; ése fue el encantamiento que me vino a la mente la primera vez que recordé a la mujer nagual.

*Ya me di al poder que a mi destino rige.*
*No me agarro ya de nada, para así no tener nada que*
*defender.*
*No tengo pensamientos, para así poder ver.*
*No temo ya a nada, para así poder acordarme de mí.*
*Sereno y desprendido,*
*Me dejará el águila pasar a la libertad.*

Me dijo que iba a revelarme una maniobra práctica de la segunda atención. Y sin más ni más se convirtió en una bola de luz, en un huevo luminoso. Volvió a su apariencia normal y repitió la transformación tres o cuatro veces. Comprendí perfectamente bien lo que hacía. No necesitaba explicármelo y sin embargo me era imposible formular en palabras lo que yo sabía.

Silvio Manuel sonrió, consciente de mi problema. Dijo que se requería una enormidad de fuerza para abandonar el *intento* de la vida de todos los días. El secreto que me acababa de revelar era como facilitar el abandono del *intento*. Para poder hacer lo que él había hecho, uno debe enfocar la atención en la superficie del cascarón luminoso.

Una vez más se volvió una bola de luz y después se me hizo obvio lo que ya sabía desde el principio. Silvio Manuel volvió los ojos y por un instante los enfocó en el punto de la segunda atención. Su cabeza estaba erguida, encarando lo que estaba delante de sí, sólo sus ojos estaban sesgados. Dijo que un guerrero debe evocar el *intento*. En la mirada está el secreto. Los ojos convocan el *intento*.

Me puse eufórico. Por fin era yo capaz de considerar algo que yo sabía sin saberlo en verdad. La razón por la que el *ver* parece ser visual es porque necesitamos los ojos para enfocar el *intento*. Don Juan y su grupo de guerreros sabían cómo usar los ojos para atrapar otros aspectos del *intento* y a este acto lo llamaban *ver*. Lo que Silvio Manuel me había mostrado era la verdadera función de los ojos, los atrapadores del *intento*.

Utilicé entonces mis ojos premeditadamente para convocar el *intento*. Los concentré en el punto de la segunda atención. De repente, don Juan, sus guerreros, doña Soledad y Eligio eran huevos luminosos, pero no la Gorda, las tres hermanitas y los Genaros. Seguí moviendo la mirada de un lado al otro, entre las burbujas de luz y la gente, hasta que escuché un crujido en la base de mi cuello, y todos los que estaban en mi cuarto eran huevos luminosos. Por un instante sentí que no podía saber quién era quién, pero luego mis ojos lograron ajustarse y sostuve dos aspectos del intento, dos imágenes al mismo tiempo. Podía ver sus cuerpos físicos y también sus luminosidades. Las dos escenas no se hallaban una encima de la otra, sino que estaban separadas, y sin embargo no podía concebir cómo. Definitivamente tenía dos canales de visión; *ver* estaba íntimamente unido a mis ojos y no obstante era algo independiente de ellos. Si los cerraba, aún podía *ver* los huevos luminosos, pero no los cuerpos físicos.

En un momento tuve la sensación clarísima de que yo sabía cómo cambiar mi atención hacia mi luminosidad. También sabía que para volver de nuevo al nivel físico todo lo que tenía que hacer era enfocar los ojos en mi cuerpo.

Don Juan vino luego a mi lado y me dijo que el nagual Juan Matus, como regalo de despedida, me había dado el deber, Vicente me dio el reto, Silvio Manuel me dio magia, y él iba a darme la gracia. Me miró de arriba abajo y comentó que yo era el nagual de apariencia más lamentable que hubiera visto. Examinó a los aprendices, meneó la cabeza y concluyó que con una apariencia tan deplorable lo único que nos quedaba era ser optimista y ver el lado positivo de las cosas. Nos contó un chiste de una muchacha pueblerina que fue seducida por un agente viajero que le prometió matrimonio. Cuando llegó el día de la boda y le dijeron que el novio había huido del pueblo, ella no se inmutó, sonrió con fatalidad y dijo que no todo estaba perdido. Perdió la virginidad, sí, pero menos mal que todavía no había matado al lechón de la fiesta.

Don Genaro recomendó que lo único que podía ayudarnos a salir de esa situación, que era la de la novia vestida y alborotada, era aferrarnos a nuestros lechones, cualesquiera que fuesen, y reírnos a carcajadas. Sólo a través de la risa podríamos cambiar nuestra condición.

Nos instó con gestos de la cabeza y de las manos a

que nos riéramos. Se arrodilló y nos pidió una carcajadita. Ver a don Genaro de rodillas y a los aprendices tratando de carcajearse era tan ridículo como mis propios intentos. Repentinamente yo estaba riendo estentóreamente con don Juan y sus guerreros.

Don Genaro, que siempre bromeaba que yo era poeta y loco, me pidió que le leyera un poema en voz alta. Dijo que quería resumir sus sentimientos y sus recomendaciones con el poema que celebra la vida, la muerte y la risa. Se refería a un fragmento del poema de José Gorostiza *Muerte sin fin*.

La mujer nagual me tendió el libro y yo leí la parte que siempre les gustaba a don Juan y a don Genaro.

> *Ay, una ciega alegría,*
> *un hambre de consumir*
> *el aire que se respira,*
> *la boca, el ojo, la mano;*
> *estas pungentes cosquillas*
> *de disfrutarnos enteros*
> *en un solo golpe de risa,*
> *ay, esta muerte insultante,*
> *procaz, que nos asesina*
> *a distancia, desde el gusto*
> *que tomamos en morirla,*
> *por una taza de té,*
> *por una apenas caricia.*

El efecto del poema fue aniquilante. Sentí un estremecimiento. Emilito y Juan Tuma fueron a mi lado. No dijeron una sola palabra. Sus ojos brillaban como canicas negras. Todos sus sentimientos parecían concentrarse en sus ojos. Juan Tuma dijo muy suavemente que una vez él me había introducido en su casa en los misterios del Mescalito y que eso había sido un precursor de otra ocasión en la rueda del tiempo en la que él me introduciría en el último de los misterios: la libertad.

Emilito dijo, como si su voz fuera un eco de Juan Tuma, que los dos confiaban en que yo podría cumplir mi tarea. Ellos me esperarían, pues algún día yo me les uniría.

Juan Tuma añadió que el Águila me había puesto con el grupo del nagual Juan Matus porque ésa era mi unidad de rescate. Nuevamente me abrazaron y al unísono me susurraron que debía tener confianza en mí mismo.

Después vinieron las guerreras a mí. Cada una de ellas me abrazó y me susurró un deseo en el oído, un deseo de plenitud y logros.

La mujer nagual fue la última que se me acercó. Tomó asiento y me sentó en sus faldas como si yo fuera un niño. Exudaba afecto y pureza. Perdí el aliento. Nos pusimos en pie y caminamos por el cuarto. Hablamos y examinamos nuestro destino. Fuerzas imposibles de concebir nos habían guiado a ese momento culminante. El pavor que sentí fue inconmensurable. Y así era también mi tristeza.

Entonces me reveló una porción de la regla que se aplicaba al nagual de tres puntas. Ella se encontraba en un estado de agitación extrema y sin embargo estaba calmada. Su intelecto era impecable y sin embargo no trataba de razonar nada. Su estado de ánimo en su último día en la Tierra era inaudito y me lo transmitió. Era como si hasta ese momento yo no me hubiese dado cuenta de la finalidad de nuestra situación. Estar en el lado izquierdo implicaba que lo inmediato tomaba precedencia, lo cual hacía que para mí fuera prácticamente imposible prever más allá de ese momento. Sin embargo, el contacto con la mujer nagual atrapó algo de mi conciencia del lado derecho y su capacidad para prejuzgar lo mediato. Comprendí entonces por completo que nunca más la volvería a ver. ¡Y eso para mí era una angustia sin límite!

Don Juan decía que en lado izquierdo no hay lugar para las lágrimas, que un guerrero no puede llorar, y que la única expresión de angustia es un estremecimiento que viene desde las profundidades mismas del universo. Es como si una de las emanaciones del Águila fuese la angustia. El estremecimiento del guerrero es infinito. Mientras la mujer nagual me hablaba y me abrazaba, yo sentí ese estremecimiento.

Ella puso sus brazos en torno a mi cuello y apretó su cabeza contra la mía. Sentí que me estaba exprimiendo como un pedazo de trapo, y que algo emergía de mi cuerpo, o del de ella hacia el mío. Mi angustia fue tan intensa y me inundó tan rápido que perdí el control de los músculos. Caí al suelo, con la mujer nagual aún abrazada a mí. Pensé, como si estuviera en un sueño, que debió de haberse cortado la frente durante nuestra caída. Su rostro y el mío estaban cubiertos de sangre. La sangre había hecho un estanque en sus ojos.

Don Juan y don Genaro me alcanzaron con presteza. Me sostuvieron. Yo tenía espasmos incontrolables, como ataques. Las guerreras rodearon a la mujer nagual; después hicieron una hilera a la mitad del cuarto. Los hombres se les unieron. En un momento se creó una innegable cadena de energía que fluía entre ellos. La hilera se movió y desfiló enfrente de mí. Cada uno de ellos se acercó y se detuvo frente a mí durante un momento, pero sin romper fila. Era como si se deslizaran en una rampa movible que los transportaba y que los hacía detenerse y encararse por un segundo. Los cuatro propios avanzaron primero, con los hombres a la cabeza, después los siguieron los guerreros, luego las *ensoñadoras*, las *acechadoras* y, por último, la mujer nagual. Pasaron frente a mí y durante un segundo o dos permanecieron a plena vista; después desaparecieron en la negrura de la misteriosa grieta que había aparecido en el cuarto.

Don Juan oprimió mi espalda y me ayudó a contrarrestar un poco de mi angustia intolerable. Dijo que comprendía mi dolor, y que la afinidad del hombre nagual y de la mujer nagual es algo que no puede formularse. Existe como resultado de las emanaciones del Águila; una vez que las dos personas se juntan y se separan, no hay manera de llenar la vaciedad, porque no se trata de una vaciedad social, sino de un movimiento de esas emanaciones.

Don Juan me dijo entonces que iba a hacerme cambiar hasta mi extrema derecha. Dijo que era una maniobra conmiserativa pero temporal; por el momento me ayudaría a olvidar, pero no me sería un alivio cuando recordase.

Don Juan también me dijo que el acto de recordar es absolutamente incomprensible. En realidad se trata del acto de acordarse de uno mismo, que no cesa cuando el guerrero recupera la memoria de las acciones llevadas a cabo en la conciencia del lado izquierdo, sino que prosigue hasta recuperar cada uno de los recuerdos que el cuerpo luminoso ha almacenado desde el momento de nacer.

Las acciones sistemáticas que los guerreros llevan a cabo en estados de conciencia acrecentada son un recurso para permitir que el otro yo se revele en términos de recuerdos. Este acto de recordar, aunque parece estar asociado solamente con los guerreros, el algo que pertenece a cualquier ser humano; cada uno de nosotros puede ir directamente a los recuerdos de nuestra luminosidad con resultados insondables.

Don Juan me dijo entonces que ellos participarían ese mismo día, a la hora del crepúsculo, y que lo que aún tenía que hacer conmigo era crear una apertura, una interrupción en el continuo de mi tiempo. Iban a hacerme saltar un abismo como medio de interrumpir la emanación del Águila que es responsable de mi sensación de ser completo y uniforme. El salto tendría que hacerse cuando yo estuviera en un estado de conciencia normal, y la meta era que mi segunda atención tomara el control; en vez de morir en el fondo del abismo, yo entraría plenamente en el otro yo. Don Juan me dijo que finalmente saldría del otro yo otra vez que mi energía se agotara, pero no en la montaña en la cual yo iba a saltar. Predijo que yo resurgiría en mi lugar favorito, cualquiera que éste fuese. Esa sería la interrupción del continuo de mi tiempo.

Después, don Juan me sacó completamente de mi conciencia del lado izquierdo. Y yo olvidé mi angustia, mi propósito, mi tarea.


Al atardecer de ese día, Pablito, Néstor y yo, en verdad saltamos dentro de un precipicio. El golpe del nagual había sido tan exacto y tan conmiserativo que nada de esa extraordinaria despedida trascendió más allá del otro extraordinario acto de saltar a una muerte segura, y no morir. Pavoroso como fue ese acontecimiento, resultaba pálido en comparación con lo que tuvo lugar en el otro dominio.

Don Juan me hizo saltar en el preciso momento en que él y todos sus guerreros habían encendido sus conciencias. Tuve una visión, como de sueño, de una hilera de gente que me miraba. Después lo racionalicé como si fuera parte de una serie de visiones o alucinaciones que tuve después de saltar. Esta era la magra interpretación de mi conciencia del lado derecho, abrumada por lo pavoroso del evento total.

En mi lado izquierdo, sin embargo, comprendí que había entrado en el otro yo, pero sin la ayuda de mi racionalidad. Los guerreros del grupo de don Juan me habían agarrado por un instante eterno, antes de que se desvanecieran en la luz total, antes de que el Águila los dejara pasar. Yo sabía que se hallaban esperando a don Juan y a don Genaro en una esfera de las emanaciones del Águila, que estaba más allá de mi alcance. Vi a don Juan tomando la delantera. Y después sólo hubo una fila de exquisitas luces en el cielo. Algo como un viento parecía hacer que la fila se contrajera y oscilara. En un extremo de la línea de luces, donde se hallaba don Juan, había un inmenso brillo. Pensé en la serpiente emplumada de la leyenda tolteca. Y después las luces se desvanecieron.

314

## Apéndice

### Seis proposiciones explicatorias

A pesar de las asombrosas maniobras que don Juan efectuó con mi conciencia, a lo largo de los años yo persistí, obstinado, en tratar de evaluar intelectualmente lo que él hacía. Aunque he escrito mucho acerca de estas maniobras, siempre ha sido desde el punto de vista experiencial y, además, desde una posición estrictamente racional. Inmerso como estaba en mi propia racionalidad, no pude reconocer las metas de las enseñanzas de don Juan. Para comprender el alcance de estas metas con algún grado de exactitud, era necesario que perdiera mi fortuna humana y que llegara a la totalidad de mí mismo.

Las enseñanzas de don Juan tenían como fin guiarme a través de la segunda fase del desarrollo de un guerrero: la verificación y aceptación irrestricta de que en nosotros hay otro tipo de conciencia. Esta fase se dividía en dos categorías. La primera, para la que don Juan requirió la ayuda de don Genaro, trataba con las actividades. Consistía en mostrarme ciertos procedimientos, acciones y métodos que estaban diseñados a ejercitar mi conciencia. La segunda tenía que ver con la presentación de las seis proposiciones explicatorias.

A causa de las dificultades que tuve en adaptar mi racionalidad a fin de aceptar la plausibilidad de lo que me enseñaba, don Juan presentó estas proposiciones explicatorias en términos de mis antecedentes escolásticos.

Lo primero que hizo, como introducción, fue crear una escisión en mí mediante un golpe específico en el

315

omóplato derecho, un golpe que me hacía entrar en un estado desusado de conciencia, el cual yo no podía recordar una vez que había vuelto a la normalidad.

Hasta el momento en que don Juan me hizo entrar en tal estado de conciencia tenía un innegable sentido de continuidad, que creí producto de mi experiencia vital. La idea que tenía de mí mismo era la de ser una entidad completa que podía rendir cuentas de todo lo que había hecho. Además, me hallaba convencido de que el aposento de toda mi conciencia, si es que lo había, se hallaba en mi cabeza. Sin embargo, don Juan me demostró con su golpe que existe un centro en la espina dorsal, a la altura de los omóplatos, que obviamente es un sitio de conciencia acrecentada.

Cuando interrogué a don Juan sobre la naturaleza de ese golpe, me explicó que el nagual es un dirigente, un guía que tiene la responsabilidad de abrir el camino, y que debe ser impecable para empapar a sus guerreros con un sentido de confianza y claridad. Sólo bajo esas condiciones un nagual se halla en posibilidad de proporcionar un golpe en la espalda a fin de forzar un desplazamiento de conciencia, pues el poder del nagual es lo que permite llevar a cabo la transición. Si el nagual no es un practicante impecable, el desplazamiento no ocurre, como fue el caso cuando yo traté, sin éxito, de colocar a los demás aprendices en un estado de conciencia acrecentada aporreándolos en la espalda antes de aventurarnos en el puente.

Pregunté a don Juan qué conllevaba ese desplazamiento de conciencia. Me dijo que el nagual tiene que dar el golpe en un sitio preciso, que varía de persona a persona pero que siempre se halla en el área general de los omóplatos. Un nagual tiene que *ver* para especificar el sitio, que se localiza en la periferia de la luminosidad de uno y no en el cuerpo físico en sí; una vez que el nagual lo identifica, lo empuja, más que golpearlo, y así crea una concavidad, una depresión en el cascarón luminoso. El estado de conciencia acrecentada que resulta de ese golpe dura lo que dura la depresión. Algunos cascarones luminosos vuelven a sus formas originales por sí mismos, algunos tienen que ser golpeados en otro punto a fin de ser restaurados, y otros más ya nunca recuperan sus formas ovales.

Don Juan decía que los videntes *ven* la conciencia como una brillantez peculiar. La conciencia de la vida cotidiana es un destello en el lado derecho, que se extiende del exterior del cuerpo físico hasta la periferia de nuestra luminosidad. La conciencia acrecentada es un brillo más intenso que se asocia con gran velocidad y concentración, un fulgor que satura la periferia del lado izquierdo.

Don Juan decía que los videntes explican lo que ocurre con el golpe del nagual, como un desalojamiento temporal de un centro colocado en el capullo luminoso del cuerpo. Las emanaciones del Águila en realidad se evalúan y se seleccionan en ese centro. El golpe altera su funcionamiento normal.

A través de sus observaciones, los videntes han llegado a la conclusión de que los guerreros tienen que ser puestos en ese estado de desorientación. El cambio en la manera como funcione la conciencia bajo esas condiciones hace que ese estado sea un territorio ideal para dilucidar los mandatos del Águila: permite que los guerreros funcionen como si estuvieran en la conciencia de todos los días, con la diferencia de que pueden concentrarse en todo lo que hacen con una claridad y con una fuerza sin precedentes.

Don Juan decía que mi situación era análoga a la que él había experimentado. Su benefactor creó una profunda escisión en él, haciéndolo desplazarse una y otra vez de la conciencia del lado derecho a la del lado izquierdo. La claridad y la libertad de su conciencia del lado izquierdo se hallaban en oposición directa a las racionalizaciones e interminables defensas de su lado derecho. Me dijo que todos los guerreros son echados a las profundidades de la misma situación que esa polaridad modela, y que el nagual crea y refuerza la escisión a fin de conducir a sus aprendices a la convicción de que hay una conciencia en los seres humanos que no se ha explorado.

1. *Lo que percibimos como mundo son las emanaciones del Águila.*

Don Juan me explicó que el mundo que percibimos

no tiene existencia trascendental. Como estamos familiarizados con él creemos que lo que percibimos es un mundo de objetos que existen tal como los percibimos, cuando en realidad no hay un mundo de objetos, sino, más bien, un universo de emanaciones del Águila.

Esas emanaciones representan la única realidad inmutable. Es una realidad que abarca todo lo que existe, lo perceptible y lo imperceptible, lo conocido y lo inconocible.

Los videntes que *ven* las emanaciones del Águila las llaman mandatos a causa de su fuerza apremiante. Todas las criaturas vivientes son apremiadas a usar las emanaciones, y las usan sin llegar a saber lo que son. El hombre común y corriente las interpreta como la realidad. Y los videntes que *ven* las emanaciones las interpretan como la regla.

A pesar de que los videntes *ven* las emanaciones, no tienen manera de saber qué es lo que están *viendo*. En vez de enderezarse con conjeturas superfluas, los videntes se ocupan en la especulación funcional de cómo se pueden interpretar los mandatos del Águila. Don Juan sostenía que intuir una realidad que trasciende el mundo que percibimos se queda en el nivel de las conjeturas; no le basta a un guerrero conjeturar que los mandatos del Águila son percibidos instantáneamente por todas las criaturas que viven en la Tierra, y que ninguna de ellas los perciben de la misma manera. Los guerreros deben tratar de presenciar el flujo de emanaciones y "ver" la manera como el hombre y otros seres vivientes lo usan para construir su mundo perceptible.

Cuando propuse utilizar la palabra "descripción" en vez de emanaciones del Águila, don Juan me aclaró que no estaba haciendo una metáfora. Dijo que la palabra descripción connota un acuerdo humano, y que lo que percibimos emerge de un mandato en el que no cuentan los acuerdos humanos.

2. *La atención es lo que nos hace percibir las emanaciones del Águila como el acto de "desnatar".* *

* Desnatar: escoger lo mejor de una cosa.

Don Juan decía que la percepción es una facultad física que cultivan las criaturas vivientes; el resultado final de este cultivo en los seres humanos es conocido, entre los videntes, como "atención". Don Juan describió la atención como el acto de enganchar y canalizar la percepción. Dijo que ese acto es nuestra hazaña más singular, que cubre toda la gama de alternativas y posibilidades humanas. Don Juan estableció una distinción precisa entre alternativas y posibilidades. Alternativas humanas son las que estamos capacitados para escoger como personas que funcionan dentro del medio social. Nuestro panorama de este dominio es muy limitado. Posibilidades humanas resultan ser aquellas que estamos capacitados para lograr como seres luminosos.

Don Juan me reveló un esquema clasificatorio de tres tipos de atención, enfatizando que llamarlos "tipos" era erróneo. De hecho, se trata de tres *niveles* de conocimiento: la primera, la segunda y la tercera atención; cada una de ellas es un dominio independiente, completo en sí.

Para un guerrero que se halla en las fases iniciales de su aprendizaje, la primera atención es la más importante de las tres. Don Juan decía que sus proposiciones explicatorias eran intentos de traer al primer plano el modo como funciona la primera atención, algo que es totalmente inadvertido por nosotros. Consideraba imperativo que los guerreros comprendieran la naturaleza de la primera atención si es que iban a aventurarse en las otras dos.

Me explicó que a la primera atención se le ha enseñado a moverse instantáneamente a través de todo un espectro de las emanaciones del Águila, sin poner el menor énfasis evidente en ello, a fin de alcanzar "unidades perceptuales" que todos nosotros hemos aprendido que son perceptibles. Los videntes llaman "desnatar" a esta hazaña de la primera atención, porque implica la capacidad de suprimir las emanaciones superfluas y seleccionar cuáles de ellas se deben enfatizar.

Don Juan explicó este proceso tomando como ejemplo la montaña que veíamos en ese momento. Sostuvo que mi primera atención, al momento de ver la montaña, había desnatado una infinita cantidad de emanaciones para obtener un milagro de percepción; un desnate que todos los seres humanos conocen porque cada uno de ellos lo ha logrado alcanzar por sí mismo.

Los videntes dicen que todo aquello que la primera atención suprime para obtener un desnate, ya no puede ser recuperado por la primera atención bajo ninguna condición. Una vez que aprendemos a percibir en términos de desnates, nuestros sentidos ya no registran las emanaciones superfluas. Para dilucidar este punto me dio el ejemplo del desnate "cuerpo humano". Dijo que nuestra primera atención está totalmente inconsciente de las emanaciones que componen el luminoso cascarón externo del cuerpo físico. Nuestro capullo oval no está sujeto a la percepción; se han rechazado las emanaciones que lo harían perceptible en favor de las que permiten a la primera atención percibir el cuerpo físico tal como lo conocemos.

Por tanto, la meta perceptual que tienen que lograr los niños mientras maduran, consiste en aprender a aislar las emanaciones apropiadas con el fin de canalizar su percepción caótica y transformarla en la primera atención; al hacerlo, aprenden a construir desnates. Todos los seres humanos maduros que rodean a los niños les enseñan a desnatar. Tarde o temprano los niños aprenden a controlar su primera atención a fin de percibir los desnates en términos semejantes a los de sus maestros.

Don Juan nunca dejó de maravillarse con la capacidad de los seres humanos de impartir orden al caos de la percepción. Sostenía que cada uno de nosotros, por sus propios méritos, es un mago magistral y que nuestra magia consiste en imbuir de realidad los desnates que nuestra primera atención ha aprendido a construir. El hecho de que percibimos en términos de desnates es el mandato del Águila, pero percibir los mandatos como objetos es nuestro poder, nuestro don mágico. Nuestra falacia, por otra parte, es que siempre acabamos siendo unilaterales al olvidar que los desnates sólo son reales en el sentido de que los percibimos como reales, debido al poder que tenemos para hacerlo. Don Juan llamaba a esto un error de juicio que destruye la riqueza de nuestros misteriosos orígenes.

3. *A los desnates les da sentido el primer anillo de poder.*

Don Juan decía que el primer anillo de poder es la fuerza que sale de las emanaciones del Águila para afectar exclusivamente a nuestra primera atención. Explicó que se le ha representado como un "anillo" a causa de su dinamismo, de su movimiento ininterrumpido. Se le ha llamado anillo "de poder" debido, primero, a su carácter compulsivo, y, segundo, a causa de su capacidad única de detener sus obras, de cambiarlas o de revertir su dirección.

El carácter compulsivo se muestra mejor en el hecho de que no sólo apremia a la primera atención a construir y perpetuar desnates, sino que exige un consenso de todos los participantes. A todos nosotros se nos exige un completo acuerdo sobre la fiel reproducción de desnates, pues la conformidad al primer anillo de poder tiene que ser total.

Precisamente esa conformidad es la que nos da la certeza de que los desnates son objetos que existen como tales, independientemente de nuestra percepción. Además, lo compulsivo del primer anillo de poder no cesa después del acuerdo inicial, sino que exige que continuamente renovemos el acuerdo. Toda la vida tenemos que operar como si, por ejemplo, cada uno de nuestros desnates fueran perceptualmente los primeros para cada ser humano, a pesar de lenguajes y de culturas. Don Juan concedía que aunque todo eso es demasiado serio para tomarlo en broma, el carácter apremiante del primer anillo de poder es tan intenso que nos fuerza a creer que si la "montaña" pudiera tener una conciencia propia, ésta se consideraría como el desnate que hemos aprendido a construir.

La característica más valiosa que el primer anillo de poder tiene para los guerreros es la singular capacidad de interrumpir su flujo de energía, o de suspenderlo del todo. Don Juan decía que ésta es una capacidad latente que existe en todos nosotros como unidad de apoyo. En nuestro estrecho mundo de desnates, no hay necesidad de usarla. Puesto que estamos tan eficientemente amortiguados y escudados por la red de la primera atención, no nos damos cuenta, ni siquiera vagamente, de que tenemos recursos escondidos. Sin embargo, si se nos presentara otra alternativa para elegir, como es la opción del guerrero de utilizar la segunda atención, la capacidad latente del primer anillo de poder podría empezar a funcionar y podría usarse con resultados espectaculares.

Don Juan subraya que la mayor hazaña de los brujos es el proceso de activar esa capacidad latente; él lo llamaba bloquear el *intento* del primer anillo de poder. Me explicó que las emanaciones del Águila, que ya han sido aisladas por la primera atención para construir el mundo de todos los días, ejerce una presión inquebrantable en la primera atención. Para que esta presión detenga su actividad, el *intento* tiene que ser desalojado. Los videntes llaman a esto una obstrucción o una interrupción del primer anillo de poder.

4. *El intento es la fuerza que mueve al primer anillo de poder.*

Don Juan me explicó que el *intento* no se refiere a tener una intención, o desear una cosa u otra, sino más bien se trata de una fuerza imponderable que nos hace comportarnos de maneras que pueden describirse como intención, deseo, volición, etcétera. Don Juan no lo presentaba como una condición de ser, proveniente de uno mismo, tal como es un hábito producido por la socialización, o una reacción biológica, sino más bien lo representaba como una fuerza privada, íntima, que poseemos y usamos individualmente como una llave que hace que el primer anillo de poder se mueva de maneras aceptables. El *intento* es lo que dirige a la primera atención para que ésta se concentre en las emanaciones del Águila dentro de un cierto marco. Y el *intento* también es lo que ordena al primer anillo de poder a obstruir o interrumpir su flujo de energía.

Don Juan me sugirió que concibiera el *intento* como una fuerza invisible que existe en el universo, sin recibirse a sí misma, pero que aun así afecta a todo: fuerza que crea y que mantiene los desnates.

Aseveró que los desnates tienen que recrearse incesantemente para estar imbuidos de continuidad. A fin de recrearlos cada vez con el frescor que necesitan para construir un mundo viviente, tenemos que *intentarlos* cada vez que los construimos. Por ejemplo, tenemos que intentar la "montaña" con todas sus complejidades para que el desnate se materialice completo. Don Juan decía que para un espectador, que se comporta exclusivamente con base en la primera atención sin la intervención del *intento*, la "montaña" aparecería como un desnate enteramente distinto. Podría aparecer como el desnate "forma geométrica" o "mancha amorfa de coloración". Para que el desnate montaña se complete, el espectador debe *intentarlo*, ya sea involuntariamente, a través de la fuerza apremiante del primer anillo de poder, o premeditadamente, a través del entrenamiento del guerrero.

Don Juan me señaló las tres maneras como nos llega el *intento*. La más predominante es conocida por los videntes como "el intento del primer anillo de poder". Este es un *intento* ciego que nos llega por una casualidad. Es como si estuviéramos en su camino, o como si el *intento* se pusiera en el nuestro. Inevitablemente nos descubrimos atrapados en sus mallas sin tener ni el menor control de lo que nos está sucediendo.

La segunda manera es cuando el *intento* nos llega por su propia cuenta. Esto requiere un considerable grado de propósito, un sentido de determinación por parte nuestra. Sólo en nuestra capacidad de guerreros podemos colocarnos voluntariamente en el camino del *intento*; lo convocamos, por así decirlo. Don Juan me explicó que su insistencia por ser un guerrero impecable no era nada más que un esfuerzo por dejar que el *intento* supiera que él se está poniendo en su camino.

Don Juan decía que los guerreros llaman "poder" a este fenómeno. Así es que cuando hablan de tener poder personal, se refieren al *intento* que les llega voluntariamente. El resultado, me decía, puede describirse como la facilidad de encontrar nuevas soluciones, o la facilidad de afectar a la gente o a los acontecimientos. Es como si otras posibilidades, desconocidas previamente por el guerrero, de súbito se volvieran aparentes. De esta manera, un guerrero impecable nunca planea nada por adelantado, pero sus actos son tan decisivos que parece como si el guerrero hubiera calculado de antemano cada faceta de su actividad.

La tercera manera como encontramos al *intento* es la más rara y compleja de las tres; ocurre cuando el *intento* nos permite armonizar con él. Don Juan describía este estado como el verdadero momento de poder: la culminación de los esfuerzos de toda una vida en busca de la impecabilidad. Sólo los guerreros supremos lo obtienen, y en tanto se encuentran en ese estado, el *intento* se deja manejar por ellos a voluntad. Es como si el *intento* se hubiera fundido en esos guerreros, y al hacerlo los transforma en una fuerza pura, sin preconcepciones. Los videntes llaman a este estado el "intento del segundo anillo de poder", o "voluntad".

5. *El primer anillo de poder puede ser detenido mediante un bloqueo funcional de la capacidad de armar desnates.*

Don Juan decía que la función de los *no-haceres* es crear una obstrucción en el enfoque habitual de nuestra primera atención. Los *no-haceres* son, en este sentido, maniobras destinadas a preparar la primera atención para el bloqueo funcional del primer anillo de poder o, en otras palabras, para la interrupción del *intento*.

Don Juan me explicó que este bloqueo funcional, que es el único método de utilizar sistemáticamente la capacidad latente del primer anillo de poder, representa una interrupción temporal que el benefactor crea en la capacidad de armar desnates del discípulo. Se trata de una premeditada y poderosa intrusión artificial en la primera atención, con el objeto de empujarla más allá de las apariencias que los desnates conocidos nos presentan; esta intrusión se logra interrumpiendo el *intento* del primer anillo de poder.

Don Juan decía que para llevar a cabo la interrupción, el benefactor trata al *intento* como lo que verdaderamente es: un proceso, un flujo, una corriente de energía que eventualmente puede detenerse o reorientarse. Una interrupción de esta naturaleza, sin embargo, implica una conmoción de tal magnitud que puede forzar al primer anillo de poder a detenerse del todo: una situación imposible de concebir bajo nuestras condiciones nórmales de vida. Nos resulta impensable que podamos desandar los pasos que tomamos al consolidar nuestra percepción, pero es factible que bajo el impacto de esa interrupción podamos colocarnos en una posición perceptual muy similar a la de nuestros comienzos, cuando los mandatos del Águila eran emanaciones que aún no imbuíamos de significado.

Don Juan decía que cualquier procedimiento que el benefactor pueda cesar para crear esta interrupción, tiene que estar íntimamente ligado con su poder personal; por tanto, un benefactor no emplea ningún proceso para manejar el *intento*, sino que a través de su poder personal lo mueve y lo pone al alcance del aprendiz.

En mi caso, don Juan logró el bloqueo funcional del primer anillo de poder mediante un proceso complejo, que combinaba tres métodos: ingestión de plantas alucinógenas, manipulación del cuerpo y maniobrar el *intento* mismo.

En el principio don Juan se apoyó fuertemente en la ingestión de plantas alucinogénicas, al parecer a causa de la persistencia de mi lado racional. El efecto fue tremendo, y sin embargo retardó la interrupción que se buscaba. El hecho de que las plantas fueran alucinogénicas le ofrecía a mi razón la justificación perfecta para congregar todos sus recursos disponibles para continuar ejerciendo el control. Yo estaba convencido de que podía explicar lógicamente cualquier cosa que experimentaba, junto con las inconcebibles hazañas que don Juan y don Genaro solían llevar a cabo para crear las interrupciones, como distorsiones perceptuales causadas por la ingestión de alucinógenos.

Don Juan decía que el efecto más notable de las plantas alucinogénicas era algo que cada vez que las ingería yo interpretaba como la peculiar sensación de que todo en torno a mí exudaba una sorprendente riqueza. Había colores, formas, detalles que nunca antes había presenciado. Don Juan utilizó este incremento de mi habilidad para percibir, y mediante una serie de órdenes y comentarios me forzaba a entrar en un estado de agitación nerviosa. Después manipulaba mi cuerpo y me hacía cambiar de un lado al otro de la conciencia, hasta que había creado visiones fantasmagóricas o escenas completamente reales con criaturas tridimensionales que era imposible que existieran en este mundo.

Don Juan me explicó que una vez que se rompe la relación directa entre el *intento* y los desnates que estamos construyendo, ésta ya nunca se puede restituir. A partir de ese momento adquirimos la habilidad de atrapar una corriente de lo que él conocía como "intento fantasma", o el *intento* de los desnates que no están presentes en el momento o en el lugar de la interrupción, eso es, un *intento* que queda a nuestra disposición a través de algún aspecto de la memoria.

Don Juan sostenía que con la interrupción del *intento* del primer anillo de poder nos volvemos receptivos y maleables; un nagual puede entonces introducir el *intento* del segundo anillo de poder. Don Juan se hallaba convencido de que los niños de cierta edad se hallan en una situación parecida de receptividad; al estar privados de *intento*, quedan listos para que se les imprima cualquier *intento* accesible a los maestros que los rodean.

Después de un período de ingestión continua de plantas alucinogénicas, don Juan descontinuó totalmente su uso. Sin embargo, obtuvo nuevas y aún más dramáticas interrupciones en mí manipulando mi cuerpo y haciéndome cambiar de estados de conciencia, combinando todo esto con maniobrar el *intento* mismo. A través de una combinación de instrucciones mesmerizantes y de comentarios apropiados, don Juan creaba una corriente de *intento* fantasma, y yo era conducido a experimentar los desnates comunes y corrientes como algo inimaginable. Él conceptualizó todo eso como "vislumbrar la inmensidad del Águila".

Don Juan me guió magistralmente a través de incontables interrupciones de *intento* hasta que se convenció, como vidente, de que mi cuerpo mostraba el efecto del bloqueo funciona del primer anillo de poder. Decía que podía *ver* una actividad desacostumbrada en mi cascarón luminoso en torno al área de los omóplatos. La describió como un hoyuelo que se había formado exactamente como si la luminosidad fuese una capa muscular contraída por un nervio.

Para mí, el efecto del bloqueo funcional del primer anillo de poder fue que logró borrar la certeza que toda mi vida había tenido de que era "real" lo que reportaban mis sentidos. Calladamente entré en un estado de silencio interior. Don Juan decía que lo que les da a los guerreros esa extrema incertidumbre que su benefactor experimentó a fines de su vida, esa resignación al fracaso que él mismo se hallaba viviendo, es el hecho de que un vislumbre de la inmensidad del Águila nos deja sin esperanzas. La esperanza es resultado de nuestra familiaridad con los desnates y de la idea de que los controlamos. En tales momentos sólo la vida de guerrero nos puede ayudar a perseverar en nuestros esfuerzos por descubrir lo que el Águila nos ha ocultado, pero sin esperanzas de que podamos llegar a comprender alguna vez lo que descubrimos.

6. *La segunda atención.*

Don Juan me explicó que el examen de la segunda atención debe comenzar con darse cuenta de que la fuerza del primer anillo de poder, que nos encajona, es un lindero físico, concreto. Los videntes lo han descrito como una pared de niebla, una barrera que puede ser llevada sistemáticamente a nuestra conciencia por medio del bloqueo del primer anillo de poder; y luego puede ser perforada por medio del entrenamiento del guerrero.

Al perforar la pared de niebla, uno entra en un vasto estado intermedio. La tarea de los guerreros consiste en atravesarlo hasta llegar a la siguiente línea divisoria, que se deberá perforar a fin de entrar en lo que propiamente es el otro yo o la segunda atención.

Don Juan decía que las dos líneas divisorias son perfectamente discernibles. Cuando los guerreros perforan la pared de niebla, sienten que se retuercen sus cuerpos, o sienten un intenso temblor en la cavidad de sus cuerpos, por lo general a la derecha del estómago o a través de la parte media, de derecha a izquierda. Cuando los guerreros perforan la segunda línea, sienten un agudo crujido en la parte superior del cuerpo, algo como el sonido de una pequeña rama seca que es partida en dos.

Las dos líneas que encajonan a las dos atenciones, y que las sellan individualmente, son conocidas por los videntes como las líneas paralelas. Éstas sellan las dos atenciones mediante el hecho de que se extienden hasta el infinito, sin permitir jamás el cruce a no ser que se las perfore.

Entre las dos líneas existe un área de conciencia específica que los videntes llaman limbo, o el mundo que se halla entre las líneas paralelas. Se trata de u 1 espacio real entre dos enormes ódenes de emanaciones del Águila; emanaciones que se hallan dentro de las posibilidades humanas de conciencia. Uno es el nivel que crea el yo de la vida de todos los días, y el otro es el nivel que crea el otro yo. Como el limbo es una zona transicional, allí los dos campos de emanaciones se extienden el uno sobre el otro. La fracción del nivel que nos es conocido, que se extiende dentro de esa área, engancha a una porción del primer anillo de poder; y la capacidad del primer anillo de poder de construir desnates nos obliga a percibir una serie de desnates en el limbo que son casi como los de la vida diaria, salvo que aparecen grotescos, insólitos y contorsionados. De esa manera el limbo tiene rasgos específicos que no cambian arbitrariamente cada vez que uno entra en él. Hay en él rasgos físicos que semejan los desnates de la vida cotidiana.

Don Juan sostenía que la sensación de pesadez que se experimenta en el limbo se debe a la carga creciente que se ha colocado en la primera atención. En el área que se halla justamente tras de la pared de niebla aún podemos comportarnos como lo hacemos normalmente; es como si nos encontráramos en un mundo grotesco pero reconocible. Conforme penetramos más profundamente en él, más allá de la pared de niebla, progresivamente se vuelve más difícil reconocer los rasgos o comportarse en términos del yo conocido.

Me explicó que era posible hacer que en vez de la pared de niebla apareciese cualquier otra cosa, pero que los videntes han optado por acentuar lo que consume menor energía: visualizar ese lindero como una pared de niebla no cuesta ningún esfuerzo.

Lo que existe más allá de la segunda línea divisoria es conocido por los videntes como la segunda atención, o el otro yo, o el mundo paralelo; y el acto de traspasar los dos linderos es conocido como "cruzar las líneas paralelas".

Don Juan pensaba que yo podía asimilar este concepto más firmemente si me describía cada dominio de la conciencia como una predisposición perceptual específica. Me dijo que en el territorio de la conciencia de la vida cotidiana, nos hallamos inexorablemente enredados en la predisposición perceptual de la primera atención. A partir del momento en que el primer anillo de poder empieza a construir desnates, la manera de construirlos se convierte en nuestra predisposición perceptual normal. Romper la fuerza unificadora de la predisposición perceptual de la primera atención implica romper la primer línea divisoria. La predisposición perceptual normal pasa entonces al área intermedia que se halla entre las líneas paralelas. Uno continúa construyendo desnates casi normales durante un tiempo. Pero conforme se aproxima uno a lo que los videntes llaman la segunda línea divisoria, la predisposición perceptual de la primera atención empieza a ceder, pierde fuerza. Don Juan decía que esta transición está marcada por una repentina incapacidad de recordar o de comprender lo que se está haciendo.

Cuando se alcanza la segunda línea divisoria, la segunda atención empieza a actuar sobre los guerreros que llevan a cabo el viaje. Si éstos son inexpertos, su conciencia se vacía, queda en blanco. Don Juan sostenía que esto ocurre porque se están aproximando a un espectro de las emanaciones del Águila que aún no tienen una predisposición perceptual sistematizada. Mis experiencias con la Gorda y la mujer nagual más allá de la pared de niebla era un ejemplo de esa incapacidad. Viajé hasta el otro yo, pero no pude dar cuenta de lo que había hecho por la simple razón de que mi segunda atención se hallaba aún informulada y no me daba la oportunidad de organizar todo lo que había percibido.

Don Juan me explicó que uno empieza a activar el segundo anillo de poder forzando a la segunda atención a despertar de su estupor. El bloqueo funcional del primer anillo de poder logra esto. Después, la tarea del maestro consiste en recrear la condición que dio principio al primer anillo de poder, la conclusión de estar saturado de *intento*. El primer anillo de poder es puesto en movimiento por la fuerza del *intento* dado por quienes enseñan a desnatar. Como maestro mío él me estaba dando, entonces, un nuevo *intento* que crearía un nuevo medio perceptual.

Don Juan decía que toma toda una vida de disciplina incesante, que los videntes llaman *intento* inquebrantable, preparar al segundo anillo de poder para que pueda construir desnates del otro nivel de emanaciones del Águila. Dominar la predisposición perceptual del yo paralelo es una hazaña de valor incomparable que pocos guerreros logran. Silvio Manuel era uno de esos pocos.

Don Juan me advirtió que no se debe intentar dominarla deliberadamente. Si esto ocurre, debe ser mediante un proceso natural que se desenvuelve sin un gran esfuerzo de nuestra parte. Me explicó que la razón de esta indiferencia estriba en la consideración práctica de que al dominarla simplemente se vuelve muy difícil romperla, pues la meta que los guerreros persiguen activamente es romper ambas predisposiciones perceptuales para entrar en la libertad final de la tercera atención.

# Índice

# Índice